Die Kriege Friedrichs II.

KLEINE MILITÄRGESCHICHTE
KRIEGE

OLAF GROEHLER

Die Kriege Friedrichs II.

Brandenburgisches
Verlagshaus

Groehler, Olaf:
Die Kriege Friedrichs II. / von Olaf Groehler.
– 6. Aufl. – Berlin: Brandenburg. Verl.-Haus, 1990.
252 S. : 35 Abb. : 12 Ktn. – (Kleine Militärgeschichte; Kriege)

ISBN 3-327-00038-7

6. Auflage
© Brandenburgisches Verlagshaus, Berlin 1990
1. Auflage Militärverlag der DDR (VEB), Berlin 1966
Printed in the German Democratic Republic
Satz: INTERDRUCK Graphischer Großbetrieb Leipzig, Betrieb der
ausgezeichneten Qualitätsarbeit, III/18/97
Druck und buchbinderische Verarbeitung: Offizin Andersen Nexö,
Graphischer Großbetrieb
Lektor: Dr. Birgit Hoffmann
Kartenentwurf: Olaf Groehler
Karten: Hans-Georg Müller/Wilhelm Kaufmann
Schutzumschlag und Einband: Wolfgang Ritter
LSV: 0545
Bestellnummer: 7 462 341

Vorwort

«Es ist kaum nötig zu sagen», schrieb Franz Mehring 1893 in der «Lessing-Legende», «daß die wissenschaftliche Geschichtsforschung mit den preußenfeindlichen Mythologen ebensowenig zu schaffen hat wie mit den preußenfreundlichen; in Friedrich den Quell alles Bösen zu sehen, ist der entgegengesetzte Pol derselben Verkehrtheit, die in seiner Person den Quell alles Guten erblickt.»

Nun sei gern eingeräumt, daß jede Generation die Pflicht und das Recht hat, die Geschichte unter dem Blickwinkel des Aussagewertes für ihre eigene Gegenwart stets neu zu befragen. Wohl kaum einer anderen Persönlichkeit der deutschen Geschichte ist dieses Schicksal in so reichem Maße zuteil geworden wie Friedrich II. von Preußen.

Sein Bild in der bürgerlichen Geschichtsschreibung wurde bestimmt von den wechselnden politischen Intentionen der herrschenden Klasse und des Bürgertums, das bald im Zeichen des Vormärzes seine flexible Politik aufgeklärter Anpassung hervorhob, ihn als Bürgerkönig in den Stuben des Kleinbürgers heimisch zu machen suchte, ihn bald im Zeichen des preußisch-österreichischen Dualismus als Vorkämpfer für die Einigung Deutschlands unter dem preußischen Adler feierte oder ihn – im satten Gefühl der gewonnenen Kriege – zum Ahnherren preußisch-deutscher Kriegskunst machen wollte, die sich im ewigen Besitz des Geheimnisses des Sieges wähnte.

Die widersprüchliche Politik und Persönlichkeit Friedrichs II. bot selbst den faschistischen Machthabern Anlaß, diesen König zum Vorläufer ihrer mörderischen Gewaltpolitik und demagogischen Terrorpraxis zu machen. Der zunächst als «Sozialist der Tat» auf den Schild erhobene Hohenzoller wurde nach Stalingrad

5

zur Gralsfigur des Durchhaltestrategen stilisiert, um schließlich 1945 dazu zu verkommen, den Hitler, Goebbels und Bormann als Leitbild eines Wunderstrategen zu dienen, der Anlaß zu der Hoffnung gab, das Mirakel des Hauses Brandenburg könne sich am Hause Hitler wiederholen.

Reaktionäre bürgerliche Historiker und Politiker bedienen sich auch heute in Preußens Geschichte wie in einem Warenhaus. Der stramm royalistische Erlanger Historiker Hans-Joachim Schoeps erklärt, daß in Preußen Freiheit, Recht und Ordnung herrschten. Sein Kollege, der Bonner Borusse Walther Hubatsch, einer der letzten demagogischen Meister der nationalen Phrase, ist bemüht, Preußens Gloria in deutsch-nationalen Farben auszumalen. Der CDU-Abgeordnete Philipp von Bismarck meint preußische Gesinnung für eine europäische Vision zu benötigen, und seine Kaiserliche Hoheit Prinz Louis Ferdinand von Preußen hält dagegen viel davon, Preußen im Rahmen chimärer «Wiedervereinigungspläne» mißbrauchen zu können, während Olaf Baron von Wrangel appelliert, daß man preußische Tugenden wie Sparsamkeit noch sehr brauchen werde.

Seit Ende der sechziger Jahre ist von der wohl denkwürdigsten Renaissance Preußens in der BRD die Rede. Der neokonservative BRD-Historiker Bodo Scheurig brachte das in die Worte: «Preußen ist en vogue. Fast hat es den Anschein, als feiere es eine herrliche Renaissance. Wo früher Schelte und Verdammung überwogen, regen sich nun Zuspruch und Liebe. Man begreift und entdeckt, daß gerade dieser Staat seine sittliche Größe besaß. Viele spüren: Preußen war nicht nur ein Rechtsstaat, sondern auch ein Inbegriff von Tugenden, die wir bitter nötig hätten.»

Die Tatsache, daß der ruppige preußische Militär- und Obrigkeitsstaat nunmehr Anlaß zu Liebe und Verehrung sein soll, daß er überwiegend im Goldrähmchen serviert wird, hat verschiedene Ursachen. Sie ist jedenfalls keine Zufallserscheinung, bedeutet auch kein Überschwappen der Nostalgiewelle auf diesen Bereich. Im Hintergrund stehen harte politische Fakten. Die Preußenrenaissance resultiert in der Hauptsache aus einem verstärkten Konservatismus, der sich in der BRD auf dem Vormarsch befindet, vor allem zunächst auf geistigem und kulturellem Gebiet. Preußenrenaissance verbindet sich mit Kritik am Parlamentarismus, die von rechten Positionen geübt wird, und der Flucht in einen blinden, hörigen Autoritätsglauben.

Einer der Häupter der Sozial- und Strukturgeschichte in der BRD, Hans Ulrich Wehler, der die nostalgische Klitterung preußischer Geschichte kritisiert, für ein differenziertes Preußenbild plädiert, welches letztlich dazu dienen soll, das gegenwärtige imperialistische System in der BRD zu rechtfertigen, bemerkt zu den Hintergründen dieser Kampagne: «Wer den egoistischen Kampf von Interessenverbänden degoutierlich findet, beschwört die vermeintliche Neutralität der alten preußischen Bürokratie. Wer einen Bestechungsfall in der Bauverwaltung für symptomatisch hält, traktiert uns mit der Legende vom nicht korrumpierbaren preußischen Geheimrat. Wer sich über Langhaarige, Zivildienstleistende und kritische Studenten ereifert, empfiehlt uns wieder preußische Zucht und Ordnung, verklärt das Verhältnis von Herr und Knecht und lobt jenen Patriarchalismus, der so viele in Unmündigkeit gehalten hat.»

Die reaktionäre bürgerliche Historiographie der BRD ist in ihrer Alleinvertretungsanmaßung, die sich besonders auf einen von ihr als gepachtet angesehenen traditionellen Bereich wie den der preußischen Geschichte bezieht, seit jeher besonders empfindlich gewesen, wenn sich die marxistische deutsche Geschichtsschreibung der Behandlung auch dieser Seite unserer Geschichte zuwandte. Das angestaute Mißtrauen äußerte sich in wütenden Denunziationen bis hin zu abwegigen politischen Spekulationen und Verdächtigungen. Daran hat sich bis heute nichts geändert. Die intensivere Erforschung und differenziertere Darstellung der Geschichte der herrschenden Klassen Preußens, einschließlich ihrer politischen Repräsentanten aus Adel und Bürgertum, die in den letzten Jahren in der DDR betrieben wurde, glauben imperialistische Ideologen mit der von ihnen betriebenen reaktionären Preußenrenaissance gleichstellen zu können.

Ehemalige Kerngebiete des preußischen Staates machen heute einen Teil unseres sozialistischen deutschen Staates aus, sind Teil unseres materiellen Erbes, sind Teil unserer Vergangenheit. Ob Berlin oder Potsdam, ob Königswusterhausen oder Rheinsberg, ob Schönhausen oder Wustrau – die steinernen Überlieferungen dieser Zeit sind uns geblieben. Eine Zeit, der man sich gewiß nicht

7

unkritisch, in der Art eines falsch verstandenen historischen Mummenschanzes nähern kann, wohl aber in Übereinstimmung mit der historischen Realität, differenziert, abgewogen und selbstbewußt. Dabei werden sowohl dem Wirken progressiver Kräfte Rechnung getragen, als auch bestimmte fortschrittsfördernde Maßnahmen einzelner preußischer Herrscher des 18. Jahrhunderts keineswegs übersehen.

Das, was Wesen und Gehalt des ruppigen preußischen Militär- und Obrigkeitsstaates vergangener Jahrhunderte ausmachten, ist in der DDR mit Grund und Wurzeln ausgerottet worden, nicht nur in seiner materiellen Existenz, sondern auch in seiner geistigen Hinterlassenschaft. Die schonungslose Kritik am reaktionären Preußentum, wie sie von Karl Marx, Friedrich Engels und Franz Mehring geübt wurde, war nicht nur Voraussetzung zur Überwindung des reaktionären Preußentums durch die deutsche Arbeiterklasse, sondern bleibt stets anwendungsbereites Rüstzeug bei jeder Auseinandersetzung mit neokonservativen Legendisierungen Altpreußens.

Der marxistischen Geschichtsschreibung über das Preußen Friedrichs II. geht es weder um eine Verteufelung noch um eine Verklärung preußischer Geschichte. Ein abwägendes kritisches Urteil wird sowohl die zahllosen Schattenseiten preußischer Irrwege mit ihren fatalen Konsequenzen bis in unser 20. Jahrhundert als auch seine beachtlichen Leistungen zu berücksichtigen haben, die sich aus dem Zwang des altpreußischen Feudalstaates zur Anpassung an eine kapitalistische Entwicklung ergaben. (Wobei zu beachten ist, daß Preußens Herrscher des 18. Jahrhunderts sich im Gegensatz zu vielen anderen Potentaten ihrer Zeit dadurch auszeichneten, zahlreiche Leihgaben aus den bürgerlichen Niederlanden oder dem großbürgerlichen England zu nehmen, die dazu beitrugen, daß auch in Preußen der gesellschaftliche Fortschritt gefördert wurde.)

Obgleich die Maxime der Politik der preußischen Herrscher insbesondere unter Friedrich II. darin bestand, sich umfassend aller Mittel des Landes zu bedienen, um die Klassenherrschaft im Innern zu sichern und eine aggressive Außenpolitik zu betreiben, bestand die Dialektik der Geschichte darin, daß sie um dieses Zieles willen ungewollt – gleichsam wie jene mephistophelische

Kraft, die Böses will und Gutes schafft – verkrustete feudalgeprägte Strukturen auflösen mußte. Der militärisch aufgezogene Staatsapparat, aber auch das preußische Heerwesen erreichten einen Grad an Effizienz und Rationalität, der sie zu Vorbildern für andere feudalabsolutistische Staaten machte.

Das vorliegende Buch versteht sich als ein Beitrag zur deutschen Militärgeschichte und beschränkt sich auf die Behandlung der militärischen Problematik der drei schlesischen Eroberungskriege, die Preußen zwischen 1740 und 1763 führte.

In dem Bestreben, historische Leitbilder für eine im Grunde zum Scheitern verurteilte Strategie zu gewinnen, scheuten die Historiker des deutschen Militarismus nicht davor zurück, die feudale Kriegführung Friedrichs II. im Sinne ihrer Blitzkriegsstrategie zu interpretieren. Das Bild, das sie damit von der friderizianischen Kriegskunst entwarfen, war im Kern verzerrt, ahistorisch und glorifizierend. Der Eroberungscharakter der preußischen Kriege des 18. Jahrhunderts ist von keinem schärfer gegeißelt worden als von den Theoretikern der sozialistischen deutschen Arbeiterbewegung. Diese ihre grundsätzliche Einstellung ließ aber insbesondere Friedrich Engels nicht übersehen, welchen militärischen Fortschritt die friderizianische Kriegskunst für ihr Zeitalter bedeutete.

Dabei gilt es nach Auffassung des Autors des vorliegenden Buches zwei Gefahren zu vermeiden: Die preußische Kriegskunst des 18. Jahrhunderts darf nicht in das Schema der vom deutschen Generalstab des Kaiserreiches entwickelten «Niederwerfungsstrategie» gepreßt werden, die davon ausging, daß die Kriege Friedrichs II. bewiesen hätten, daß Unmögliches möglich sei, wenn Unterlegenheit an Zahl und Potential durch überlegene Qualität und Führungskunst ausgeglichen werden könne – eine Strategie, die ihren Bankrott 1918 und 1945 erlebte. Ebenso unmöglich ist ihre Einordnung in das von Hans Delbrück erdachte Konzept der «Ermattungsstrategie», das bei ungleich stärkerer Berücksichtigung ökonomischer und moralischer Faktoren ein in der Wirklichkeit nicht vorhandenes Muster von zwei Strategieformen einführen wollte.

Der Maßstab, der an die Kriegskunst Preußens im 18. Jahrhundert gelegt werden muß, kann in erster Linie nur in den objektiven Verhältnissen der damaligen Zeit gefunden werden, ähnlich, wie Friedrich II. in seinen Vorzügen wie in seinen Fehlern an den Zeitumständen und an den Erfordernissen seines Jahrhunderts zu messen ist.

Darüber hinaus gilt es, vereinfachenden Meinungen entgegenzuwirken, die die Kriegskunst des bürgerlichen Frankreichs unter Napoleon I. als reine Negation der strategischen und taktischen Prinzipien der feudalabsolutistischen Heere auffassen. Nun sei keineswegs der gewaltige Unterschied übersehen, der die Kriegführung Napoleons von der Friedrichs II. trennte. Doch wie es metaphysisch wäre anzunehmen, daß die Ablösung einer Produktionsweise durch die andere automatisch eine völlige Umwälzung der bisherigen taktischen und strategischen Prinzipien zur Folge habe, genauso irrig wäre die Annahme, daß sich dieser qualitative Umschwung nicht bereits im Schoße der alten Gesellschaftsordnung langsam vorbereitet hätte.

Zugunsten der Lesbarkeit des Buches wurde durchgängig auf einen Fußnotenapparat verzichtet. Das Literaturverzeichnis, das keinen Anspruch auf Vollständigkeit erhebt, soll dem interessierten Leser den Weg zu weiteren Studien erleichtern. Auf den Übersichtskarten, den Schlachtenskizzen wie auch im Text ist für die Ortsnamen grundsätzlich jene Schreibweise beibehalten worden, wie sie im 18. Jahrhundert üblich war und von der Militärliteratur übernommen worden ist, um dem Leser die Arbeit mit diesem Buch zu erleichtern.

Berlin, im Mai 1980

Olaf Groehler

Einleitung

Mit dem Abschluß des Westfälischen Friedens im Jahre 1648 endete der Dreißigjährige Krieg. Wohl keines der deutschen Länder war durch diesen so entsetzlich verwüstet und verheert worden wie die Mark Brandenburg, die Keimzelle des späteren *brandenburgisch-preußischen Staates*. Das lag nicht zum geringsten Teil daran, daß die Wehrverfassung arg darniederlag und das Land nahezu schutzlos den Söldnerheeren aller Herren Länder preisgegeben war. In der bäuerlichen Bevölkerung hatte es zu gären begonnen. Gleichzeitig befreiten sich die Stände nahezu völlig von der Bevormundung durch den Kurfürsten. Der brandenburgische Staat drohte somit unter den Folgen des Dreißigjährigen Krieges auseinanderzubrechen und von Polen oder Schweden vereinnahmt zu werden.

Unter diesen Umständen war es für den Kurfürsten eine Lebensfrage, die Vorherrschaft der Stände zu brechen sowie die bäuerliche Bevölkerung zu beugen. Das Mittel, seine Souveränität durchzusetzen, sah er in der Schaffung eines stehenden Heeres. Die Ohnmacht des brandenburgischen Adels, das Land zu schützen, seine in den Konflikten, Zwisten und Fehden untereinander begründete Unfähigkeit, seiner angemaßten Führungsrolle nachzukommen, seine dadurch bewirkte Impotenz, seinen grundlegenden Klasseninteressen entsprechend zu handeln beziehungsweise sie überhaupt zu erkennen, drängten auf die Ablösung der herkömmlichen Formen ständischer Mitbestimmung oder feudaler Willkürherrschaft zugunsten einer größtmöglichen Zusammenfassung der politischen Macht im Rahmen der absoluten Monarchie. Im Gegensatz jedoch zur klassischen Entwicklung des Absolutismus auf nationaler Basis wie in Frankreich vollzog er

11

sich in Deutschland jeweils nur im Maßstab einer regionalen und territorialen Zentralisation und trug somit dazu bei, die Zerrissenheit noch zu vertiefen.

Die Hauptursache, daß der Absolutismus in Deutschland einen deformierten und verkrüppelten Charakter annahm, lag in der ökonomischen Schwäche und politischen Fehlorientierung des deutschen Bürgertums, das nie ein Gegengewicht gegen die Feudalklasse und eine Stütze des Landesherrn bildete. Was für die Schwäche des Bürgertums in Deutschland allgemein galt, traf in besonders hohem Maße auf Brandenburg zu, wo das Bürgertum von jeher kaum großen politischen Einfluß hatte. Und wo es diesen, wie in Königsberg, erlangt hatte, verband es sich mit dem frondierenden zentrifugalen Landadel und wurde mit diesem entmachtet. Das Fehlen eines starken bürgerlichen Moments in Brandenburg-Preußen führte dazu, daß der schließliche Erfolg des Kurfürsten im Landtagsrezeß von 1653 in seiner Auseinandersetzung mit den Ständen weitaus stärker durch Zugeständnisse geschmälert wurde als zum Beispiel in Sachsen, Hessen oder gar in Frankreich. Der Landesherr setzte sich zwar insofern durch, als er sich von der politischen Bevormundung durch den Adel befreite und fortan als alleiniger Machthaber, gewissermaßen als Diktator, regierte, wobei er auf diese Weise die grundlegenden Interessen des Adels sicherte. Doch dafür mußte der Kurfürst den Junkern hohe Vergünstigungen gewähren, wie Abgabefreiheit, Zollfreiheit für Korn-, Holz- und Wollausfuhr, die Legalisierung der zweiten Leibeigenschaft, Patrimonialgerichtsbarkeit, Gesindeordnung usw. Somit war also einerseits die politische Macht des brandenburg-preußischen Feudaladels beschnitten worden, andererseits erlangte er aber eine wirtschaftliche Machtfülle, die den Landesherrn in letzter Instanz wiederum von seiner Gunst abhängig machte.

Die Zustimmung der Junker zur Errichtung des stehenden Heeres konnten die Herrscher des brandenburgischen Staates also nur erreichen, indem sie ihnen ihre ökonomischen Privilegien endgültig bestätigten und ihnen völlige Steuerfreiheit zubilligten. Die Lasten für das Heer wurden einseitig auf die bäuerliche Bevölkerung abgewälzt. Ihre verschärfte Ausbeutung durch die getreideexportierenden Junker fand nun Rückhalt in der erstarkenden lokalen Zentralgewalt. Die sozialen Voraussetzungen, auf denen der preußische Militarismus fußte, waren die zweite Leibeigenschaft. Die Keimzelle des preußischen Militärstaates bildete das Rittergut, auf dem der Junker wie ein kleiner absoluter Fürst unbeschränkt herrschte. Er übte in diesem seinem kleinen Fürstentum, wie es Franz Mehring kennzeichnete, fast alle die Rechte aus, die der König im großen besaß. Der Gutsherr war Gesetzgeber, Richter und Exekutivorgan in einer Person. In den von ihm erlassenen Gesindeordnungen unterband er die Freizügigkeit der Bauern, führte er ihren Zwangsdienst auf dem Rittergut ein und fixierte willkürlich die Löhne. Die Bauern wurden damit tatsächlich zu Arbeitssklaven, die keine persönliche Entscheidung ohne die Zustimmung des Junkers treffen konnten. Das gesellschaftliche und politische Übergewicht, das die reaktionärsten Teile des Feudaladels gewannen, war die wichtigste soziale Voraussetzung des preußischen Militarismus.

Die Entwicklung des Absolutismus in Brandenburg-Preußen ist nicht von der Geschichte der Armee zu trennen. Mehr als in anderen feudalabsolutistischen Staaten war das Schicksal des Staates mit dem der Armee verbunden und bedingte auch, daß dem Heer eine viel größere Bedeutung zukam als im übrigen Europa. Die Ursachen dafür waren:

1. Die Mittel, die die Junker dem Staat für seine Armee bewilligt hatten, waren, gemessen am Militäretat anderer Staaten, kärglich. Sie entsprachen der dürftigen wirtschaftlichen Grundlage Preußens. Für die Krone war jedoch das Heer, bei dem Fehlen aller irgendwie sonst gearteten Verbündeten, das wichtigste Mittel, sich gegenüber dem partikularistischen und lokalbornierten Feudaladel zu behaupten. Jede Ausdehnung des Militärs bedeutete also einen potentiellen Machtzuwachs für die regionale Zentralgewalt. Aus der Armseligkeit der Mittel und dem Druck des Adels erwuchs das Streben der Herrscher, durch rationellste Ausnutzung und sparsamste Verwendung der Mittel ihre eigene Hausmacht, die Armee, stetig zu vergrößern. Andererseits erwuchs aus den kärglichen Mitteln das Streben des Kriegsherrn, das Lebensniveau seiner Soldaten so niedrig wie möglich zu halten. Mit geringerem Aufwand sollte damit eine größere Zahl von Truppen unterhalten werden kön-

nen. Der barbarische Drill und die primitive Brutalität wurden somit zu Methoden, mit denen die Soldaten an ihre elenden Lebensbedingungen gewöhnt werden sollten. Es war typisch für Brandenburg-Preußen, daß die Zentralverwaltung des Landes in letzter Instanz aus der Intendantur der Armee entstand. Die finanziellen Bedürfnisse der Armee stellten das Schwungrad der Staatsmaschine dar. Die gesamte Verwaltung und militärisch durchdrungene Bürokratie sah ihre vornehmste Aufgabe darin, die Armee zu erhalten und zu vermehren. Dementsprechend wurde die Wirtschaft des Landes nach militärischen Gesichtspunkten reglementiert und die Bevölkerung klassifiziert.

2. Die Armee stellte in dem durch Erbgang und Eroberung zusammengebrachten, ökonomisch rückständigen Zufallsstaat Brandenburg-Preußen die Hauptklammer dar. Die sich von der holländischen bis zur russischen Grenze erstreckenden Gebietsteile wurden weder durch ökonomische noch durch kulturelle Interessen oder Bindungen zusammengehalten, sondern hatten eine ganz unterschiedliche ökonomische Struktur mit den verschiedensten Klassenverhältnissen und politischen sowie wirtschaftlichen Zielen. Das «einigende» Band bildete für die Junker das stehende Heer, das ein unersetzliches Instrument zur Zentralisierung des buntscheckigen Staatsgebildes war und die langen Grenzen zu schützen hatte.

3. In Preußen ging das Kriegswesen der Holländer eine Mesalliance mit dem ostelbischen Schwertadel ein, woraus sich eine Kriegsmaschine formte, die die technischen Fortschritte der bürgerlichen Kriegskunst mit feudaler Aggressivität paarte. Durch die Berufung auf die militanten und gewaltsamen Methoden der Landnahme im Osten, die für die einstige Militärkolonie Brandenburg im Gegensatz zu der mit vorwiegend ökonomischen Mitteln betriebenen Ostkolonisation in anderen Gebieten typisch waren, durch die geforderte bedingungslose Vasallentreue, durch die klassenmäßige Exklusivität des Befehlenden, durch die Vergötzung von Gewalt und Krieg wurden die militantesten und räuberischsten Schichten des ostelbischen Feudaladels zum Kern und Rückhalt der Armee und drückten dem Geist dieser Armee ihren Stempel auf.

4. Obwohl die Armee in erster Linie ein Machtmittel der Krone war, übten die Junker von Beginn an einen entscheidenden Einfluß auf sie aus. Sie betrachteten die Armee als wirtschaftliche Pfründe und als Objekt zur Ausdehnung ihres Herrschaftsbereichs. Spätestens seit der Regierungszeit Friedrichs II. deckte sich die Militärpolitik der Hohenzollern mit der des reaktionärsten Flügels des Feudaladels, eine Politik, die jede Vermehrung der Einkünfte zur Vergrößerung des Heeres zu verwenden trachtete und mit diesem vergrößerten Instrument den Besitz der Monarchie auszudehnen sich bemühte, was wiederum eine Vermehrung der Armee erlaubte.

5. Die in Brandenburg-Preußen mit Vollendung gehandhabte Abrichtung von Rekruten zu willenlosen Schieß- und Exerziermaschinen war nur möglich infolge der Schwäche des Bürgertums und der elenden und bedrückten Lage der Bauernschaft, die in Leibeigenschaft fronte und der schon auf dem Gutshof des Junkers alle die Eigenschaften eingebleut wurden, die einen preußischen Soldaten auszeichnen sollten.

Der preußische Militarismus war die Politik der reaktionärsten Kreise des Junkertums, die nicht mit den Gesamtinteressen der Gesellschaft übereinstimmte. Sein Wesen äußerte sich in einer scharfen Trennung zwischen dem Offizierskorps, den Soldaten und dem Volk, in einem das ganze gesellschaftliche Leben durchdringenden Geist der militärischen Unterwerfung und in der Deformierung und Schädigung der sozialökonomischen Entwicklung zugunsten des Heeres. Auf Grund dieser historischen Besonderheiten entwickelte sich Brandenburg-Preußen unter den Staaten des 17./18. Jahrhunderts zum Militärstaat par excellence. Seine Stellung, die es im Rahmen des Heiligen Römischen Reiches Deutscher Nation errang, verdankte es primär seinem Heer, dessen Größe die wirtschaftliche Leistungskraft des Landes zu übersteigen schien. Denn Brandenburg-Preußen, das gegen Ende der Regierungszeit Friedrich Wilhelms I. (1713–1740) nach seinem Umfang den zehnten und nach der Bevölkerung gar nur den dreizehnten Platz unter den europäischen Staaten einnahm, war mit seinen 80 000 Soldaten nach Frankreich, Rußland und Österreich die viertstärkste Kriegsmacht Europas. Militärisch war ihm in Deutschland nur noch die Habsburger Monarchie gewachsen.

Doch bedeutete diese furchteinflößende Heeresrüstung keineswegs, daß es sich eines dementsprechenden politischen Prestiges und Einflusses erfreuen konnte.

Die Ursache lag vor allem darin, daß Brandenburg-Preußen trotz oder gerade wegen seiner starken Armee ein wirtschaftlich schwaches Land blieb und sich außenpolitisch völlig auf die Habsburger orientiert hatte, von denen sich die Hohenzollern 1701 durch lammfrommes Betragen und militärische Unterstützung die Zustimmung zum Erwerb der Königswürde für Preußen erkauft hatten. Die preußische Haltung gegenüber Österreich war allerdings zeitgebunden, weil es den herrschenden Kreisen der günstigste Weg schien, die eigene Macht zu konsolidieren, ehe man zu einer gewaltsamen Ausdehnungspolitik überging.

Obgleich auch die Stellung der habsburgischen Kaisermacht in Deutschland seiner Bedeutung nach entscheidend herabgemindert war, so behauptete sie doch weiterhin die führende Position unter den feudalen Landesfürsten, die den Hauptnutzen aus den Bestimmungen des Westfälischen Friedens zogen. Waren die Ergebnisse des Dreißigjährigen Krieges insgesamt für Deutschland verheerend, stagnierte die wirtschaftliche Entwicklung, verschärfte sich die Abschnürung Deutschlands vom Welthandel und -verkehr, wuchsen für die auswärtigen Mächte die Möglichkeiten, maßgeblich in die inneren Belange Deutschlands einzugreifen, so vergrößerte sich die Macht der großen Landesfürsten, die zunehmend unabhängiger von der Zentralgewalt wurden.

Wie in Brandenburg-Preußen bildete sich in allen deutschen Teilstaaten der Absolutismus der Landesfürsten heraus. Während einzelne deutsche Länder so wieder an Bedeutung gewannen, vor allem das wirtschaftlich starke Sachsen, blieb das Deutsche Reich insgesamt kraftlos und unfähig, eine politische Rolle in Europa zu spielen. Ökonomisch zurückgeworfen, in 1800 einander erbittert befehdende feudale Partikularstaaten und -gebilde aufgesplittert, die sich nur einig gegen die kaiserliche Zentralgewalt waren, wobei sie dann nicht davor zurückschreckten, ausländische Mächte zu Hilfe zu rufen, lag Deutschland erschöpft und hilflos am Boden. Für lange Zeit wurde dadurch die Herausbildung eines deutschen Bürgertums und eines Nationalstaates verzögert.

Deutschlands Lage komplizierte sich insofern noch, als außerhalb seiner Grenzen, besonders in Frankreich, in den Niederlanden und in England, der Prozeß der Herausbildung von starken Nationalstaaten abgeschlossen wurde und diese bei ihrem Versuch, sich Weltgeltung zu verschaffen, untereinander in Konflikte gerieten, die sie häufig auf dem Rücken und auf Kosten des deutschen Volkes austrugen.

Frankreich, das unter der nationalen absoluten Monarchie Ludwigs XIV. eine wirtschaftliche Blüte erlebte, strebte außenpolitisch nach der Hegemonie in Europa. Den Hauptstoß richtete es dabei gegen seine östlichen Nachbarn: Holland, Deutschland und Italien. In drei großen Eroberungskriegen gelang es dem französischen Absolutismus, seine Grenzen vor allem auf Kosten Deutschlands beträchtlich nach Osten und Norden vorzuschieben. Der deutsche Kaiser und die großen Fürsten bewiesen bei diesen Kämpfen jedesmal, daß sie ihre Hausmachtinteressen höher als die der Nation stellten. Nur durch das Eingreifen anderer Signatarmächte des Westfälischen Friedens, die sich einer zu großen Ausdehnung Frankreichs widersetzten, blieben die Gebietsverluste Deutschlands in Grenzen.

Der schärfste Gegner erwuchs dem französischen Absolutismus gegen Ende des 17. Jahrhunderts in *England*, dessen Führung seit 1688 die Whigs, die Partei des kapitalistischen Landadels, der Handels- und Bankbourgeoisie, übernommen hatten. Die englische Außenpolitik, die eindeutig im Dienste der Whigs stand, war von dem Streben nach Eroberung von Märkten und Kolonien diktiert. Anlaß des Kampfes zwischen England und Frankreich war der rasche Verfall des spanischen Imperiums, wodurch eine Art Machtvakuum entstand, das beide in Europa und in Amerika auszufüllen gedachten.

In den Kämpfen um das spanische Erbe in Italien, Belgien und in Übersee prallten einerseits die dynastischen Gegensätze zwischen Frankreich und der Habsburger Monarchie, andererseits aber auch die Konkurrenzbestrebungen des englischen und des niederländischen Bürgertums mit denen der französischen Bourgeoisie aufeinander. Trotz jahrzehntelanger Kriege kam es zu keiner Entscheidung, und der Gegensatz zwischen Frankreich und England spitzte sich immer mehr zu. Er bestimmte 1740 die politische Lage in Europa. England war die aufstrebende industrielle, kommerzielle, koloniale und maritime Macht. Es war die stärkste Finanzmacht seiner Zeit und konnte die besten Waffen und Ausrüstungen liefern. Die englische Bourgeoisie zog aus den Kolonial- und Handelskriegen ungeheure Profite, die den Grundstein zur Umwandlung Englands in einen Industriestaat legten. Der Schwerpunkt der englisch-französischen Auseinandersetzungen lag in Kanada, in Ostindien und in der Levante.

Seit Frankreich und Spanien 1733 durch das «Familientraktat» enge handelspolitische Beziehungen zueinander hergestellt hatten, war Frankreich mit Erfolg bemüht, den gesamten spanischen Amerikahandel in seine Regie zu übernehmen. Voller Erbitterung mußte die Londoner City feststellen, daß von 20 Talern, die aus dem amerikanischen Handel kamen, 12 bei Frankreich und 2 bei Spanien blieben, während sich in die restlichen 6 die anderen interessierten Mächte teilten. Ferner wollte sie nicht länger mit ansehen, daß Frankreich seit zehn bis zwölf Jahren nicht nur in Amerika, sondern auch in Europa mehr Manufakturwaren absetzte als Engländer, Holländer und alle anderen Handelsländer zusammen. Ein Dorn im Auge war den britischen Plantagenbesitzern auch die Konkurrenz der französischen Zuckerexporteure in Westindien.

Die herrschenden Kreise Englands forcierten darum ihre Bemühungen, einen Machtzuwachs Frankreichs in Europa und in Übersee zu verhindern. Sie suchten vor allem in Europa Verbündete zu gewinnen, die mit einem starken Landheer in der Lage waren, einer französischen Expansion Einhalt zu gebieten sowie Hannover zu schützen; denn seit 1714 war der Kurfürst von Hannover gleichzeitig König von England. Die britische Flotte konnte indessen Englands Kolonialforderungen den nötigen Rückhalt geben. Besonders war die britische Politik daran interessiert, die österreichischen Niederlande, das heutige Belgien, auf keinen Fall in französischen Besitz gelangen zu lassen, weil Antwerpen eines der wichtigsten Einfallstore für britische Waren nach dem europäischen Festland war.

Die österreichischen Niederlande in französischer Hand hätten auch eine ernste Gefährdung der Niederlande, eines engen Alliierten Englands, bedeutet.

Der traditionelle Bündnispartner Englands in seinen Auseinandersetzungen mit Frankreich war das *Haus Habsburg*. Gerade sein weitverstreuter Besitz am Rhein, in Flandern und in Italien lag dem französischen Zugriff am nächsten. Darüber hinaus hatte es sich des französischen Bemühens zu erwehren, seine Hausmacht in Deutschland durch die Stärkung der fürstlichen Partikulargewalten zu schwächen. Für Frankreich war zu diesem Zeitpunkt noch die Habsburger Dynastie der Hauptgegner, obwohl der britisch-französische Gegensatz immer größere Bedeutung gewann; denn das Ziel der französischen Politik in Europa bestand ja neben der Erhaltung seiner Vorherrschaft in der Erweiterung des Landes nach Osten durch die Einverleibung der österreichischen Niederlande, Lothringens und der linksrheinischen Gebiete. Der französischen Diplomatie kam dabei der absolutistische Partikularismus der deutschen Fürsten zustatten, deren Hilfe sie sich bediente, um in Deutschland Verbündete zu gewinnen. Zur Niederhaltung Österreichs versuchte sich Frankreich auch der sogenannten östlichen Barriere zu bedienen. Ihr Wesen sollte darin bestehen, dem Deutschen Reich an seinen Ostgrenzen Schwierigkeiten zu bereiten. Auf Frankreichs Betreiben verwickelten Schweden, Polen und die Türkei die Habsburger wiederholt in langwierige und kräftezehrende Kriege.

Damit geriet Frankreich aber zunehmend in Gegensatz zum *russischen Zarentum*, das gemeinsam mit Österreich an der Niederhaltung Schwedens, Polens und der Türkei interessiert war. Schließlich sah die russische Außenpolitik ihre Hauptaufgabe darin, Schwedens Bedeutung weiter zu vermindern, in Polen den französischen Einfluß zurückzudrängen und im Kampf gegen die Türkei Zugang zum Schwarzen Meer und zur unteren Donau zu erhalten.

Die Interessengemeinschaft zwischen Rußland und Österreich bedingte auch die wohlwollende Haltung Englands gegenüber diesen Mächten. Es erblickte in ihnen Garanten dafür, daß der französische Einfluß in Europa nicht übermächtig werden konnte. Außerdem bestanden zwischen Rußland und England enge Handelsbeziehungen. Die britischen Kaufleute lieferten Rußland so gut wie alle Industriewaren, während Rußland nach England vor allem Eisen, Holz, Pech, Segeltuche usw. lieferte, die von höchster Bedeutung für die englische Flotte und die britische Industrie waren. Der Ostseehandel war für das englische Bürgertum angesichts des relativ geringen Umfangs des Überseehandels von lebenswichtiger Bedeutung.

Der Mächtegruppierung England–Rußland–Österreich stand Frankreich gegenüber, das sich allerdings bei einer künftigen Auseinandersetzung der Hilfe Schwedens, der Türkei, Spaniens und der Mehrheit der deutschen Fürsten sicher wußte.

Spanien, einst der mächtigste Staat Europas, war 1740 zu einer zweitrangigen Macht herabgesunken. Die seit 1700 in Spanien regierenden Bourbonen hatten eine klägliche Erbschaft angetreten: die europäischen Nebenländer waren eingebüßt, ihre Herrschaft nur noch auf die iberische Halbinsel beschränkt und die noch in Süd-, Mittel- und Nordamerika ausgeübte Macht bedurfte dringend des Rückhalts durch Frankreich. Neben der Abwehr der von England für das Kolonialreich ausgehenden Gefährdung waren die österreichischen Habsburger Hauptgegner der spanischen Bourbonen. Mit dem Anspruch auf das Königreich beider Sizilien sollte nicht nur die Macht Habsburgs geschmälert, sondern auch die Mittelmeerbastion Spaniens gegen England gestärkt werden, das in Gibraltar, in Menorca und Portugal Fuß gefaßt hatte.

Auch *Schweden*, die frühere Großmacht des Nordens, konnte sich von den desaströsen Folgen des Nordischen Krieges nicht mehr erholen. Obwohl es in dieser oder jener Form an allen Kriegshändeln jener Jahrzehnte Anteil hatte, glich sein militärischer Beitrag nur noch dem einer drittrangigen Militärmacht.

Gleiches galt für das einst in ganz Europa gefürchtete *Osmanische Reich*, das zwar noch gewaltige Landmassen in Afrika, Asien und Südosteuropa beherrschte, jedoch den Zenit seiner wirtschaftlichen und militärischen Leistungskraft überschritten hatte. Das von Verfall heimgesuchte Sultanat versuchte zu erhalten, was noch erhaltbar war.

Die großen europäischen Gegensätze spitzten sich zu, als im Oktober 1740 Karl VI. von Österreich verstarb und damit der Mannesstamm des Hauses Habsburg erlosch. Zwar hatten alle europäischen Mächte in der Pragmatischen Sanktion das Thron- und Erbfolgerecht Maria Theresias anerkannt, aber die Regierungen zahlreicher Staaten warteten nur auf den Moment, wo sie sich einen Teil der österreichischen Erblande aneignen konnten.

Ansprüche machten Bayern, Sachsen und Preußen, die dabei von Frankreich unterstützt wurden, geltend. Seit 1739 tobte zwischen Spanien, dem Frankreich beistand, und England ein erbitterter Seekrieg in Übersee. Ein Funke konnte auch in Europa die Kriegsflamme hell auflodern lassen. Aber noch zögerten die Großmächte in der Besorgnis vor den Auswirkungen eines Krieges, dem sie sich finanziell vorerst nicht gewachsen fühlten.

Österreich zum Beispiel hatte sich von den Folgen des 1739 beendeten Türkenkrieges noch nicht erholt. Seine Armee bedurfte der Ruhe, seine Finanzmittel hatte es nahezu aufgebraucht. Rußland, ebenfalls durch den Türkenkrieg erschöpft, war durch den Tod der Zarin Anna in innenpolitische Schwierigkeiten verstrickt und hielt sich außenpolitisch vorübergehend zurück. England konzentrierte seine Kräfte in Übersee und war in Europa an der Erhaltung des Friedens interessiert, während sich die herrschenden Kreise Frankreichs nicht einigen konnten, ob England oder Österreich der künftige Hauptgegner sei. Der führende französische Staatsmann, Kardinal Fleury, bemühte sich, im Krieg zwischen Spanien und England zu vermitteln, um die gesamten Kräfte gegen Österreich werfen zu können. Alle Mächte aber verstärkten ihre Kriegsbereitschaft. Sie konnten sich dabei auf folgende Mittel stützen:

Tabelle 1: Potential der am Krieg beteiligten Länder 1740

	Bevölkerung (in Mill.)	Ungefähre jährliche Staatseinnahmen (in Mill. Talern)	Sollstärke der Armeen
Frankreich	20	60	203 800 Mann
Rußland (europ. Teil)	19,5	15	170 000 Mann
Österreich	13	20	107 892 Mann
England	8	24	36 000 Mann
Preußen	2,5	7	99 446 Mann
Sachsen	1,7	6	26 000 Mann
Bayern	0,7	5	10 000 Mann

ERSTES KAPITEL

Die beiden erſten Schleſiſchen Kriege

1. Der Beginn des Ersten Schlesischen Krieges

Die Kriegsvorbereitungen Preußens

Das relative Gleichgewicht der Kräfte in Europa im Jahre 1740 schien dem preußischen Junkerstaat die beste Gelegenheit zu bieten, seine Eroberungspläne zu verwirklichen. Die ökonomische Rückständigkeit Preußens, seine geringen Finanzmittel und die nicht sehr zahlreiche Bevölkerung machten es notwendig, daß seine Kriege kurz sein mußten, wenn sich das Land nicht erschöpfen sollte. Die preußische Diplomatie stellte sich daher die Aufgabe, für die Eroberungspläne die Zustimmung der entscheidenden Großmächte zu erlangen, ohne daß sich Preußen an einem langwierigen Koalitionskrieg beteiligen mußte.

Seitdem Friedrich II. im Mai 1740 den preußischen Königsthron bestiegen hatte, strebte er mit allen Mitteln, worunter er in erster Linie den Krieg verstand, danach, Preußen in den Rang einer Großmacht zu erheben. Das Instrument, mit dem er diese ehrgeizigen Pläne durchsetzen wollte, war ein vorzüglich ausgebildetes und ausgerüstetes Heer, das zwar zahlenmäßig sowohl dem österreichischen als auch dem russischen oder französischen Heer unterlegen war, seiner Schlagkraft nach aber an der Spitze der Armeen Europas stand.

Beruhte die bisherige äußere Politik des preußischen Junkerstaates auf dem Grundsatz «Wer mir das meiste gibt, dem adhäriere ich», so begann sich mit der Regierungszeit Friedrichs II. ein Wandel abzuzeichnen. Seine Vorfahren hatten ihr Land vergrößert, indem sie sich jeweils auf eine Sachlage einstellten, die andere geschaffen hatten und die sie für ihre Zwecke tunlichst auszubeuten und auszunutzen versuchten.

Friedrich dagegen war entschlossen, diese Sachlage selbst herbeizuführen. Schon vor seinem Regierungsantritt hatte er den äußeren Machtinteressen des von ihm vertretenen Junkertums Ausdruck verliehen. 1731 hatte er an den Kammerjunker Karl Dubislaw von Natzmer geschrieben: «Ich schreite von Land zu Land, von Eroberung zu Eroberung und nehme mir wie Alexander stets neue Welten zu erobern vor.» Damals zielten seine Eroberungspläne darauf ab, Westpreußen, Schwedisch-Vorpommern, Mecklenburg sowie Jülich und Berg zu annektieren.

So war es nicht verwunderlich, daß er nach Regierungsantritt diese Pläne wieder aufnahm. Auf Jülich und Berg konnte Preußen 1740 sogar – wenn auch recht zweifelhafte – Erbansprüche geltend machen. Doch nahm man von einer Realisierung dieser Pläne schnell Abstand. Das Interesse konzentrierte sich rasch auf Schlesien. Die Eroberung dieser reichen österreichischen Provinz schien innerhalb der Möglichkeiten der noch unerprobten preußischen Truppen zu liegen. Die Grenzen waren offen, der Einfall in das Land konnte versorgungsmäßig über die Oder gesichert werden, und die österreichische Garnison war schwach.

Friedrich II. setzte damit eine Grundlinie der hohenzollernschen Außenpolitik fort, die von Kurfürst Friedrich Wilhelm konzipiert worden war und an der man in Preußen über Jahre und Jahrzehnte hinaus beharrlich, wenn auch erfolglos, festgehalten hatte. Die im Jahre 1740 entstandene internationale Lage schien dem preußischen Junkerstaat die nicht mehr wiederkehrende Gelegenheit zu bieten, ohne großes Risiko einen wichtigen Teil dieses Planes, nämlich die Eroberung Schlesiens, durchführen zu können.

Die Schwäche Österreichs sowie die politische Lage in Europa begünstigten dieses Vorhaben. Preußen rechnete damit, daß es ihm angesichts der Konkurrenz zwischen England und Frankreich gelingen könnte, sich bei einer dieser Mächte anzubiedern. Entweder würde ihm England helfen, Schlesien zu erobern, weil es Preußen als Kontinentalmacht gegen Frankreich auszunutzen gedachte, oder Frankreich würde es unterstützen, um Österreich zu schwächen.

Am 28. Oktober 1740 teilte Friedrich II. Außenminister Graf Heinrich von Podewils und Generalfeldmarschall Kurt Christoph von Schwerin mit, er habe sich entschlossen, Schlesien zu erobern. Die Mobilmachung der für dieses Unternehmen bestimm-

Waffengattung	Stärke	
Infanterie	27 Bataillone oder	20 414 Mann
Kavallerie	42 Schwadronen oder	6 619 Mann
Artillerie	42 Kanonen mit	126 Mann
	Insgesamt	27 159 Mann

ten Truppen erfolgte am 8. November. Zu ihrer Versorgung wurden entlang der Oder Magazine angelegt und die Getreideausfuhr aus Brandenburg-Preußen verboten. Um österreichische Gegenmaßnahmen zu vereiteln, wurde das Gerücht ausgestreut, die Truppenzusammenziehungen gälten der Besetzung von Jülich-Berg.

Bis Mitte Dezember war die Versammlung der preußischen Truppen im Raum Krossen abgeschlossen. Der Angriffsplan sah vor, daß sich zwei Korps in den Besitz Schlesiens setzen sollten. Das I. Korps mit 20 Bataillonen, 32 Schwadronen und 34 Geschützen, insgesamt 15 000 Mann Fußvolk und 5000 Berittene, wurde in zwei Kolonnen geteilt. Während die eine über Glogau nach Breslau vorzustoßen hatte, erhielt die andere den Auftrag, entlang der böhmischen Grenze auf Neiße zu marschieren. Zur Belagerung der Festung Glogau, die die Hauptversorgungsader nach Schlesien, die Oder, sperrte, war das II. Korps mit 7 Bataillonen, 10 Schwadronen und 8 Geschützen vorgesehen.

In Schlesien standen nur geringe österreichische Kräfte; der erst im September 1739 beendete, für die Habsburger unglücklich verlaufende Türkenkrieg fesselte das Gros der Truppen in Serbien und Ungarn. Die Standorte der österreichischen Truppen lagen vor allem im gefährdeten Ungarn, in Italien und in den österreichischen Niederlanden. Die Festungsanlagen von Glogau, Brieg, Neiße, Breslau und Glatz waren verwahrlost. Insgesamt befand sich im Oktober 1740 nur ein Infanterieregiment mit 1539 Mann nebst einer 300 Mann starken Freikompanie in Schlesien. Bis Mitte Dezember waren die österreichischen Truppen auf 3 Infanterieregimenter, eine Freikompanie und 8 Kompanien Dragoner verstärkt worden, insgesamt auf 7359 Mann. Davon verteidigten 1178 Soldaten die Festung Glogau, und 6061 Mann lagerten unter dem Befehl von Generalfeldmarschall Maximilian Ulysses von Browne im Raum Neiße.

Die militärische Besetzung Schlesiens

Am 16. Dezember 1740 drangen preußische Truppen über die österreichische Grenze. Hochgestimmt schrieb Friedrich an Minister Podewils, er habe den Rubikon «mit fliegenden Fahnen und klingendem Spiel» überschritten.

Am selben Tag erließ er eine Proklamation, in der es hieß, der Einmarsch «erfolge auf Anlaß der von mehreren Seiten auf die Succession der österreichischen Lande erhobenen Ansprüche ..., damit diese nicht von Andern eigenmächtig und gewaltsam in Besitz genommen würden».

Mit dieser Behauptung versuchte Friedrich II. seiner Aggression einen Schein der Rechtmäßigkeit zu geben und sich das Überraschungsmoment zu sichern. Die europäischen Mächte blieben im unklaren, ob die Besetzung Schlesiens als eine Annexion oder als eine Vereinbarung zwischen dem Wiener und dem Berliner Hof zu betrachten sei. Erst am 18. Dezember unterrichtete der preußische Gesandte in Wien, Graf Gustav Adolf von Gotter, das österreichische Kabinett offiziell vom Einmarsch preußischer Truppen in Schlesien. Er schlug Österreich vor, auf Schlesien zu verzichten, wofür Preußen die Wahl eines Habsburgers zum Deutschen Kaiser unterstützen würde. Das Wiener Kabinett lehnte den Vorschlag empört ab. Die preußischen Truppen hatten indessen einige Tage Zeit gewonnen, tief nach Schlesien einzudringen.

Ihr Vormarsch wurde zunächst nur durch schlechtes Wetter behindert. Am 22. Dezember schloß das I. Korps die Festung Glogau ein. Nachdem Friedrich Kenntnis von der Ablehnung seiner Vorschläge erhalten hatte, ließ er das Tempo des Vordringens noch erhöhen. Ohne das Eintreffen des II. Korps vor Glogau abzuwarten, brach deshalb ein Teil der preußischen Truppen gegen Breslau auf, das sie am 1. Januar 1741 erreichten.

Die zweite Kolonne des I. Korps unter Schwerin hatte inzwischen am 27. Dezember Bunzlau erreicht und war über Schweidnitz (3. Januar 1741) bis nach Frankenstein vorgegangen. Beide Kolonnen setzten auch im Januar den Vormarsch fort. Nach der Einnahme von Namslau und Ohlau wurde neben Glogau auch Brieg belagert. Da Schwerins Versuch, die Festung Neiße handstreichartig zu erobern, mißlang, mußte auch Neiße blockiert werden. In der Folgezeit drängten die preußischen Truppen unter Schwerin die schwache österreichische Streitmacht unter Browne nach Böhmen ab und bezogen entlang der böhmischen Grenze von Jägerndorf bis Troppau Stellung. Ende Januar 1741 war Schlesien von österreichischen Truppen geräumt. Nur in Glogau, Brieg und Neiße verblieben noch schwache österreichische Garnisonen, die von preußischen Truppen belagert wurden, während die Hauptkräfte weitläufige Winterquartiere bezogen. Sie deckten in einer Kordonaufstellung die schlesischen Grenzen gegen Böhmen ab.

Den besetzten schlesischen Fürstentümern zwang Preußen sofort hohe finanzielle Abgaben auf. Gleichzeitig bereitete es ihre Eingliederung vor und glich dazu bereits die Landesverwaltung der eigenen an. Vor allem aber nutzten die preußischen Werbeoffiziere die Gelegenheit, um billig neue Rekruten in die Armee zu pressen. Ihr gewalttätiges Vorgehen, das zu mancherlei Ausschreitungen führte, sowie die drückenden Abgaben erregten den Unwillen der schlesischen Bevölkerung. Ein Breslauer Prediger verlieh dieser Mißstimmung Ausdruck, als er feststellte, die Schlesier hätten jetzt zu den zehn Geboten noch drei neue erhalten: Du sollst nicht räsonieren, Du sollst die Steuer zahlen, und Du sollst die Ausreißer von der Armee anhalten.

Der Frühjahrsfeldzug 1741 in Schlesien

Die preußische Diplomatie befand sich trotz der militärischen und finanziellen Vorteile, die die schnelle Besetzung Schlesiens mit sich gebracht hatte, im Frühjahr 1741 in einer mißlichen Lage. Die Hoffnungen, daß der Wiener Hof freiwillig auf Schlesien verzichten würde, hatten sich nach langen Verhandlungen endgültig zerschlagen. England und Frankreich bemühten sich ebenfalls nicht, zu vermitteln beziehungsweise sich mit Preußen zu verbünden. Vielmehr zeichnete sich die Gefahr ab, daß unter der Führung Englands und Österreichs eine Koalition gegen Preußen entstünde, die mit erdrückender Übermacht den preußischen Staat erstickte.

Trotz lockender Angebote Friedrichs II. an Kardinal André-Hercule de Fleury, doch die Gelegenheit zu nutzen und sich billig Lothringen anzueignen, hielt die französische Diplomatie den König hin. Friedrich suchte daraufhin ein enges Bündnis mit den Seemächten England und den Niederlanden herzustellen. Doch die britische Politik litt an einem Zwiespalt. Während es im Interesse der englischen Bourgeoisie lag, zwischen Preußen und Österreich zu vermitteln, um einen Zusammenbruch des Hauses Habsburg zu verhüten und Preußen von einem Bündnis mit Frankreich fernzuhalten, gingen die Absichten Georgs II., des Königs von England und Kurfürsten von Hannover, dahin, die preußische Dynastie zu schwächen, um seine hannoversche Hausmacht vermehren zu können. Auf seine Initiative hin traten am 16. Februar 1741 die Vertreter Englands, Rußlands, Österreichs, Sachsens und Hollands in Dresden zusammen und beschlossen, Preußen mit Waffengewalt zur Einhaltung der Pragmatischen Sanktion zu veranlassen. Später sollte über die Aufteilung der preußischen Randgebiete unter die beteiligten Mächte beraten werden.

Durch seine Aggression hatte sich der preußische Militärstaat selbst in eine gefährliche Lage gebracht. Da seine weiten offenen Grenzen nie gegen den Zugriff dieser Koalition geschützt werden konnten, mußte er sich auf die Verteidigung der preußischen Kerngebiete beschränken. Unter Verzicht auf eine Verteidigung Ostpreußens konzentrierte der König im Lager von Göttin bei Brandenburg, im Herzen Preußens, 28 Bataillone und 42 Eskadronen. Ihren Oberbefehl erhielt Fürst Leopold von Dessau. Seine Aufgabe bestand darin, die Mark Brandenburg vor einem sächsischen oder hannoverschen Angriff zu sichern.

So bedrohlich sich die politische Zukunft für den preußischen Staat entwickelte, eine unmittelbare militärische Gefahr bestand vorerst noch nicht. Der Feldzugsplan für 1741 sah deshalb vor, bis zum 15. Mai die schlesischen Festungen Glogau, Brieg und Neiße einzunehmen, dann ein verschanztes Lager zu beziehen und dort den wahrscheinlichen Angriff eines österreichischen Heeres abzuwarten.

Dementsprechend wurden die preußischen Truppen in Schlesien verstärkt, denen es am 9. März 1741 gelang, die Festung Glogau zu erstürmen.

Die weitergehenden militärischen Absichten Preußens zerschlugen sich jedoch, da die österreichische Armee den Feldzug weit eher eröffnete, als man in Berlin erwartet hatte. Unter der Führung von Generalfeldmarschall Graf Wilhelm Reinhard von Neipperg hatten sich im März 17 Bataillone, 8 Grenadierkompanien und 13 Kavallerieregimenter, etwa 15000 bis 16000 Mann, bei Olmütz versammelt. Der Fall der Festung Glogau festigte den Entschluß der österreichischen Führung, die Operationen frühzeitig zu eröffnen und die schwer bedrängten Plätze Neiße und Brieg zu entsetzen.

Da Friedrich II. den Beginn der Operationen erst im Mai erwartete und sich die preußischen Truppen, über ganz Schlesien verteilt, noch in ihren Winterquartieren befanden, vermochten die österreichischen Truppen mit unerhörter Kühnheit auf einer unbewachten Straße mitten unter den preußischen Truppen zu erscheinen und sie voneinander zu trennen. Ihrem Hauptteil, der in Oberschlesien stand, drohte die Abschnürung von seinen Verbindungslinien. Nachdem Neipperg Neiße entsetzt hatte, marschierte er auf Brieg. Ein Teil der eilig alarmierten preußischen Truppen folgte den österreichischen Regimentern und strebte danach, ihnen den Vormarsch zur Oder zu verlegen. Am 10. April 1741 trafen die preußische und die österreichische Armee nahe bei Mollwitz aufeinander.

Tabelle 3: Kräfteverhältnis in der Schlacht bei Mollwitz
(10. 4. 1741)

	Infanterie (Mann)	Kavallerie (Reiter)	Kanonen	Gesamtstärke
Preußen	18 800	4 600	53	23 400
Österreicher	9 800	6 800	19	16 600

Schlacht bei Mollwitz (10. 4. 1741)

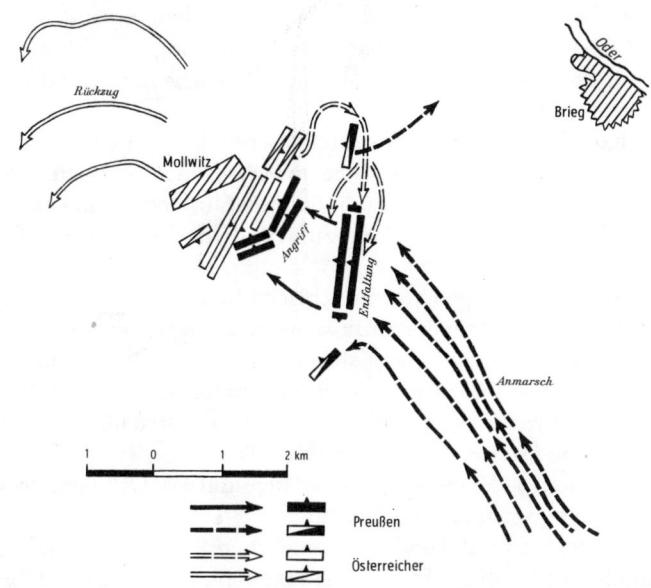

Die preußische Infanterie nahm in zwei Treffen Aufstellung. Die Kavallerie wurde gleichmäßig auf beide Flügel verteilt. Ihre Stellung wurde verstärkt durch die Entsendung mehrerer Grenadierbataillone. Da sich die preußische Infanterie im engen Raum bei Mollwitz nicht völlig entfalten konnte, wurde ihre Front verkürzt und drei Grenadierbataillone zurückgezogen. Sie nahmen an der rechten Flanke Aufstellung, so daß der Abstand zwischen den beiden Infanterietreffen hier geschlossen wurde.

Die österreichische Armee marschierte später auf. Ihre Entfaltung sollte durch die Kavallerie unter General Baron von Römer gedeckt werden. Beim Nahen der Österreicher eröffnete die preußische Artillerie jedoch das Feuer, und der österreichische Aufmarsch geriet ins Stocken. Daraufhin attackierte die österreichische Kavallerie den rechten preußischen Flügel und vertrieb die preußischen Kavallerieregimenter vom Schlachtfeld. Sie plünderte die preußische Bagage und versuchte in den Raum zwischen den beiden Infanterietreffen einzudringen.

29

Die zufällig dort postierten Grenadierbataillone vereitelten jedoch dieses Vorhaben, wenn es auch einzelnen Gruppen der Österreicher gelang, in die preußische Aufstellung einzudringen. In den preußischen Reihen stieg die Verwirrung. Die Munition ging zur Neige. Friedrich II. gab die Schlacht verloren und floh vom Schlachtfeld.

Doch der Angriffselan der österreichischen Kavallerie erschöpfte sich im Salvenfeuer der gedrillten preußischen Musketiere. Der Autorität und der Fuchtel der preußischen Offiziere gelang es, die preußischen Infanteriebataillone zum Vorgehen zu bringen. Die aufgelöste österreichische Kavallerie räumte das Schlachtfeld, während die weit unterlegene österreichische Infanterie dem verzweifelten Ansturm der Preußen nicht standzuhalten vermochte. Generalfeldmarschall Neipperg zog sich zurück. Die Erschöpfung auf beiden Seiten war aber zu groß, als daß die preußische Seite größere Vorteile aus ihrem Sieg ziehen konnte. 4328 Soldaten und 223 Offiziere wies die österreichische Armee an Toten, Verwundeten und Vermißten auf. 4659 preußische Soldaten und 190 Offiziere deckten tot oder verwundet das Schlachtfeld.

Die strategischen Folgen des preußischen Sieges waren gering. Friedrich, der in seiner Flucht erst innehielt, als ihn die Erfolgsnachricht erreichte, konnte nur die Verbindung nach Niederschlesien wiederherstellen, die er auf Grund seiner ungeschickten Dispositionen am Vorabend der Schlacht verloren hatte. Die Österreicher dagegen hatten Oberschlesien wiedergewonnen und blieben im Besitz von Neiße.

Trotz seiner großen zahlenmäßigen Überlegenheit von 60000 zu 25000 Mann wagte es der preußische König vorerst nicht, das österreichische Heer erneut anzugreifen. Nur die Festung Brieg wurde im Mai 1741 erobert. Die Behauptung Schlesiens durch die preußischen Eroberer bestärkte Bayern und Frankreich, durch das schlechte Beispiel ermutigt, in ihrer Überzeugung, daß der habsburgische Staat ein leichter Gegner sei. Sie beeilten sich, ihre Kriegsvorbereitungen abzuschließen.

Im Mai 1741 schlossen Frankreich, Spanien und Bayern zu Nymphenburg ein Bündnis. Frankreich versprach darin Kurfürst Karl Albrecht die nötige Waffenhilfe gegen Österreich und sagte ihm seine Unterstützung nicht nur beim Erwerb der deutschen

Kaiserkrone, sondern auch bei der Eroberung von Böhmen, Ober- und Vorderösterreich nebst Tirol zu. Frankreich bedang sich dafür aus, alle Gebiete, die es am Rhein und in den Niederlanden erobern würde, zu behalten.

Die französischen Rüstungen beunruhigten wiederum Georg II. aufs höchste. Er fürchtete einen gemeinsamen französisch-preußischen Angriff auf Hannover. Um dieser Gefahr zu entgehen, beendete er die Dresdener Verhandlungen und versuchte zwischen Preußen und Österreich zu vermitteln. Seine Haltung wurde auch von dem Drängen des englischen Bürgertums bestimmt, das nach der Niederlage einer englischen Flotte bei Cartagena gegen Spanien die sofortige Einstellung aller Kampfhandlungen in Deutschland und die Konzentrierung aller Anstrengungen gegen Frankreich forderte. Die englischen Vorschläge, Preußen auf Kosten Österreichs zu befriedigen, lehnte der Wiener Hof ab.

Da England nicht in der Lage war, Preußen Schlesien zu garantieren, trat Friedrich am 4.Juni 1741 dem Nymphenburger Vertrag bei. Frankreich bestätigte Preußen die Eroberung Schlesiens. Überglücklich, sein schwankendes Staatsschiff im sicher erscheinenden französischen Hafen geborgen zu haben, schrieb Friedrich an den französischen Unterhändler Belle-Isle: «Ich bin jetzt ein besserer Franzose als der Marschall Belle-Isle und Frankreich so treu wie nur je ein Verbündeter.»

Diesem Bündnis schloß sich 1741 – neben Sardinien – auch Sachsen an, das dafür Mähren, Oberschlesien und Teile von Böhmen zugesagt erhielt.

Die deutschen Fürsten hatten sich damit erneut mit dem Feind der Habsburger, den Bourbonen, gegen das Deutsche Reich verschworen. Frankreich versprach sich von diesem Krieg die endgültige Zerschlagung der österreichischen Monarchie und wollte an seiner Statt vier gleich starke Königreiche, nämlich Ungarn, Bayern, Sachsen und Preußen entstehen lassen, die, von gegenseitiger Eifersucht zerrissen, Frankreich zum obersten Schiedsrichter aller Angelegenheiten anrufen würden.

Die militärischen Rüstungen Bayerns und Frankreichs beseitigten die außenpolitischen Gefahren für den preußischen Militärstaat. Als gar Schweden im September 1741 Rußland überfiel, steigerte sich die Expansionslust des preußischen Militarismus.

Friedrich II. erwog jetzt die Besetzung einiger böhmischer Kreise. Zunächst allerdings erwies sich das preußische Heer als unfähig, die österreichischen Truppen aus Schlesien zurückzudrängen. Auch die Einnahme von Passau durch bayrische Truppen am 31. Juli 1741, der französische Rheinübergang am 15. August, der Einfall bayrischer Regimenter nach Österreich am 14. September veranlaßten den Wiener Hof nicht, seine Verbände in Schlesien zu schwächen. Preußen bemühte sich deshalb mit allen Kräften, die bayrisch-französischen Streitkräfte in harte Kämpfe mit den Österreichern zu verwickeln, um die Lasten des Krieges von sich auf andere abwälzen zu können.

Die Gefahr eines langwierigen Koalitionskrieges ließ Friedrich jedoch um die knappen Finanzmittel Preußens fürchten. Er meinte, daß es nun an der Zeit wäre, Preußen aus dem Kriege herauszuführen. Wenige Monate nach Abschluß des Bündnisses mit Frankreich und Bayern nahm er mit Hilfe Englands erneut Kontakt zum Wiener Hof auf und schlug vor, die Kampfhandlungen einzustellen. Dafür sollte Österreich vorläufig auf Schlesien verzichten. Mit diesem Übereinkommen verfolgte Preußen die Absicht, seine Kräfte zu schonen, während sich Österreich und Frankreich in einem langwierigen Krieg gegenseitig erschöpften. Ihre Ermattung betrachtete der preußische König als Gewähr, daß ihm niemand mehr Schlesien streitig machen könne, und als Freibrief für die Verwirklichung eigener Großmachtambitionen.

Der Wiener Hof ging aus taktischen Erwägungen auf den preußischen Vorschlag ein, und am 9. Oktober 1741 schlossen Friedrich II. und Maria Theresia den geheimen Vertrag von Kleinschnellendorf. Die österreichischen Truppen räumten daraufhin Schlesien und konnten sich gegen die französisch-bayrischen Truppen wenden, während Preußen alle Kampfhandlungen gegen Österreich einstellte.

Gerechterweise muß aber gesagt werden, daß dieser skrupellose Verrat Preußens an seinen «Verbündeten» nichts damit zu tun hatte, daß Friedrich II. etwa ein besonders amoralischer Politiker gewesen wäre. Die aggressive Politik des preußischen Junkerstaates, dessen Ziele nicht mit seinen Möglichkeiten übereinstimmten, zwang dem preußischen König vielmehr eine Politik auf, die im schroffen Gegensatz zu seinen einstigen Überzeugungen und den Normen eines Koalitionskrieges stand.

Wenn jedoch die herrschenden Kreise Preußens geglaubt hatten, mit dem Vertrag von Kleinschnellendorf ihre Verbündeten übervorteilen zu können, so mußten sie alsbald erkennen, daß sie selbst die Betrogenen waren. Die militärische Lage entwickelte sich nämlich bis Ende 1741 so, daß es den Anschein hatte, als ob die Erfolge der französisch-bayrisch-sächsischen Truppen den Auftakt zum Einsturz der Habsburger Monarchie gäben. Der preußische Hof beeilte sich nun, alle geheimen Absprachen mit dem Wiener Hof zu leugnen und sich wiederum aktiv in die Kampfhandlungen einzuschalten, um einen noch größeren Anteil an der bald fälligen herrenlosen österreichischen Erbmasse zu erlangen. Nachdem Preußens Alliierte am 25./26. November 1741 Prag erobert hatten, befahl Friedrich seinen Truppen, in Böhmen und Mähren Quartier zu beziehen und Oberschlesien zu besetzen.

2. Preußen und die antihabsburgische Koalition

Der mährische Feldzug 1742

Der preußische Vormarsch nach Böhmen und Mähren traf auf keinen Widerstand, weil die österreichische Heeresleitung im Vertrauen auf das Abkommen von Kleinschnellendorf dieses Gebiet von Truppen entblößt hatte.

Nachdem die preußischen Truppen am 27. Dezember 1741 die Festung Olmütz besetzt hatten, befanden sich die französisch-bayrisch-sächsisch-preußischen Truppen im Besitz von Nordmähren und des größten Teils Böhmens. Im Raum Olmütz standen etwa 15 000 preußische Soldaten. Die unmittelbaren Zugänge nach Prag deckten im Raum Deutsch-Brod ein Korps von 25 000 Sachsen und Franzosen unter Führung des sächsischen Generals Graf August Friedrich von Rutowski und im Raum Pisek ein französisch-bayrisches Korps unter Marschall Herzog Victor François Broglie mit 13 000 Mann. Die bayrischen Grenzen sicherten General Heinrich Franz Ségurs Truppen bei Linz.

Diesen vier Korps der Alliierten standen drei österreichische Armeen gegenüber. Bei Iglau lagerten 10 000 Österreicher unter Feldmarschall Fürst Johann Georg von Lobkowitz gegenüber den sächsischen Truppen Rutowskis. Bei Tabor-Budweis befanden sich etwa 30 000 Soldaten unter Prinz Karl von Österreich. Zum Angriff auf Linz und weiter nach Bayern hinein bereiteten sich österreichische Truppen mit einer Stärke von 35 000 Mann unter General Graf Ludwig Andreas von Khevenhüller vor. Am 30. Dezember 1741 überschritten sie die Enns und schlossen die Franzosen und Bayern in Linz ein, wo diese am 24. Januar 1742 gegen freien Abzug kapitulierten. Bis zum 10. Februar war Bayern von französisch-bayrischen Truppen geräumt. Am 12. Februar 1742, während Karl Albrecht feierlich in Frankfurt zum Kaiser gekrönt wurde, rückten österreichische Truppen in seine Landeshauptstadt München ein.

Die erneute Aufnahme aktiver Kampfhandlungen durch Preußen war von dem Streben diktiert, sich mit geringsten Opfern einen größtmöglichen Teil der bevorstehenden Beute zu sichern. Friedrich II. beabsichtigte, durch seine Operationen Österreich entscheidend zu schwächen, ohne es zu zerschlagen, Sachsen und Bayern von sich abhängig zu machen und den Einfluß Frankreichs zu paralysieren, weil es sich einer zu umfangreichen Vergrößerung Preußens widersetzt hätte.

Dementsprechend entwarf er den Operationsplan, wobei er den französischen Vorschlag ablehnte, sich mit den preußisch-sächsischen Truppen über Iglau–Neuhaus bei Budweis mit den französischen Verbänden zu vereinigen, weil er befürchtete, damit seine politische und militärische Handlungsfreiheit zu verlieren. Er gab vielmehr einem Vormarsch über Iglau nach Znaim den Vorzug. Mit der dadurch erreichten Bedrohung Wiens glaubte er das österreichische Kabinett zu weiteren Gebietsabtretungen zwingen zu können. Da es ihm außerdem gelang, den sächsischen Herrscher von den angeblichen militärischen Vorteilen dieses Planes zu überzeugen, unterstellte ihm dieser das sächsische Korps.

Anfang Februar 1742 begannen die preußisch-sächsischen Truppenbewegungen. Am 10. Februar vereinigten sie sich bei Groß-Bitesch. Zwei Tage darauf stießen die Alliierten langsam nach Süden vor. Ihr bedächtiger Vormarsch gab den Österreichern Gelegenheit, unter weitestgehender Bergung der Magazine auszuweichen. Mitte Februar hatten die Alliierten Iglau erreicht, und am 19. Februar bezog das preußische Korps entlang der Thaya von Vöttau bis Kronau Stellung.

Die erhoffte politische Wirkung war jedoch ausgeblieben. Österreich hatte die Vorschläge Friedrichs II., daß er den Kampf einstellen würde, wenn Maria Theresia zugunsten Preußens auf Schlesien, zugunsten Bayerns auf Böhmen und zugunsten Sachsens auf Mähren verzichtete, schroff zurückgewiesen.

Die leichtsinnig vorbereitete Offensive der preußisch-sächsischen Truppen in Mähren hatte sich damit selbst lahmgelegt. Zu einem weiteren Vormarsch waren die bereitgestellten Kräfte zu schwach. In der Erwartung eines schnellen Friedensschlusses hatte man außerdem die Magazinversorgung vernachlässigt, so daß insbesondere bei den sächsischen Regimentern Proviantmangel auftrat. Die preußischen Generale meinten, sich dadurch schadlos halten zu können, indem sie das den sächsischen Verbündeten zugesprochene Mähren erbarmungslos ausplünderten. So mußte allein der Kreis Olmütz 100 000 Gulden bezahlen und 1023 Rekruten zwischen 18 und 36 Jahren stellen. Aus dem Kreis Iglau wurden 70 000 Gulden und 300 Rekruten und aus dem Distrikt Manhartsberg gar 400 000 Gulden gepreßt. Auch die österreichischen Kreise nördlich der Donau wurden gezwungen, je 20 000 Metzen Hafer und je 12 000 Zentner Heu abzuliefern.

Die brutale Gewaltherrschaft der preußischen Militärs veranlaßte zahlreiche mährische Bauern und Landarme, dem Aufruf Maria Theresias vom 16. Februar 1742 an alle Österreicher in Mähren, Ungarn und Schlesien zum Kampf gegen die Preußen zu folgen. Darin hatte sie ihnen für ihre Dienste Abgabeerleichterung und Waffenlieferung zugesagt. Gleichzeitig entsandte sie den österreichischen General Johann von Ghilány nach Mähren, wo er die ersten Volksaufgebote organisierte. Zu Tausenden sammelte sich das mährische Landvolk in den Wäldern. Ende Februar/Anfang März entflammte in Mähren und zum Teil auch in Schlesien der Volkskrieg, der sich bald nicht nur gegen die verhaßten preußischen Eroberer, sondern auch gegen die einheimische Aristokratie richtete. Obwohl die österreichische Regierung daraufhin die Hilfe für die Insurgenten verringerte, hatten ihre kühnen

Streifzüge doch wesentlichen Einfluß auf die Entscheidung des preußischen Königs, den Rückzug einzuleiten. Die Versorgung der preußisch-sächsischen Truppen gestaltete sich nämlich durch den bäuerlichen Kleinkrieg noch unsicherer, und zahlreiche Bataillone mußten zum Kampf gegen das von Friedrich als «Pack und Bauerngesindel» beschimpfte aufständische Volk eingesetzt werden. Von Ungarn her bedrohten überdies die Österreicher die Verbindungen des preußischen Heeres nach Schlesien.

Nach langem Zögern traten die preußisch-sächsischen Truppen am 8. März 1742 schließlich den Rückzug nach Brünn an. Ihr Abmarsch wurde durch häufige Überfälle österreichischer Husaren gestört, die sich mit den aufständischen Bauern, deren Abteilungen mitunter 4000 Mann stark waren, vereinigt hatten. Bis Mitte März hatten sich die Hauptkräfte der Alliierten bei Brünn vereinigt und am 27./28. März die Festung eingeschlossen. Um während der Belagerung nicht von Schlesien abgeschnitten zu werden, wurde ein preußisches Hilfskorps bei Jägerndorf postiert. Die österreichische Heeresleitung hatte sich indessen entschieden, Brünn zu halten und die Hauptanstrengungen gegen das preußisch-sächsische Korps zu konzentrieren. Deshalb schwächte sie die Truppen Khevenhüllers in Bayern zugunsten der Armee des Prinzen Karl, der seine Stellungen bei Tabor-Budweis wiederum an Lobkowitz abgab und sich mit über 30000 Mann und 40 Kanonen nach Mähren wandte.

Die Nachricht vom Anmarsch der Österreicher veranlaßte das hungernde und durch Seuchen geschwächte preußisch-sächsische Korps am 3. April 1742, die Belagerung Brünns aufzuheben, Mähren zu räumen und nach Böhmen zurückzugehen. Die sächsischen Truppen marschierten nach Prag ab; die preußischen Truppen in Mähren vereinigten sich am 17. April mit den bei Chrudim lagernden preußischen Truppen in Böhmen.

Die Schlacht bei Chotusitz und der Friede zu Breslau

Preußen hatte schon vor der Räumung Mährens seine Friedensverhandlungen mit dem Wiener Hof intensiviert. Im preußischen Lager glaubte man, rasch zu einem Abschluß kommen zu können, weil man seine Forderungen wieder «nur» auf Schlesien beschränkt hatte. So nahm Friedrich II. auch an, daß die österreichische Armee, nachdem Mähren geräumt worden war, nicht ihn, sondern die schwachen französischen Truppen bei Budweis angreifen würde.

Anfang Mai wurde aber die Angriffsabsicht der Österreicher gegen das zum preußischen Versorgungsstützpunkt ausgebaute Prag deutlich. In völliger Unkenntnis des Standorts des österreichischen Heeres beschloß Friedrich am 14. Mai, mit einem Drittel seiner Truppen sein Lager bei Chrudim zu verlassen und dem Gegner den Weg nach Prag zu verlegen. Die Mehrzahl der Truppen, deren Oberbefehl er dem Erbprinzen Leopold von Dessau übertrug, sollte erst folgen, wenn ein dringend erwarteter Brottransport eingetroffen war.

Nachdem Friedrich II. mit 10 Bataillonen und 20 Schwadronen in Richtung Chotusitz-Kuttenberg vorgegangen war, schob sich das österreichische Korps zwischen die Truppen des preußischen Königs und die des Erbprinzen von Dessau. Der österreichischen Heerführung eröffnete sich die Möglichkeit, die preußischen Truppen einzeln zu schlagen. Leopold von Dessau erkannte diese Gefahr und führte seine Truppen in weitem Bogen nach Chotusitz, wo sie sich mit den restlichen Regimentern vereinigten. Wie bei Mollwitz hatten die Preußen ihre rückwärtigen Verbindungen nach Schlesien verloren. Die Österreicher versuchten, das hin und her manövrierende preußische Heer zu überfallen. Am 17. Mai 1742 trafen die Truppen bei Chotusitz aufeinander.

Nach erbitterten Kämpfen der Kavallerie und der Infanterie entschied der Einsatz des in Reserve gehaltenen rechten Flügels der preußischen Infanterie die Schlacht. Über 1 000 Österreicher und 2 000 Preußen deckten tot das Schlachtfeld. Die Gesamtverluste des österreichischen Heeres betrugen 6 332 Mann, davon allein 1 200 Vermißte oder Desertierte, oder 22 Prozent der Gesamtstärke. Die preußischen Einbußen beliefen sich auf 4 778 Mann oder 17 Prozent der Ausgangsstärke.

Den Sieg nutzte das preußische Heer vor allem dazu aus, die abgerissene Verbindung zu den Magazinen wiederherzustellen. Gleichzeitig übermittelte Friedrich II. Österreich einen Friedensvorschlag. Allerdings wurden die Forderungen wieder hochgeschraubt. Neben Schlesien verlangte er die Abtretung einiger

Tabelle 4: *Kräfteverhältnis in der Schlacht bei Chotusitz*
(17. 5. 1742)

	Infanterie	Kavallerie	Kanonen	Gesamtstärke
Preußen	18 400	9 600	82	28 000
Österreicher	16 500	11 500	40	28 000

böhmischer Kreise. Der Sieg der französischen Truppen am 25. Mai bei Sahay über Lobkowitz schien dabei seine Verhandlungsposition zu stärken. Aber die österreichische Führung beantwortete das preußische Ansinnen damit, daß sie ihre Truppen zusammenzog und erneut den Angriff auf Prag vorbereitete. In der Besorgnis, sich noch einmal mit den österreichischen Truppen messen zu müssen, in Kenntnis, daß der Kriegsschatz nur noch 150 000 Taler betrug, nahm Friedrich II. von seinen Forderungen auf böhmische Gebiete Abstand und unterzeichnete am 11. Juni 1742 einen zwölf Artikel umfassenden Vorvertrag, der am 28. Juni endgültig ratifiziert wurde.

In diesem Frieden zu Breslau erhielt Preußen Ober- und Niederschlesien mit der Grafschaft Glatz zugesprochen. Preußen trat dafür aus dem gegen Österreich gerichteten Bündnis aus und übernahm die österreichischen Schulden in Schlesien in Höhe von 1,7 Millionen Gulden gegenüber England.

Der Verlauf des Österreichischen Erbfolgekrieges
1742 bis 1744

Preußen war in der Hoffnung aus dem Kriege geschieden, daß sich die daran beteiligten Mächte gegenseitig erschöpfen würden. Aufmerksam beobachtete es deshalb die Entwicklung der politischen und militärischen Ereignisse.

Die militärischen Vorgänge verliefen 1742 auch in einem für Preußen durchaus vorteilhaften Sinne. Dem österreichischen Erzherzog Franz Stephan gelang es wohl, das bayrisch-französische Heer in die Defensive zu drängen und in Prag einzuschließen, aber alle Versuche, die Festung zu stürmen, scheiterten. Im

38

Herbst 1742 überschritt ein französisches Korps unter dem Herzog Yves-Marie von Maillebois die böhmische Grenze. Sein Eintreffen ermöglichte der Prager Besatzung den Ausbruch. An der Jahreswende 1742 waren Böhmen und Mähren wieder fest in österreichischer Hand, dafür hatten die französischen Truppen Bayern wiedererobert. Das militärische Gleichgewicht zwischen den Mächten blieb gewahrt.

Im Januar 1743 erklärten die Niederlande, daß sie Maria Theresia nicht wie bisher nur mit Hilfsgeldern, sondern auch mit einem 20 000 Mann starken Korps unterstützen wollten. Dieses Korps vereinigte sich mit 16 000 von England geworbenen Söldnern, die bereits im Juli 1742 in Ostende gelandet waren. Zusammen mit hannoverschen, hessischen und österreichischen Kontingenten bildeten sie die «Pragmatische Armee», an deren Spitze Georg II. von England stand.

Im April 1743 gingen die Pragmatische Armee und die Österreicher zur Offensive über. Prinz Karl von Lothringen griff mit seinen Truppen die bayrisch-französische Armee in Bayern an. Am 27. Juni 1743 mußten die Bayern, von den fliehenden Franzosen im Stich gelassen, um Waffenstillstand nachsuchen. Am selben Tag traf die 38 000 Mann starke Pragmatische Armee, die über den Rhein an den Main vorgerückt war, bei Dettingen auf ein französisches Korps unter dem Herzog von Noailles. Die 40 000 Franzosen wurden geschlagen und wichen hinter den Rhein aus.

Im Juni 1743 sah der preußische König sein ganzes politisches Kartengebäude zusammenstürzen. Was er hatte vereiteln wollen, war geschehen: Österreich und England hatten die Oberhand gewonnen. Der bayrische Kurfürst, zugleich deutscher Kaiser, war arg bedrängt. Mit dem Niedergang Bayerns fürchtete Preußen, daß Habsburg ein Übergewicht in Deutschland erlangen würde. Die preußischen Diplomaten verfolgten noch besorgter den Gang der Ereignisse. Sie erfuhren, daß Maria Theresia im September 1743 einen Vertrag mit Sardinien abgeschlossen hatte, in dem sich Österreich gegen beträchtliche Gebietsabtretungen der ferneren Hilfe Sardiniens versicherte. Friedrich II. argwöhnte, daß dieser Vertrag Geheimklauseln über die Wiedergewinnung Schlesiens durch Österreich erhielt. Noch unruhiger wurde der preußische Hof, als er im Februar 1744 Kenntnis von den Geheimartikeln des österreichisch-sächsischen Bündnisses vom 20. Dezember 1743 erhielt. Auch hier meinte Friedrich, der Vertrag sei eindeutig gegen Preußen gerichtet.

Nur auf Grund dieses Verdachtes trat der König in Verhandlungen mit dem Kaiser, mit dem er am 22. Mai die Frankfurter Union bildete. Preußen bedang sich – neben der Annexion von Ostfriesland – die Eroberung von Österreichisch-Schlesien und der böhmischen Kreise Königgrätz, Jung-Bunzlau und Leitmeritz aus. Der Kaiser sollte den Rest Böhmens und Oberösterreich erhalten. Ausgegeben wurde das preußische Engagement als Hilfsaktion für den Kaiser, weshalb die preußischen Regimenter auch Anspruch auf die Bezeichnung «Reichs-» oder «Kaiserliche» Truppen erhoben. Friedrich drängte aber auch auf schnellen Abschluß mit Frankreich, weil sich seine Beziehungen zu England durch die Besetzung von Ostfriesland, auf das auch England Ansprüche erhob, bedenklich verschlechtert hatten. Am 5. Juni 1744 unterzeichnete der preußische Beauftragte Graf Friedrich von Rothenburg den preußisch-französischen Bündnisvertrag, in dem sich Preußen verpflichtete, im August den Krieg gegen Österreich zu eröffnen. Frankreich versprach, die Operationen des preußischen Heeres durch die Überschreitung des Rheins und einen Vorstoß nach Böhmen zu unterstützen.

Über diesen letzten Punkt des Abkommens entspannen sich zwischen Versailles und Berlin langwierige Erörterungen. Preußen wollte erst dann gegen Böhmen vorgehen, wenn die französischen Truppen starke österreichische und englische Kräfte gebunden hatten. Umgekehrt dachte Frankreich, daß die ausgeruhte preußische Armee zuerst die österreichischen Truppen angreifen solle, ehe das französische Heer seine Hauptoperationen beginne. Frankreichs Widerstand war auch deshalb so heftig, weil es der Vertragstreue Preußens mißtraute. Nach langwierigen Verhandlungen einigte man sich dahingehend, daß die Hauptanstrengungen des französischen Heeres gegen Flandern gerichtet wurden, wo sich die Pragmatische Armee befand. Eine zweite französische Armee sollte zusammen mit den kaiserlichen Truppen den Rhein überschreiten und gegen Bayern und Hannover vorgehen. Preußen dagegen verpflichtete sich, Mitte August in Böhmen einzufallen, Prag zu erobern und nach Pilsen vorzustoßen. Mit diesem

Feldzugsplan beabsichtigte man, die österreichische Hauptarmee, die im Breisgau und in der Oberpfalz Quartier bezogen hatte, zum Rückzug auf Oberösterreich zu zwingen.

3. Der Wiedereintritt Preußens in den Österreichischen Erbfolgekrieg

Der Feldzug in Böhmen 1744

Preußen hatte die zwei Friedensjahre dazu benutzt, die Armee um 9 Feldbataillone, 20 Husarenschwadronen und 7 Garnisonsbataillone zu vermehren. Außerdem führte man bei der Kavallerie und der Infanterie am 1. Juni 1743 ein neues Reglement ein, in dem die Erfahrungen des Ersten Schlesischen Krieges berücksichtigt wurden. Der Staatsschatz war bis Kriegsbeginn wieder auf 6 Millionen Taler angewachsen.

Zur Mobilmachung des Heeres wurden ab 1. Juli 1744 die Beurlaubten einberufen, und am 23. Juli erhielten die Regimenter Befehl, binnen 24 Stunden marschbereit zu sein. Ab 23. Juli trafen

Tabelle 5: Gliederung des preußischen Heeres im Juli 1744

Gruppe	Infanterie	Kavallerie	Marschroute
1. Heeressäule (Friedrich II.)	27 366	12 437	Torgau–Meißen–Pirna Peterswaldau–Lobositz–Budin–Prag
2. Heeressäule (Erbprinz Leopold von Dessau)	13 127	3 057	Peitz–Zittau–Liebenau–Brandeis–Prag
3. Heeressäule (Graf von Schwerin)	10 173	5 683	Braunau–Königgrätz–Pardubitz–Kolin–Prag

Die Gesamtstärke des Feldheeres betrug 71 843 Mann mit 182 Feld- und 56 Belagerungskanonen.

Tabelle 6: Gliederung des preußischen Heeres
Mitte August 1744

Gruppe	Infanterie	Kavallerie	Kanonen	Gesamt stärke
Feldheer	50 666	21 177	238	71 843
Gruppe Marwitz	15 295	3 379	60	18 674
In Preußen ver- bleibende Truppen	28 562	4 612	–	33 174
Gesamtstärke	94 523	29 168	298	123 691

bei den Kommandeuren die Marschbefehle ein. Das preußische
Heer wurde zum Vormarsch nach Prag in drei Heeressäulen gegliedert.

Am 1. September sollten sich die drei getrennt marschierenden
Heeressäulen bei Prag vereinen. Zur Deckung von Oberschlesien

Tabelle 7: Gliederung der österreichischen Kräfte
in Süddeutschland und Böhmen/Mähren im August 1744

Gruppe, Raum	Infanterie	Ka- vallerie	Kanonen	Gesamt- stärke
Besatzung von Prag	17 000 (darunter 13 000 Mann unaus- gebildete Miliz und Bürgerwehr)	–	139	17 000
Besatzung von Brünn	4 128	–	–	4 128
Besatzung von Olmütz	5 277	–	–	5 277
Korps Batthyány (Raum Amberg)	14 247	6 591	22	20 838
Österreichisches Hauptheer (Raum Cannstatt)	37 088	18 414	36	55 502
Korps Wallis (Bayern)	5 273	545	–	1 858
Gesamtstärke	83 013	25 550	197	108 563

wurde ein Korps unter General Heinrich Karl von Marwitz bereitgestellt, das in Mähren einmarschieren und die Festung Olmütz einnehmen sollte.

Am 5.August 1744 erschien der preußische Staatsminister von Wallenroth beim sächsischen Kurfürsten, Friedrich August II. (August III. von Polen), und forderte für 50000 bis 60000 Mann «Kaiserliche Hilfstruppen» freien Durchmarsch durch Sachsen. Friedrich II. bemäntelte nämlich seinen Kriegseintritt mit der Behauptung, daß Preußen nur im Interesse der Souveränität und Freiheit des Kaisers zu den Waffen griffe. Das mit Österreich verbündete Sachsen wurde vom preußischen Aufmarsch überrascht. Sein 30000 Mann starkes Heer befand sich in den Garnisonen und konnte nicht rechtzeitig mobilisiert werden. Am 7.August erteilte deshalb August III. notgedrungen seine Zustimmung, worauf Preußen am 10. August 1744 Österreich den Krieg erklärte. Vom 12. August an überschritten die preußischen Truppen die sächsische Grenze und hatten etwa am 23. August die sächsisch-böhmische Grenze erreicht. In Böhmen standen zu diesem Zeitpunkt nur geringe österreichische Kräfte.

Die Gesamtstärke des österreichischen Heeres betrug etwa 192000 Mann. Beträchtliche Kräfte waren in Italien, in den österreichischen Niederlanden und an der südungarischen Grenze eingesetzt.

Den preußischen Regimentern standen bei ihrem Einmarsch in Böhmen keine österreichischen Feldtruppen gegenüber. Ungehindert konnten die drei Heeressäulen gegen Prag vorrücken, wo sie Anfang September zusammentrafen. Sie warteten unter den Mauern von Prag jedoch noch die Ankunft der schweren Artillerie ab. Erst dann begann am 10. September die förmliche Belagerung der Festung, wenige Tage darauf, am 16., war die Stadt sturmreif. Doch der Kommandant wartete den Sturm nicht ab, sondern kapitulierte ausgangs des Tages. 130 Kanonen, 9000 Gewehre, reiche Vorräte an Munition, Ausrüstungsgegenständen und Lebensmitteln fielen in preußische Hand. Von den Gefangenen wurden 2500 Mann in die preußische Armee gepreßt und der Stadt eine Kontribution von 1,3 Millionen Gulden auferlegt. Mit dem Verlust von nur 50 Toten und 110 Verwundeten hatte die preußische Armee mit einem leichten Erfolg den Feldzug eingeleitet.

Feldzug in Böhmen 1744

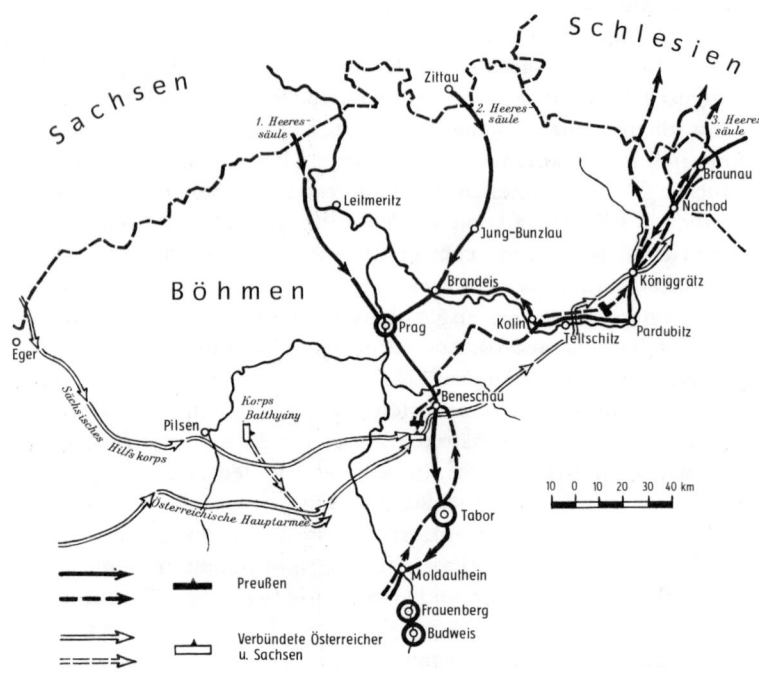

Die Einnahme Prags schuf aber nur die Voraussetzungen zur Verwirklichung des Gesamtplans. Das nächste Ziel des preußischen Vormarsches war die Eroberung von Budweis und Tabor. Friedrich erwartete, daß die kaiserlich-französischen Truppen in Süddeutschland die nach Osten abmarschierende österreichische Hauptarmee verfolgen würden. Die Österreicher würden dann von Front und Rücken her bedroht sein und würden sich nach Oberösterreich zurückziehen müssen. Auch ein Eingreifen Sachsens stand dann nicht zu befürchten, und die preußische Armee konnte sich während des Winters in Böhmen aus dem Land ernähren.

Am 19. September begann das preußische Heer nach Süden vorzustoßen. In Prag blieben nur 6 Bataillone unter dem Kommando von Generalleutnant Gottfried Emanuel von Einsiedel zurück. Friedrich II. teilte seine Armee wiederum in drei Kolonnen auf: Die Vorhut unter General Christoph Ernst von Nassau erhielt den Auftrag, mit 10 Bataillonen und 30 Schwadronen von Prag über Tabor, Frauenberg nach Budweis zu marschieren und diese Plätze einzunehmen. Außerdem sollte Nassau Bäckereien und Magazine einrichten und geeignete Lagerplätze für das Hauptheer auswählen.

Das Hauptheer wurde in zwei Kolonnen gegliedert. Generalfeldmarschall Schwerin hatte der Vorhut auf dem Fuße zu folgen, während der Erbprinz Leopold von Dessau moldauaufwärts vorgehen sollte.

Am 23. September fiel Tabor, am 30. Budweis und am 1. Oktober Frauenberg in preußische Hand. Anfang Oktober befand sich Friedrich im Besitz des Gebiets um Budweis.

Doch trotz des Raumgewinns war die Lage des preußischen Heeres höchst unsicher. Das österreichische Oberkommando hatte sich wider Erwarten entschlossen, die Hauptkräfte seiner Armee in Böhmen zu konzentrieren. Sie wurden durch das Ende August in Böhmen eingetroffene Korps Batthyánys verstärkt, das sich am 3. Oktober mit dem Hauptheer unter der Führung von Prinz Karl vereinigte. Danach betrug die Stärke der österreichischen Armee in Böhmen Anfang Oktober 50 493 Mann, darunter 32 218 Mann Infanterie, 15 118 Mann Kavallerie und 3 157 Mann leichte Truppen mit 50 Kanonen.

Die zahlenmäßig unterlegene österreichische Armee konnte es nicht wagen, den preußischen Truppen in offener Feldschlacht gegenüberzutreten. Sie beschränkte sich deshalb darauf, an den überaus empfindlichen Verbindungslinien des preußischen Heeres zu operieren. Nachdem die Preußen Prag verlassen hatten, besetzten leichte österreichische Abteilungen Beraun sowie Königssaal und durchschnitten somit die preußischen Verbindungslinien nach Prag. Ständig umschwärmten österreichische Husaren und Kroaten das preußische Heer. Sie überfielen preußische Proviantkolonnen, behinderten die Aufklärung und fingen Kuriere ab.

Die preußische Heeresleitung erhielt in den nächsten vier Wochen keine brauchbaren Nachrichten über Standort und Verbleib der österreichischen Armee. Hinzu kam, daß Verpflegungsschwierigkeiten auftraten. Der Nachschub wurde weitestgehend von den Österreichern aufgebracht, und Futter für die Pferde war in der Umgebung kaum mehr zu erlangen, da die wendigen leichten österreichischen Truppen jede Fouragierung zu einem gefährlichen Unternehmen machten. Die böhmische Bevölkerung nahm ebenfalls eine feindselige Haltung gegen die preußischen Truppen ein, floh aus den Dörfern und verbrannte die Getreidevorräte.

Friedrich bemühte sich deshalb, die österreichische Armee zu stellen und zu schlagen. Nur damit glaubte er der Versorgungsnöte Herr werden und sich die Winterquartiere in Böhmen sichern zu können. Durch falsche Nachrichten mobilisiert, irrte das preußische Heer zwichen Budweis und Tabor auf der Suche nach dem österreichischen Hauptheer umher, was Prinz Karl ausnutzte, um am 9. Oktober bei Moldauthein einen preußischen Versorgungstransport mit 80 000 Brotrationen zu überfallen und zu zersprengen. Der König mußte sich daraufhin entschließen, Budweis aufzugeben und auf das Magazin von Tabor zurückzugehen. Auch dort verharrte das preußische Heer wieder einige Tage in der Erwartung, die österreichischen Truppen zur Schlacht stellen zu können. Aber die Hoffnung trog.

Der Zustand der preußischen Armee verschlechterte sich schnell. Statt Brot konnte häufig nur noch Mehl ausgegeben werden. Die armselige und eintönige Kost führte neben der ungünstigen Witterung zu zahlreichen Erkrankungen. Insbesondere die Ruhr minderte rasch die Zahl der Einsatzfähigen. Außerdem desertierten preußische Soldaten in steigender Zahl. Die ungewöhnlich hohe Quote ergab sich – außer aus dem schlechten Zustand der Armee – vor allem daraus, daß im Ersten Schlesischen Krieg in Mähren viele österreichische Landeseinwohner zum Dienst in die preußische Armee gezwungen worden waren und daß das in Schlesien eingeführte Kantonsystem viele Widerwillige zum Dienst im Heer gezwungen hatte. Der Krieg gab ihnen viele Gelegenheiten, dem verhaßten Drill zu entweichen. Ab Mitte Oktober trafen täglich 50 bis 60 Überläufer bei den Österreichern ein. Am 12. Oktober sah sich Friedrich deshalb gezwungen, strenge Maßnahmen zur Verhütung der Fahnenflucht anzuordnen.

Der Rückzug des preußischen Heeres aus Böhmen

Um den unerträglichen Zustand in seinem Rücken zu beenden, entschloß sich Friedrich II. am 17. Oktober, von Tabor nach Beneschau zurückzugehen. Von dort aus konnte er sowohl Prag dekken als auch die Verbindungen zu seinen Magazinen in Pardubitz und in Schlesien herstellen. Er beabsichtigte, nördlich der Sazawa Winterquartier zu beziehen und damit doch noch den Feldzug erträglich abzuschließen.

Die österreichische Führung vereitelte jedoch diese Absicht. Am 22. Oktober hatte sich Prinz Karl mit einem sächsischen Hilfskorps in Stärke von 20 000 Mann vereinigt. Er war jetzt dem geschwächten preußischen Heer um 10 000 Mann überlegen. Die österreichisch-sächsische Armee folgte deshalb den preußischen Truppen nach Beneschau und bezog 10 Kilometer von ihnen entfernt ein durch Teiche, Bäche und Sümpfe geschütztes Lager. Gleichzeitig unterbrachen leichte Truppen die preußischen Verbindungen nach Prag und Schlesien.

Nachdem die preußische Führung das Lager der Österreicher erkundet hatte, entschloß sie sich, am 24. Oktober die Armee angreifen zu lassen. In acht Kolonnen traten die Truppen im Morgengrauen an. Aber erst bei Anbruch der Nacht erreichten sie das österreichisch-sächsische Lager. Beide Seiten standen sich die ganze Nacht hindurch gefechtsbereit gegenüber. Friedrich II. mußte jedoch am folgenden Tag erkennen, daß die Österreicher die Stellung so gut gewählt hatten, daß ein Angriff keine Aussicht auf Erfolg hatte. Für die preußische Armee kam die nicht geschlagene Schlacht einer Niederlage gleich. Die Preußen räumten das Lager von Beneschau, gingen über die Sazawa und Anfang November über die Elbe zurück, hinter der sie Winterquartiere beziehen zu können glaubten. Eine Überschreitung der Elbe durch österreichische Truppen sollte deshalb unter allen Umständen verhindert werden. Friedrich II. sah den Feldzug im wesentlichen für beendet an.

Am 19. November forcierten aber österreichische Truppen bei Teltschitz die Elbe und zwangen das preußische Heer, Böhmen zu räumen. Friedrich erteilte am selben Tag den allgemeinen Rückzugsbefehl. Auch Einsiedel wurde befohlen, Prag zu verlassen. Die an der Elblinie verstreut lagernden preußischen Tuppen vereinigten sich am 24. November bei Königgrätz. Anfang Dezember erreichten die ersten preußischen Abteilungen Schlesien. Auf ihrem Rückzug erlitten sie durch Überfälle leichter Truppen und bewaffneter Bauern, durch Desertionen und Krankheiten hohe Verluste. Allein zwischen dem 26. November und dem 4. Dezember flohen 9000 Soldaten aus der preußischen Armee. Am ärgsten erging es der Besatzung von Prag. Sie hatte bereits in der Stadt 164 Kanonen zurücklassen müssen. Während der Flucht verlor sie dann noch ihre gesamte Bagage und weitere 34 Kanonen. Von ihren 17000 Mann erreichten österreichischen Angaben zufolge nur 2000 die schlesische Grenze.

Die österreichische Führung, deren geistiger Lenker Generalfeldmarschall Otto Ferdinand von Traun war, hatte die preußische Armee unter nahezu völliger Auflösung über die schlesische Grenze manövriert. Friedrich II. hatte die Machtmittel seines Staates weit überschätzt und demzufolge keines seiner politischen Ziele in dem viermonatigen Feldzug verwirklichen können. Die preußische Hauptarmee kam vielmehr in einem unbeschreiblichen Zustand in Schlesien an. 30000 Mann darunter auch Offiziere – waren fahnenflüchtig geworden. Seuchen und Krankheiten hatten bedeutende Lücken in die Reihen der Bataillone gerissen. Die Verluste an Kriegsmaterial, an Pferden und Waffen, Bekleidung, Proviantwagen usw. hatten einen Wert von mehreren Millionen Talern. Die Armee und das Offizierskorps waren entmutigt und demoralisiert. Der Oberpräsident von Schlesien, Ludwig Wilhelm von Münchow, beklagte sich über die Disziplinlosigkeit der Armee. Mißhandlungen, Plünderungen und Totschlag seien alltäglich. Wörtlich äußerte er: «Wir haben keine Armee mehr, was wir haben, ist nichts als ein Haufen Menschen, noch beieinandergehalten durch die Gewohnheit und die Autorität der Offiziere, und diese Offiziere selbst sind mißvergnügt, viele von ihnen in verzweifelter Lage; es bedarf nur noch der geringsten Schlappe oder der Fortsetzung des Krieges in dieser Jahreszeit, um es zur Meuterei unter den Soldaten zu bringen, wie wir sie bei der Disziplin unserer Armee nicht mehr für denkbar gehalten haben.»

Der Widerstand der schlesischen Bevölkerung, besonders der

in Oberschlesien, gegen das preußische Regime versteifte sich. Selbst in den alten Provinzen Preußens wandte sich die Stimmung des Adels gegen den Krieg. In Regierungskreisen wurde scharfe Kritik an der Politik des Königs geäußert. Außenminister Podewils meinte, die ganze Welt nehme an, daß wir zur Erhaltung einer Armee von 140 000 Mann weder Rekruten noch Einkünfte hätten und daher immer Kriege anfingen, um mehr Land zur Erhaltung derselben zu gewinnen. Seines Erachtens sei der hohe Militärfuß auf gewisse Weise als die Hauptwurzel alles Unglücks anzusehen.

Um der drohenden Niederlage zu entgehen und die Opposition im Innern zu besänftigen, versuchte der preußische König durch Vermittlung Englands und der Niederlande Friedensverhandlungen einzuleiten. Der Wiener Hof wies jedoch alle derartigen Vorschläge zurück. Politik und Kriegführung Preußens in den schlesischen Kriegen war eben davon bestimmt, daß es wie eine Großmacht auftreten wollte, aber es der Mittel dazu gebrach und deshalb zwischen den Mächten hin- und herschwankte.

Der österreichische Angriff gegen Oberschlesien

General Marwitz, der mit der Sicherung Oberschlesiens betraut worden war, und zu diesem Zweck Olmütz einnehmen sollte, war in seinen Bewegungen durch die Operationen leichter österreichischer Truppen gelähmt worden. Er wagte es nicht, über Troppau hinauszugehen, und begnügte sich mit der Postierung seiner Truppen entlang der schlesisch-mährischen Grenze. Nach dem mißglückten Feldzug der preußischen Armee in Böhmen gingen nun die leichten österreichischen Truppen zum Angriff über. Sie brachen Anfang Dezember in die Grafschaft Glatz und in Oberschlesien ein. Maria Theresia nahm diese Vorstöße zum Anlaß, um Prinz Karl zu befehlen, in Oberschlesien Quartier zu nehmen. Darauf marschierten Mitte Dezember 13 Bataillone und 7 Kavallerieregimenter unter Führung von Marschall Traun in Oberschlesien ein. General Marwitz räumte Troppau, Jägerndorf und Ratibor und wich nach Kosel aus. Um die Lage zu retten, ordnete Friedrich II. an, eine genügend starke Truppenmacht zusammenzuziehen und die österreichischen Truppen aus Oberschlesien zu vertreiben. Am 8. Januar 1745 gingen deshalb 48 Bataillone und 110 Eskadronen unter der Führung Fürst Leopolds von Dessau über die Neiße. Traun, dessen Kräfte zu gering waren, eine Schlacht anzunehmen, zog sich über Neustadt nach Mähren zurück. Damit war aber nur ein Teil Oberschlesiens wiedererobert worden. Östlich der Oder behaupteten sich weiterhin die leichten österreichischen Abteilungen. Sie dehnten ihre Streifzüge bis nach Kreuzburg, ja bis vor die Tore Breslaus aus. Die preußischen Truppen konnten gegen diesen wendigen Gegner keinen dauernden Erfolg erringen.

Doch nicht nur die militärische Lage hatte sich in einem für Preußen ungünstigen Sinne entwickelt, auch seine politische Situation verschlechterte sich. Am 8. Januar 1745 war zwischen Österreich, England, Holland und Sachsen in Warschau eine Quadrupelallianz vereinbart worden. Die vier Mächte verpflichteten sich darin, die wirksamsten Maßregeln zu ergreifen, Frankreich und Preußen zu zerschlagen. Sachsen sollte gegen eine jährliche Subsidienzahlung von 150000 Pfund Sterling 30000 Mann ins Feld stellen. Wenige Tage darauf, am 20. Januar 1745, starb Karl VII. Sein Sohn, Kurfürst Maximilian Josef von Bayern, beendete am 22. April im Frieden zu Füssen den Krieg mit Österreich, womit Preußen einen weiteren Verbündeten verlor. Frankreich nahm diesen Schritt zum Anlaß, die Masse seiner Truppen hinter den Rhein zu führen und sich auf die Eroberung der Niederlande zu konzentrieren. Friedrich II. konnte also nicht mehr damit rechnen, daß er 1745 durch einen französischen Angriff am Rhein Entlastung finden würde.

4. Die Kampfhandlungen im Jahre 1745

Der österreichisch-sächsische Frühjahrsfeldzug

In Absprache mit dem sächsischen Oberbefehlshaber, dem Herzog von Sachsen-Weißenfels, plante Prinz Karl, das preußische Heer 1745 aus Schlesien zu vertreiben. Es war vorgesehen, die Hauptarmee zwischen Königgrätz und Königinhof zu versammeln und entweder über Glatz oder Braunau nach Breslau vorzustoßen. Zur Unterstützung des Angriffs sollten sächsische Truppen in der Lausitz vorgehen und die in Oberschlesien stehenden leichten Truppen in den Rücken des preußischen Heeres vordringen.

Um die preußische Führung über die Hauptstoßrichtung zu täuschen, ordnete Prinz Karl das demonstrative Vorgehen der Gruppe Ignon gegen Jägerndorf, des ungarischen Aufgebots östlich der Oder und der sächsischen Ulanen über Friedland in die Lausitz an. In der Hauptstoßrichtung wurden Husaren und Kroaten zur Aufklärung und zur Verschleierung eingesetzt.

Tabelle 8: Gliederung der österreichisch-sächsischen Truppen
Ende April 1745

Gruppe, Raum	In-fanterie	Ka-vallerie	Kanonen	Gesamt-stärke
Gruppe Ignon (Raum Olmütz–Sternberg)	6 300	4 550		10 850
Gruppe Berlichingen (Raum Mährisch-Trübau)	2 800	2 000		4 800
Hauptarmee (Raum Königgrätz)	18 000	7 000	69	25 000
Sächsisches Korps (Raum Jung-Bunzlau)	14 000	5 600	52	19 600
Ungarisches Aufgebot (östlich der Oder in Schlesien)	1 350	1 800		3 150
Sicherungstruppen entlang der böhmisch-schlesischen Grenze	8 800	3 100		11 900
Gesamtstärke	51 250	24 050	121	75 300

Friedrich II. bemühte sich nach dem verlustreichen Feldzug in Böhmen, die Armee wieder auf ihre volle Stärke zu bringen. Die dazu erforderlichen Geldmittel waren aber nur noch im beschränkten Umfang verfügbar. Der preußische Etat war im März 1745 um 4,5 Millionen Taler überzogen worden. Preußen versuchte vergeblich, in Holland, in Brabant oder in Kleve eine Anleihe aufzunehmen. In London ließ der König sondieren, ob man dort Neigung zum Ankauf von Emden habe. Die mißliche Lage seiner Finanzen veranlaßte ihn schließlich, Frankreich um die Zahlung von 3 Millionen Taler Subsidiengelder zu ersuchen. Für die Deckung der dringendsten Bedürfnisse wurden eine Zwangsanleihe im eigenen Land und die Einschmelzung des königlichen Silbergeräts angeordnet.

Alle Maßnahmen, die zur Ergänzung des Heeres getroffen wurden, ließen sich deshalb nur langsam verwirklichen. Über 500 Offiziere waren im Dezember zur Werbung in nichtpreußische Gebiete entsandt worden. Am 31. Dezember 1744 erließ Friedrich sogar einen Generalpardon «vor die ausgetretenen Deserteurs und Enrollirten». Ihnen wurde nicht nur Straffreiheit, sondern auch ein Handgeld von 6 Talern zugesagt. Außerdem wurden 2 700 österreichische Kriegsgefangene in die Armee eingestellt und 3 200 preußische Gefangene ausgewechselt. Vor allem aber trieb man die Aushebung im eigenen Lande voran. Jedem Regiment wurden 40 Kantonisten zugewiesen. Einen Teil der Rekruten erhielt Preußen aus Ansbach, Sachsen-Gotha und Sachsen-Meiningen. Um den Widerstand der Bevölkerung in Preußen gegen die Aushebungen zu brechen, ging die Regierung mit scharfen Erlassen und mit bewaffneter Gewalt vor. Die zwangsgemusterten Rekruten ergriffen aber jede Gelegenheit, sich dem Heeresdienst zu entziehen. So entliefen allein bei Krossen 94 Rekruten der Regimenter Münchow und Braunschweig.

Ende April fehlten an der Sollstärke des preußischen Heeres in Schlesien noch rund 10 000 Mann. Die geringen Finanzmittel des Staates, die eine völlige Ergänzung der verlorengegangenen Ausrüstung verhinderten, sowie die relative Schwäche der Armee zwangen die militärische Führung Preußens in die Defensive. Friedrich II. erwartete, daß die Österreicher im Frühjahr Oberschlesien angreifen würden. Dementsprechend verteilte er seine Streitkräfte.

Bis zum 14. Mai war die Versammlung aller Gruppen des österreichischen Heeres, mit Ausnahme der Gruppe Ignon und der Grenztruppen, bei Königgrätz abgeschlossen. Prinz Karl plante, über Trautenau–Liebau–Landeshut in Schlesien einzudringen und die preußische Armee entweder von ihren Verbindungen zur Mark Brandenburg abzuschneiden oder zur Schlacht zu stellen.

Tabelle 9: *Gliederung der preußischen Armee*
Ende April 1745

Gruppe	Infanterie	Kavallerie	Gesamt-stärke
Hauptarmee (Raum Frankenstein–Neiße–Münsterberg	24 700	10 960	35 660
Gruppe Lehwaldt (Raum Glatz)	8 300	1 000	9 300
Gruppe Truchseß (Raum Schweidnitz)	5 200	4 400	9 600
Gruppe Markgraf Karl (Raum Patschkau)	5 300	3 100	8 400
Besatzung von Liegnitz	1 000		1 000
Besatzung von Jägerndorf	2 500		2 500
Korps Hautcharmoy (entlang der Oder–Weid)	3 500	1 700	5 200
Garnison der Festungen Glogau, Breslau, Brieg, Neiße und Glatz	13 800		13 800
Gesamtstärke	64 300	21 160	85 460

Da die Preußen keine Anstalten machten, die Gebirgspässe zu sperren, glaubte die österreichische Heeresleitung, daß sie sich auf Breslau zurückgezogen hätten, um die Verbindung zur Mark aufrechtzuerhalten. Sie vermutete auch, daß der Vorstoß der Gruppe Ignon in den Rücken des preußischen Heeres bei Neiße und Kosel den Rückzug bewirkt hätte. Am 23. Mai trat daraufhin das österreichische Operationsheer den Marsch nach Schlesien an. Am 3. Juni hatte es das Riesengebirge überquert und erreichte bei Striegau die schlesische Ebene.

Auch in diesen Maitagen nötigt nicht die von der bürgerlichen Literatur bekundete Entschlossenheit Friedrichs, sich mit den Österreichern um jeden Preis zu schlagen, Respekt ab, sondern vielmehr beachtenswert ist das Hasardspiel des königlichen Feldherrn. Nach der später zum herostratischen Dogma des deutschen Militarismus erhobenen Devise erklärte er vor der Schlacht: «Ich will entweder meine Machtstellung behaupten, oder das alles zugrunde geht.»

53

Friedrich war durch General Hanns Karl von Winterfeld über alle österreichischen Bewegungen unterrichtet worden. Ab 27.Mai verstärkte er das Hauptheer durch die Gruppen Lehwaldt, Markgraf Karl und Truchseß und befahl, am 29.Mai das Lager bei Frankenstein zu verlassen und am 1.Juni bei Jauernick ein neues zu beziehen. Er wollte dabei günstige Positionen gewinnen und die österreichische Armee überfallartig angreifen, noch bevor sie sich in Schlesien entfalten konnte. Er führte deshalb auch seine Truppen in einem Nachtmarsch vom 3. zum 4.Juni in unmittelbare Nähe des österreichisch-sächsischen Lagers und ließ sie im Morgengrauen angreifen.

Tabelle 10: Kräfteverhältnis in der Schlacht
bei Hohenfriedberg (4.6.1745)

Armee	Infanterie	Kavallerie	Kanonen	Gesamtstärke
Preußische Armee	38 600	19 900	192	58 500
Österreichisch-sächsische Armee	40 400	18 300	121	58 700

Die preußische Armee mußte, um Raum zur Entfaltung zu gewinnen, den linken (sächsischen) Flügel zuerst zerschlagen. Sie hatte deshalb in einem schwierigen Flankenmarsch die Front des lagernden österreichischen Heeres zu passieren. Gegen sieben Uhr morgens war das sächsische Korps geschlagen und vom österreichischen Heer getrennt. Ehe Prinz Karl die österreichische Schlachtordnung formiert hatte, waren die preußischen Regimenter bereits eingeschwenkt und stießen frontal gegen die österreichische Infanterielinie zwischen Günthersdorf und Thomaswaldau vor. Beide Ortschaften wurden von den Preußen erstürmt, und Friedrich II. hielt die Schlacht schon für gewonnen. Doch zwischen beiden Dörfern standen noch österreichische Eliteregimenter, vor allem das Grenadierkorps, die die allmählich erlahmenden Angriffe der preußischen Infanterie immer wieder abwiesen. Durch eine Lücke in der preußischen Gefechtsgliederung stieß in diesem kritischen Moment das Dragonerregiment Bayreuth vor und attackierte die ebenfalls erschöpften österreichischen Infanteristen. 20 österreichische Bataillone hielten diesem Anprall nicht stand und fluteten zurück. Die österreichischen Truppen wichen auf Hohenfriedberg aus und zogen über Landes-hut–Königgrätz nach Böhmen ab.

Die preußischen Truppen eroberten in der Schlacht 66 Kanonen, 76 Fahnen und 10 Standarten.

Tabelle 11: Verluste in der Schlacht bei Hohenfriedberg

	tot	ver- wundet	gefangen	vermißt	Gesamt- verluste
Preußen	905	3 775		71	4 751
Österreicher/Sachsen	3 120	3 750	5 084	1 781	13 735

Der Feldzug in Böhmen 1745

Die Schlacht bei Hohenfriedberg war ein großer taktischer und operativer Erfolg des preußischen Heeres, der jedoch ohne strategische oder gar politische Folgen bleiben sollte. Friedrich II. meinte allerdings, daß dieser Sieg Österreich zu Friedensverhandlungen bewegen werde. Er wurde in seiner Auffassung bestärkt durch die Nachricht vom Sieg einer französischen Armee am 11. Mai 1745 bei Fontenoy über die Pragmatische Armee und vom Vordringen eines französischen Korps unter Prinz Conti über die Lahn. Nach Friedrichs Erachten mußten Österreich und vor allem England jetzt allergrößtes Interesse daran haben, den Krieg gegen Preußen zu beenden. Zur Verbesserung seiner Verhandlungsposition und seiner Finanzmittel entschloß sich der preußische König, mit seiner Armee dem geschlagenen österreichischen Heer zu folgen, bis Königgrätz vorzudringen und dort Winterquartier zu nehmen.

Am 9. Juni brach das preußische Heer aus Schlesien auf und erreichte am 13. Böhmen. Prinz Karl wollte das preußische Heer am Vormarsch behindern, indem er bei Jaromer Stellung bezog. Die preußischen Truppen überflügelten jedoch die Österreicher, da sie bei Neustadt die Elbe überquerten. Daraufhin verließ die österreichische Armee ihr Lager bei Jaromer, weil der preußische

Vormarsch sie von ihren Verbindungen zu trennen drohte, und verlegte den Preußen hinter der Adler den Weg. Beide Armeen standen einander wochenlang untätig gegenüber. Die preußischen Truppen zehrten das besetzte Gebiet restlos aus, während die leichten österreichischen Truppen ständig an deren Verbindungslinien operierten.

Die preußische Heeresleitung sah sich bald darauf gezwungen, die Gegend zu verlassen, weil die Verpflegung knapp wurde. Sie erwog zwei Möglichkeiten: Vorstoß in den Raum Hohenmauth oder in die Gegend von Chlum. Mit dem Besitz des südböhmischen Hohenmauth wäre die preußische Armee in ein reiches, bisher vom Kriege verschontes Gebiet gekommen, die bedrohte Verbindung nach Glatz hätte keines besonderen Schutzes bedurft, und Prinz Karl wäre gezwungen worden, sein Lager an der Adler zu verlassen, weil die preußischen Truppen seine Magazine in Pardubitz, Chrudim und Deutsch-Brod bedrohten. Friedrich nahm jedoch von diesem militärisch vorteilhaften Plan aus politischen Erwägungen Abstand.

Seit Mai 1745 bereitete er einen Einfall in Sachsen vor. Das Land konnte von Preußen aus in kurzer Frist und ohne Mühe genommen werden. Man vermochte sich ferner an dem reichen Sachsen schadlos zu halten und die leeren preußischen Kassen zu füllen. Hierzu wurde Fürst Leopold von Dessau beauftragt, 22 Bataillone und 50 Eskadronen im Raum Halle zum Angriff auf sächsisches Gebiet zu versammeln. Der preußische König konnte es aber vorerst nicht wagen, in Sachsen einzubrechen, weil Rußland für diesen Fall mit einer Kriegserklärung drohte und Frankreich, dem er durch Subsidien verpflichtet war, politische Verhandlungen mit König August pflog, um diesen aus dem österreichisch-englischen Bündnis zu lösen.

Friedrich wartete deshalb auf den Beginn des Herbstes, weil dann eine russische Intervention im Jahre 1745 auf Grund der Wegeverhältnisse vorerst nicht wirksam werden konnte, und auf die Beendigung der französisch-sächsischen Gespräche. Um die besten sächsischen Truppen, die sich im Lager von Prinz Karl befanden, von ihrem Land fernzuhalten, befahl Friedrich einen Vorstoß nach Chlum. Dadurch blieb das sächsische Korps in Böhmen gefesselt, und Leopold von Dessau hätte bei einem Überfall leichtes Spiel mit den wenigen in Sachsen befindlichen Truppen gehabt. Mit dem Marsch in das Lager von Chlum verschlechterte sich jedoch die militärische Lage der preußischen Armee in Böhmen. Die Stellung war so unglücklich gewählt, daß den Österreichern daraus kaum Schaden erwuchs. Dagegen verlängerten sich die preußischen Verbindungen nach Schlesien und konnten noch von den österreichischen Truppen unterbrochen werden.

Im preußischen Lager sah man sich deshalb veranlaßt, starke Abteilungen zum Schutze der rückwärtigen Verbindungen zu entsenden, was wiederum die Armee so schwächte, daß sie zu keinen Offensivaktionen mehr fähig war. Die Initiative lag erneut in österreichischer Hand. Wie im Vorjahr beherrschten österreichische Husaren und Kroaten das offene Land, und die preußische Armee sah sich in ihrem Lager blockiert. Die Verpflegung wurde zusehends knapper, und um die Futterversorgung der Kavallerie entspannen sich heftige Kämpfe zwischen österreichischen und preußischen Abteilungen, bei denen die letzteren in der Regel unterlagen.

Um jeden Versorgungstransport, der alle fünf Tage aus Schweidnitz kam, hatten die Preußen kleinere und größere Gefechte zu bestehen. Schließlich mußte Friedrich erkennen, daß seine Lage unhaltbar geworden war, und am 18. September ließ er den Rückmarsch antreten. Im Raum Staudenz sollte das Heer wiederum einige Tage lagern, ehe es sich nach Schlesien begab. Prinz Karl folgte den preußischen Truppen mit der Absicht, sie zu stellen und in einer Schlacht zu besiegen. Er vertraute auf die zahlenmäßige Überlegenheit seiner Truppen. Dank besserer Aufklärung gelang es ihm auch, unbemerkt in die Flanke der Preußen zu kommen.

Tabelle 12: Kräfteverhältnis in der Schlacht bei Soor
(30. 9. 1745)

	Infanterie	Kavallerie	Gesamtstärke
Preußen	16 710	5 852	22 562
Österreicher/Sachsen	26 621	12 706	39 327

Winterfeldzug 1745 in Sachsen

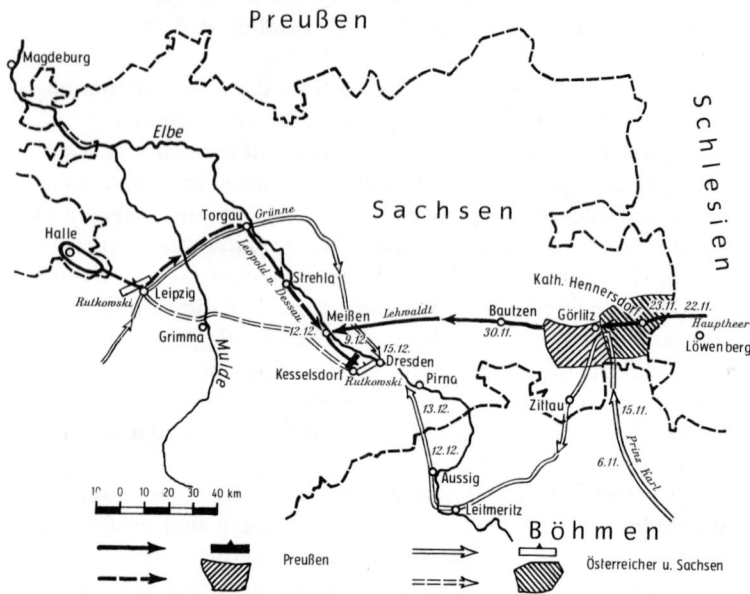

Die österreichische Führung versäumte es aber, das Überraschungsmoment auszunutzen, weil sie glaubte, allein die Demonstration der überlegenen Stärke ihrer Verbände würde ausreichen, die Preußen zum fluchtartigen Rückzug zu nötigen. Sie rechnete damit, in den preußischen Abmarsch hineinstoßen und so die völlige Auflösung der Armee bewirken zu können.

Das zögernde Verhalten der österreichischen Führung gab der preußischen Heeresleitung Gelegenheit, ihre Kräfte zu entfalten und nach erbitterten Kämpfen die Österreicher und Sachsen zu schlagen, wobei 3 911 Mann preußischen Verlusten (886 Tote, 2 721 Verwundete und 304 Vermißte oder Gefangene) 7 444 Mann (1 000 Tote, 3 256 Verwundete und 3 188 Vermißte oder Gefangene) auf österreichischer Seite gegenüberstanden.

Die Wirkung des preußischen Erfolgs blieb höchst gering. Nicht nur, daß österreichische Husaren während der Schlacht in das preußische Lager eingebrochen waren und die gesamte Bagage des preußischen Heeres sowie die Kriegskasse mit 85 000 Talern erbeutet hatten, auch militärisch war wenig gewonnen worden. Das preußische Heer lagerte zwar noch fünf Tage auf dem Schlachtfeld, setzte dann aber den Rückzug nach Schlesien fort. Mitte Oktober rückte die preußische Armee in die schlesischen Winterquartiere ein. Man hielt den Feldzug für beendet. Friedrich II. begab sich nach Berlin und erwartete einen günstigen Ausgang der durch englische Hilfe aufgenommenen Friedensverhandlungen mit Österreich.

Der Winterfeldzug von 1745

Schon am 29. August 1745 hatten Sachsen und Österreich eine geheime Vereinbarung getroffen, den Krieg gegen Preußen mit allem Nachdruck fortzusetzen und einer preußischen Invasion Sachsens durch eine Offensive zuvorzukommen. Obwohl Prinz Karl nach der Schlacht bei Soor seine Bedenken gegen einen Winterfeldzug geltend machte, weil er nur mit hohen Verlusten geführt werden konnte, bestanden die sächsische Heeresleitung und der Wiener Hof auf die Vorbereitung des Angriffs. Der vom sächsischen General Rutowski entworfene Feldzugsplan sah vor, daß sich die sächsische Hauptarmee im Raum Leipzig mit einer vom Rhein anrückenden Kolonne des österreichischen Feldmarschalls Philipp von Grünne vereinigen sollte. Gemeinsam wollten sie dann die unter Führung des Fürsten von Anhalt-Dessau im Raum Halle stehenden Truppen in ihren Quartieren überfallen, darauf nach Krossen vorrücken und die Oder sperren. Damit wäre die Versorgung der preußischen Truppen in Schlesien unterbrochen worden. Ein Durchbruch dieser Heeresabteilung in die Mark sollte verhindert werden, indem die sächsische Armee ihr entgegenging, während die österreichische Armee unter Prinz Karl den Preußen auf dem Fuß folgte. Die preußische Armee wäre damit zwischen zwei Feuer geraten.

Die preußischen Truppen in Schlesien waren im Raum Waldenburg–Friedland–Landeshut in ihre Winterquartiere verlegt worden. Alarmiert durch den Vormarsch der österreichischen Armee

Truppen, Raum	Infanterie	Kavallerie	Gesamtstärke
Sächsisches Hauptheer			
(Rutowski)			
Raum Leipzig	18 000	7 000	25 000
Abteilung Grünne			
Raum Torgau	4 700	1 670	6 370
Österreichisches Hauptheer			
(Prinz Karl)			
Raum Görlitz–Lauban	15 000	5 000	20 000
Abteilung Hohenens			
Raum Königgrätz	2 500	1 900	4 400

an die böhmisch-sächsische Grenze, wurden sie bei Rohnstock zusammengezogen und bewegten sich auf den Bober zu. Der preußische König, der die österreichisch-sächsischen Pläne kannte, traf am 19. November bei der schlesischen Armee ein und befahl seinen Truppen, in dem Moment in Sachsen einzudringen, da Prinz Karl die sächsische Grenze überschritt. Friedrich plante, dem Angriff durch zwei Gegenstöße zuvorzukommen. Die schlesische Armee sollte das österreichische Heer nach Böhmen zurückdrängen, während der Fürst von Anhalt-Dessau Leipzig erobern und die sächsische Armee zum Rückzug auf Dresden veranlassen sollte.

Am 23. November wurde Friedrich II. von dem am 21. November erfolgten Einmarsch der österreichischen Truppen in Sachsen unterrichtet. Unverzüglich brach die preußische Armee auf und stieß am selben Tag bei Katholisch-Hennersdorf auf Teile der österreichischen und sächsischen Armee, die zerschlagen wurden. Prinz Karl wagte es nicht, der zahlenmäßig überlegenen preußischen Armee entgegenzutreten, und zog sich über Zittau auf das böhmische Gebiet zurück. Die Preußen konnten Görlitz nehmen, wo ihnen die gefüllten Magazine des sächsischen Heeres in die Hand fielen. Außerdem erhoben sie von der sächsischen Bevölkerung sofort hohe Geldabgaben. Görlitz zum Beispiel hatte 100 000

Gulden zu entrichten. Darüber hinaus nutzte Friedrich den Einmarsch in Sachsen aus, um Meißner Porzellanarbeiter abzuwerben, die die Errichtung der «Königlichen Porzellanmanufaktur» in Berlin erst ermöglichten. Auch veranlaßte er, daß 270 Damastweber im Dezember nach Preußen auswanderten.

Tabelle 14: Gliederung der preußischen Armee
Mitte November 1745

Truppen, Raum	Infanterie	Kavallerie	Gesamt-stärke
Preußisches Hauptheer (Friedrich II.) Raum Löwenberg	23 500	6 500	30 000
Armee des Fürsten von Anhalt-Dessau Raum Halle	16 884	7 693	24 577
Besatzung von Berlin (Graf Hacke)	5 000		5 000

Am 29. November waren auch die um Halle versammelten preußischen Regimenter in Kursachsen eingefallen. Vom sächsischen Hauptheer, das sich im Abmarsch nach Dresden befand, waren nur Reste im Raum Leipzig verblieben, die sich beim Nähern der Preußen ebenfalls zurückzogen. Am 30. November nahm Leopold von Dessau Leipzig. Auch hier zögerten die Preußen nicht, die Eroberung Leipzigs zum Füllen ihrer leeren Kassen auszunutzen und der Bürgerschaft eine Kriegskontribution von 2 Millionen Talern aufzuerlegen. Außerdem hatte der Rat der Stadt 330 Rekruten für die preußische Armee zu stellen. Inzwischen ließ Leopold von Dessau den Vormarsch fortsetzen. Über Torgau, Strehla und Meißen näherte er sich am 13. Dezember Dresden. Zu seiner Verstärkung hatte Friedrich eine Abteilung unter General Johann von Lehwaldt abgesandt, die sich in Meißen mit ihm vereinigte. Leopold verfügte somit, nach Abzug der Besatzungen von Leipzig und Torgau, über etwas mehr als 30 000 Mann mit 33 schweren Kanonen. Er wurde vom König ungeduldig gedrängt, zügig nach Dresden vorzustoßen und die sächsische Hauptarmee noch vor dem erneuten Wiedereintreffen der Österreicher zu schlagen.

Friedrich II. selbst wagte es nicht, seine Stellung im Raum Königs-brück–Kamenz zu verlassen, weil er um die Verbindungen nach Schlesien fürchtete und Berlin sowie die Magazine zu decken suchte. Er war aber darüber unterrichtet, daß Prinz Karl über Leit-meritz–Aussig–Pirna auf Dresden vorging. Eine Vereinigung der Österreicher mit den Sachsen mußte ihnen eine beträchtliche Überlegenheit über die Armee Leopolds von Dessau verschaffen.

Am 15. Dezember war jedoch General Rutowski gezwungen, ohne das Eintreffen der Österreicher abwarten zu können, sich vor den Toren Dresdens der preußischen Armee unter Leopold von Dessau zu stellen.

Tabelle 15: Kräfteverhältnis in der Schlacht bei Kesselsdorf (15. 12. 1745)

	Infanterie	Kavallerie	Kanonen	Gesamt-stärke
Preußen	21 000	9 000	33	30 000
Sachsen/Österreicher	24 000	7 000	42	31 000

Die vom sogenannten Exerziermeister des preußischen Heeres, Leopold von Dessau, geführte Armee errang einen vollständigen Sieg über die sächsische. General Rutowski verfügte zum Ausgang des 15. Dezember nur noch über 16 500 Mann, während sich die preußischen Verluste auf über 5 000 Soldaten und Offiziere belie-fen. Nach der Schlacht rückten preußische Truppen sofort gegen Dresden vor, das am 17. Dezember übergeben wurde.

Die österreichischen und die restlichen sächsischen Truppen vereinigten sich bei Pirna und zogen sich auf die sächsisch-böhmi-sche Grenze zurück.

Der preußische König leitete unverzüglich am 15. Dezember er-neut Friedensverhandlungen ein, weil er nicht über genügend Mittel verfügte, einen neuen Feldzug zu finanzieren und er ein russisches Eingreifen zugunsten Sachsens und Österreichs be-fürchten mußte. Georg II. von England drängte auf einen Frieden, weil er alle Hände voll zu tun hatte, dem Aufruhr der Schotten Herr zu werden, und auch Österreich war zum Abschluß geneigt, um sich mit aller Kraft gegen die Spanier und Franzosen in Italien und in den österreichischen Niederlanden wenden zu können. Am 25. Dezember wurden die Verhandlungen mit dem Frieden zu Dresden beendet. Preußen erhielt von Österreich den Besitz Schlesiens bestätigt, während Friedrich II. die am 13. September 1745 vollzogene Wahl Franz Stephans zum Deutschen Kaiser anerkannte. Für Sachsen war der Friedensschluß am unvorteilhaftesten. Es bezahlte eine Kriegsentschädigung von einer Million Taler an Preußen, mußte seine Zollstreitigkeiten mit Preußen zugunsten desselben entscheiden lassen und zugeben, daß die gewaltsam ausgehobenen Sachsen in der preußischen Armee blieben. Ferner verzichtete es auf Schlesien und Glatz.

ZWEITES KAPITEL

Der Siebenjährige Krieg

1. Ursachen und Vorgeschichte

Im Oktober 1748 hatte die finanzielle Erschöpfung der am Österreichischen Erbfolgekrieg beteiligten Mächte zum Abschluß des Friedens von Aachen geführt. Sein wichtigstes Ereignis bestand darin, daß Preußen die Eroberung Schlesiens und der Grafschaft Glatz nochmals bestätigt erhielt. Die zwischen Frankreich und England bestehenden Streitfragen löste der Vertrag jedoch nicht. Der koloniale Gegensatz blieb bestehen. Die Plänkeleien in den Kolonien, vor allem in Nordamerika, dauerten auch nach dem Friedensschluß fort.

Dem absolutistischen, schon morbiden Frankreich, das vornehmlich um seine merkantilistischen Handelsinteressen besorgt war, stand das kapitalistische England gegenüber, dessen aufblühende Wirtschaft Nordamerika sowohl als Absatzmarkt von wohlfeilen Fertigwaren wie auch als Lieferant von billigen Rohstoffen beanspruchte. Die hartnäckigste Kriegsursache bestand jedoch in dem stetigen Vordringen englischer Kolonisten nach Westen, weil sie dabei nicht nur auf den Widerstand der einheimischen indianischen Bevölkerung, sondern auch auf den der französischen Händler und Barone stießen; denn die nordamerikanischen Besitzungen Englands grenzten im Süden an das französische Louisiana und im Norden an das ebenfalls französische Kanada.

Um die Verbindung zwischen diesen beiden Gebieten herzustellen, versuchte sich Frankreich zum Herren des Ohiotals zu machen. Gelangte dies Gebiet aber in französischen Besitz, dann sahen sich die englischen Siedler auf einen schmalen Landstreifen zwischen dem Atlantik und dem Appalachen-Gebirge gedrängt. Sowohl der Handel mit dem Binnenland als auch eine weitere Landnahme waren dann unmöglich.

Bis 1753 hatten sich die Franzosen des Ohiotals bemächtigt und an den strategisch wichtigsten Punkten Forts angelegt. Gemeinsam mit den ihnen verbündeten Indianern vertrieben sie die englischen Händler und Siedler, die über den Ohio vorgedrungen waren. Hilfesuchend wandte sich daher die private britische Ohio-Gesellschaft an das Kolonialamt in London. Dort entsprach man ihrer Bitte und entsandte britische Truppen nach Nordamerika, die nun ebenfalls in das Ohiogebiet vordrangen und die Anlage von Forts vorbereiteten. Französische Einheiten suchten dies zu verhindern, und am 28. Mai 1754 entbrannten im Raum Necessity erbitterte Kämpfe. Sie endeten mit einer englischen Niederlage. Das Parlament forderte daraufhin die Krone auf, weitere Verstärkungen nach Nordamerika zu schicken.

Die britische militärische Führung entwarf einen Angriffsplan, der den völligen Einsturz der französischen Kolonialherrschaft in Kanada und im Ohiotal bewirken sollte. Doch der Feldzug wurde mit unzureichenden Kräften unternommen und führte zu einer Reihe blutiger Niederlagen. Die schwerste erlitten die Engländer am 9. Juli 1755 bei Monongahela, wo ihre Truppen unter Führung von General Edward Braddock nahezu völlig vernichtet wurden. Infolge dieser Katastrophe gingen große Abschnitte des Grenzlandes verloren. Auf 500 Kilometer brachen die mit Frankreich verbündeten Indianer gegen die britischen Kolonien vor, um die ihnen geraubten Gebiete zurückzugewinnen. Die Lage der nordamerikanischen Besitzungen Englands war ernst.

Mit dem Ausbruch offener Feindseligkeiten zwischen England und Frankreich in Nordamerika, aber auch in Indien und im Mittelmeer begannen beide Seiten fieberhaft nach Verbündeten in Europa zu suchen, wo sich der Kampf um die koloniale Vorherrschaft entscheiden mußte. Die Sorge Englands um Hannover bildete dabei das Bindeglied zwischen der kolonialen und der europäischen Frage. Da England der französischen Landmacht nicht gewachsen war, suchte es sich auf dem europäischen Kontinent einen Verbündeten zu kaufen, der die Hauptaufmerksamkeit Frankreichs so in Anspruch nahm, daß sich Großbritannien unter dem Schutz einer starken Flotte ungestört auf den Kolonialkrieg konzentrieren konnte. Über die stärksten Armeen verfügten damals Frankreich, Österreich, Rußland und Preußen.

England versuchte, sich den Beistand Österreichs und Rußlands beim Krieg gegen Frankreich zu sichern. Die österreichische Regierung unter Führung von Fürst Wenzel von Kaunitz war aber nur dann bereit, sich am Krieg gegen Frankreich zu beteiligen, wenn ihm England die Wiedereroberung Schlesiens und der Grafschaft Glatz ermöglichte; denn die österreichische Monarchie betrachtete Preußen als ihren Hauptgegner.

Für die englischen Politiker war jedoch die Niederwerfung Frankreichs der entscheidende Gesichtspunkt, und sie weigerten sich, den kostspieligen antipreußischen Plänen Österreichs zuzustimmen. Die Verhandlungen blieben ergebnislos. Mehr Erfolg hatte die britische Diplomatie dagegen am Zarenhof. Gegen 100 000 Pfund Sterling jährlich mietete England am 30. September 1755 55 000 russische Soldaten, die in Livland stationiert waren. Im Kriegsfall wollte England 500 000 Pfund Subsidien zahlen. Außerdem verpflichtete sich Rußland, 40 bis 50 Galeeren bereitzustellen, um 10 000 russische Soldaten über See nach Nordwestdeutschland zu bringen.

Frankreich war bei seiner Suche nach Verbündeten in Europa zunächst an Preußen herangetreten, das ihm verpflichtet schien, weil Friedrich II. nur mit französischer Hilfe Schlesien hatte erobern können. Friedrich hatte daraufhin am 5. April 1755 dem französischen Gesandten in Berlin, La Touche, geraten, wenn er König von Frankreich wäre, würde er gleich nach der Kriegserklärung gegen England mit einem starken Korps in Hannover einfallen. Er hoffte damit verhindern zu können, wie Franz Mehring schrieb, «daß ein europäischer Brand aus der Kriegsflamme entstehen konnte, die sich im amerikanischen Wald entzündet hatte». Wenn England Hannover verloren hatte, so war mit größter Wahrscheinlichkeit zu erwarten, daß es sich völlig auf den Überseekrieg konzentrieren werde. Frankreich forderte aber von seinem Verbündeten Preußen, selbst Hannover zu besetzen. Das lehnte Friedrich entschieden ab, weil er befürchtete, ein derartiger Schritt würde zu einem allgemeinen Bündnis zwischen England, Rußland und Österreich gegen ihn führen.

Als der preußische Hof vom russisch-englischen Abkommen erfuhr – der englische Staatssekretär hatte den preußischen Gesandten in London unmittelbar nach dem Abschluß darüber informiert –, war er über die Möglichkeit, daß sich russische Truppen in Nordwestdeutschland festsetzen könnten, sehr beunruhigt. Er sah darin eine Gefahr, doch in den bevorstehenden englisch-französischen Krieg verwickelt zu werden. Die Maxime der preußischen Politik in den Vorkriegsjahren hatte aber gerade darin bestanden, sich aus dem Konflikt der beiden Großmächte herauszuhalten, um nicht die Gefahr heraufzubeschwören, das eben erst eroberte Schlesien in einem Krieg wieder zu verlieren. Dies um so mehr, als der russische Hof kein Hehl daraus machte, daß ihm das erstarkte Preußen für seine Interessen in Polen und Schweden gefährlich werden könne und deshalb als Gegner anzusehen sei.

Der preußische König entschied sich deshalb, ein Abkommen mit England zu treffen. Am 16. Januar 1756 schloß er mit ihm die Westminster-Konvention, worin sich beide Teile verpflichteten, den Frieden in Deutschland aufrechtzuerhalten und sich dem Ein- und Durchmarsch aller Truppen fremder Mächte zu widersetzen. Damit war Hannover den Russen, aber auch den Franzosen versperrt. Friedrich glaubte so, den russischen Bären an die englische Kette gelegt zu haben, und meinte, die Kriegsgefahr wäre beseitigt, weil ohne die Unterstützung Rußlands auch Österreich keinen Krieg wagen würde.

Aber seine Rechnung war falsch; denn er hatte die Abhängigkeit Rußlands von England über- und die Empörung des französischen Hofes über die preußische Annäherung an England unterschätzt. Die österreichische Diplomatie nutzte die Verstimmung in Paris und in Petersburg aus, um die Bildung einer österreichisch-russisch-französischen Koalition voranzutreiben. Am 13. März 1756 ließ Kaunitz in Petersburg anfragen, ob Rußland bereit sei, womöglich noch in diesem Frühjahr mit 60 000 bis 70 000 Mann gegen Preußen ins Feld zu ziehen, wenn Österreich gleichzeitig mit wenigstens 80 000 Mann angriffe. Am 5. April gab Zarin Elisabeth ihre völlige Zustimmung zu diesem Vorschlag und erklärte, sie wolle die Waffen nicht eher niederlegen, bis Österreich Schlesien wiedergewonnen habe. Sie bedang sich dafür Kurland und Semgallen aus, wofür Polen mit Ostpreußen entschädigt werden sollte.

Auch am französischen Hof erzielte die österreichische Politik

Erfolge. Einflußreiche Kreise der herrschenden Klasse Frankreichs empfanden das preußisch-englische Abkommen als einen Schlag gegen ihre Interessen, weil es ihnen den Weg nach Hannover versperrte und England nun die Möglichkeit hatte, alle ihm zur Verfügung stehenden Truppen in England und in Übersee zu konzentrieren. Die Chance, Mißerfolge gegen die überlegene britische Flotte zur See im Landkrieg auszugleichen, war verlorengegangen.

Eine starke Partei am Versailler Hof ging davon aus, daß jetzt nicht mehr Österreich, sondern England der Hauptgegner Frankreichs war. Man war deshalb entschlossen, Preußen, dessen Hauptaufgabe es sein sollte, als «Stachel im Fleische Habsburgs» zu wirken, aufzugeben, wenn man auch darauf bedacht war, keine völlige Zerschlagung Preußens zuzulassen. Es sollte immerhin noch so stark bleiben, um nötigenfalls ein Gegengewicht gegen Österreich bilden zu können. Hinzu kam, daß Österreich versprach, Frankreich die österreichischen Niederlande abzutreten, sobald es Schlesien und die Grafschaft Glatz zurückgewonnen habe. Dieses Angebot entschied schließlich den Beitritt Frankreichs zur antipreußischen Koalition, eine Maßnahme, die allen Traditionen der französischen Außenpolitik widersprach und von den Zeitgenossen als eine «diplomatische Revolution» empfunden wurde. Franz Mehring urteilte darüber: «Gleichwohl wäre das Bündnis unmöglich gewesen, wenn sich das französische Königtum nicht schon auf einer Stufe des Niederganges befunden hätte, worauf es seine wirklichen Interessen nicht mehr zu erkennen vermochte. Das österreichische Bündnis hat ihm seine völlige Niederlage im Kriege mit England eingetragen; es hat ihm seine amerikanischen Besitzungen gekostet und seine Flotten vernichtet; es hat seine Finanzen völlig zerrüttet und ebenso sein europäisches Ansehen durch die schmählich verlorenen Feldzüge in Deutschland zerstört; es ist ein wesentliches Ferment der französischen Revolution gewesen.»

Am 1. Mai 1756 schlossen Frankreich und Österreich ein Defensivbündnis, in dem sie sich ihre in Europa gelegenen Besitzungen garantierten und versprachen, im Fall eines Angriffs einander mit 24 000 Mann zu Hilfe zu kommen.

Auch Schweden und Sachsen traten der österreichisch-französisch-russischen Koalition bei. Schweden befürchtete ein preußisches Vorgehen gegen seine pommerschen Besitzungen, während Sachsen – von Preußen jahrelang in einem erbittert geführten Wirtschaftskrieg befehdet, der sich auf seinen Handel mit Polen auswirkte – gleichfalls die berechtigte Besorgnis hegte, daß der preußische Junkerstaat die Annexion Sachsens beabsichtigte. Nach österreichischen Plänen sollte Preußen auf das Maß eines Kurfürstentums zurückgeschnitten werden. Pommern sollte zu Schweden, Magdeburg zu Sachsen, Kleve-Mark an die Kurpfalz und Ostpreußen an Polen abgetreten werden.

Am Vorabend des Siebenjährigen Krieges standen sich also die von Österreich und Frankreich geführte mächtige Koalition einerseits sowie England und das in Mitteleuropa isolierte Preußen andererseits gegenüber.

Preußen am Vorabend des Krieges

Friedrich II. meinte, ihm wäre durch den Abschluß der Westminster-Konvention ein kluger Schachzug gelungen, durch den Preußen für ein weiteres Jahr vor dem Kriege bewahrt würde. Aber er hatte seine diplomatische Geschicklichkeit – wie schon so oft – weit überschätzt. Anstatt die Kriegsgefahr zu bannen, beschwor er sie geradezu herauf. Das wichtigste Ergebnis der Westminster-Konvention war, daß er seinen Alliierten Frankreich direkt in das Lager seiner Gegner trieb. Hinzu kam, daß man der veränderlichen und unzuverlässigen Politik Preußens an allen Höfen Europas tief mißtraute. Der österreichische Gesandte in Paris, Graf Guido von Starhemberg, konnte erfolgreich mit dem Argument operieren, daß die Westminster-Konvention geheime Artikel enthielte, durch die sich Preußen die Möglichkeit zu neuen Eroberungen schaffen wollte, nachdem es eingesehen hätte, daß Frankreich ihm seine Hilfe hierzu versagte. Obwohl die englisch-preußischen Abmachungen keine derartigen Klauseln enthielten, fand die österreichische Behauptung in Paris – und nicht nur dort – Glauben, weil man gewisse Erfahrungen mit der skrupellosen und treulosen Politik Preußens in den Schlesischen Kriegen gesammelt hatte.

Europa betrachtete das hochgerüstete Preußen und seine Politik mit einer aus Achtung, Grauen und Erbitterung gemischten Empfindung. Der Abscheu vor dem preußischen Despotismus, der in weiten Kreisen des deutschen Volkes verbreitet war, sowie die diplomatischen Fehlgriffe Preußens in der Behandlung Frankreichs, aber auch Rußlands, erleichterten es dem österreichischen Kabinett, ein Angriffsbündnis gegen Preußen herbeizuführen. Dennoch war der Siebenjährige Krieg kein Verteidigungskrieg Preußens, weil erst die Annexion Schlesiens und der Grafschaft Glatz überhaupt die Grundlagen zur Schaffung dieser antipreußischen Koalition gelegt hat. Die Ursachen des Siebenjährigen Krieges in Deutschland sind in der Raubpolitik Preußens während des Österreichischen Erbfolgekrieges begründet. Er war eine direkte Fortsetzung dieses Krieges. In ihm wurden in erster Linie die französisch-englischen und in zweiter Linie die österreichisch-preußischen Gegensätze ausgetragen.

Der Siebenjährige Krieg war ein von allen Seiten ungerechter Krieg, bei dem es zwischen Frankreich und England um die Vorherrschaft zur See und in den nordamerikanischen und indischen Kolonien und zwischen Österreich und Preußen um die Vorherrschaft in Deutschland ging. Die Hauptobjekte, um die England und Frankreich den Krieg führten, waren die Kolonien als billige Rohstoffquellen und als Warenausfuhrgebiete. Die Kämpfe zwischen den einzelnen absolutistischen Monarchien wurden mit dem Ziel ausgetragen, fremde Gebiete auszuplündern, neue Provinzen zu erobern und dynastische Thronansprüche durchzusetzen. Weder Österreich noch Preußen verfolgten dabei nationale Interessen, sondern ließen sich ausschließlich von dynastischen Zielen leiten. Preußen trug dabei Frankreich an, deutsche Gebiete zu erobern, und lud die Türkei ein, sich Teile der Habsburger Monarchie einzuverleiben, während auch Österreich nicht zögerte, Teile Deutschlands Rußland und Frankreich anzubieten.

Der Berliner Hof glaubte in den ersten Monaten des Jahres 1756 weiterhin fest, daß Preußen keine Gefahr drohte. Friedrich schenkte den Warnungen seiner Diplomaten keine Beachtung. Erst im Juni 1756 erhielt er mittels seines weitverzweigten Spionagenetzes Kenntnis von einer französisch-russischen Annäherung und von russischen Truppenbewegungen. Diese überraschenden Meldungen versetzten den König in höchste Aufregung. Er betrachtete plötzlich den Krieg als unvermeidbar und dicht bevorstehend. Gerade zu diesem Zeitpunkt schwand aber die drohende Kriegsgefahr, weil Österreich auf Grund der zögernden Haltung des französischen Kabinetts Rußland ersuchte, seine Truppenzusammenziehungen einzustellen und auf das nächste Jahr zu verschieben.

Ende Juni befahl Friedrich, die Regimenter in Ostpreußen und in Schlesien zu mobilisieren. Die Truppen riefen ihre Beurlaubten ein, Pferde wurden angekauft und die Magazine aufgefüllt. Die österreichische Führung befürchtete nun, daß Preußen noch 1756 zum Angriff schreite, und traf ebenfalls entsprechende Mobilmachungsmaßnahmen. Am 26. Juli 1756 ließ Friedrich durch seinen Gesandten Joachim Wilhelm von Klinggräf bei Maria Theresia anfragen, welchen Zweck sie mit ihren Truppenrüstungen verfolge und ob sie ihn etwa anzugreifen beabsichtige. Das war – wie Mehring schrieb – schon eine halbe Kriegserklärung, denn der Wiener Hof konnte Friedrichs Frage nicht einfach verneinen, ohne sich zu demütigen. Er antwortete deshalb kurz und ausweichend. Inzwischen hatte Friedrich II. durch die Indiskretion des holländischen Gesandten in Petersburg Kenntnis von der Verschiebung des österreichisch-russischen Angriffs auf das folgende Jahr erhalten. Er wollte aber verhindern, daß seine Gegner ihre Rüstungen beenden konnten, und entschloß sich, ihrem Angriff durch eine Offensive zuvorzukommen. Der preußische König griff zum Mittel des Präventivkrieges, weil die Armee bei dem militaristischen Charakter des preußischen Staates bedeutend schneller mobilisiert werden konnte, als es Österreich, Frankreich oder gar Rußland vermochten.

Um diesen Vorteil nicht zu verlieren, verzichtete Friedrich auf die Möglichkeit, durch diplomatische Verhandlungen den kommenden Winter hindurch an der Zerstörung der feindlichen Koalition zu arbeiten. Gegen den Rat von Außenminister Podewils richtete er im August eine zweite Anfrage an Wien. Er verlangte die schriftliche oder mündliche Zusage, daß Österreich ihn weder in diesem noch im folgenden Jahr angreifen werde. Die österreichische Antwort vom 25. August war völig nichtssagend. Für

Friedrich war ihr Inhalt überdies belanglos, da er bereits am 2. August befohlen hatte, die Konzentrierung der preußischen Armee bis zum 25. August abzuschließen. Am 28. August begab er sich selbst zur Armee.

Stärke der wichtigsten am Krieg beteiligten Armeen

Das preußische Heer hatte sich seit dem Ende des Zweiten Schlesischen Krieges nur geringfügig vergrößert, weil die Grenzen der wirtschaftlichen Leistungsfähigkeit des Landes erreicht worden waren.

Taktisch hatte sich die preußische Armee in den Jahren zwischen 1746 und 1756 weiterentwickelt. Sie waren die fruchtbarsten in der militärischen Tätigkeit Friedrichs II., in denen er unablässig bemüht war, die Kriegserfahrungen auszuwerten, aufmerksam die Entwicklung der Kriegskunst verfolgte und eine möglichst gefechtsnahe Ausbildung durchführen ließ. Das Ergebnis dieser Tätigkeit fand Ausdruck in Friedrichs «Generalprinzipien vom Kriege» (1753), in den «Gedanken und allgemeinen Regeln für den Krieg» (1755), dem neuen Infanteriereglement von 1748 wie auch in den erstmals in Preußen durchgeführten General-Revuen und den großen Herbstmanövern, in denen der preußische König unter gefechtsmäßigen Bedingungen neue taktische Varianten erprobte und auch zuerst die schräge Schlachtordnung durchexerzierte. Diese Anstrengungen hatten zur Folge, daß die preußische Armee am Vorabend des Siebenjährigen Krieges über eine Schlagkraft verfügte, wie sie unter Friedrich II. niemals mehr erreicht werden sollte.

Um sich eher im Besitz Schlesiens halten zu können, ließ Friedrich II. zwischen 1746 und 1756 Schweidnitz, Glatz, Neiße, Kosel und Glogau zu Festungen ausbauen, die entlang der Gebirgspässe nach Böhmen und Mähren gleichsam eine erste Sperrlinie bildeten und jeden österreichischen Vormarsch in die Provinz erheblich verzögern mußten. Das war ein Faktor, der sich wesentlich begünstigend auf die preußische Kriegführung im Siebenjährigen Krieg auswirkte.

Tabelle 16
Stärke der preußischen und der österreichischen Armee 1756

	Preußische Armee (Ist-Stärke August 1756)	Österreichische Armee (Soll-Stärke 1756)
Infanterie	100 000	142 000
Garnisontruppen	20 000	
Kavallerie	32 000	32 000
Artillerie	1 700	3 000
Technische Truppen		500
Gesamtstärke	153 700 Mann mit 122 schweren Kanonen und 252 Bataillonsgeschützen	177 500 Mann

Tabelle 17: Ist-Stärke der russischen Armee 1756

Armeeteil	Mann
Feldarmee (einschließlich Kavallerie)	172 440
Garnisontruppen	74 548
Artillerie und Ingenieurkorps	12 937
Kosaken	43 732

Auch die österreichische Heeresleitung war nach 1748 nicht untätig geblieben, den Wert ihrer Armee zu erhöhen. Die absolutistische Zentralgewalt übernahm auch hier stärker als zuvor die Verantwortung für den Unterhalt des Heeres, erhöhte ihre Einflußnahme auf das Offizierskorps, insbesondere auf die Regimentsinhaber, und bemühte sich durch Reform der Verwaltung, die Mittel für regelmäßige Verpflegung, einheitliche Bekleidung und genügende Ausrüstung der Soldaten aufzubringen. Mit dem 1749 in Kraft getretenen Infanteriereglement (1751 für die Kavallerie) wurde erstmals eine einheitliche Ausbildungsvorschrift für das Habsburger Heer erlassen. Es sollte Schluß mit den widerspruchsvollen und unterschiedlichen Regelungen machen, die bislang von den einzelnen Regimentsinhabern erlassen worden waren.

Trotz aller Anstrengungen erreichte die österreichische Armee die in Tabelle 16 genannte Soll-Stärke nicht. Zu Ausbruch des Krieges fehlten allein bei der Infanterie 10000 Mann. Auch die Kavallerie erlangte nicht den ihr befohlenen Stand. Das kaiserliche Heer war 1756 noch keineswegs in der Verfassung, in einen Krieg einzutreten. Die Kavallerie hatte noch Friedensstärke, die Truppen waren auf die habsburgischen Lande verteilt, die Regimenter nicht marschbereit, weil es häufig noch an Waffen, Munition und Ausrüstungsgegenständen mangelte.

Die russischen Landstreitkräfte zählten nach dem Soll-Stand bei Beginn des Krieges 331 422 Mann.

Tabelle 18
Soll-Stärke der französischen Armee 1756

Waffengattung	Mann
Infanterie	165 500
Kavallerie	37 000
Artillerie	5 400
leichte Truppen	5 400

Tabelle 19
Soll-Stärke verschiedener europäischer Armeen 1756

Staat	Mann
Preußen	153 000
England	63 000
Rußland	331 000
Österreich	177 000
Frankreich	213 000
Sachsen	18 000
Schweden	48 000
Polen	16 000
Holland	40 000
Dänemark	34 000

Für Angriffsoperationen sollten 176 000 Mann Feldtruppen und über 43 000 Kosaken eingesetzt werden, also rund 220 000 Mann. Diese Stärke wurde aber in den Kriegsjahren nie erreicht. Sie schwankte zwischen 150 000 und 160 000 Soldaten.

Die französische Armee galt noch als eine der ersten Europas. Doch ihr Wert war bereits tief gesunken. Die Mißstände des Ancien régime offenbarten sich in der Armee in einer Reihe von Verfallserscheinungen, die wesentlich dazu beitrugen, daß die französischen Truppen während des Krieges wenig erfolgreich operierten. Insgesamt konnte Frankreich 213 300 Mann Feldtruppen aufbieten.

2. Der Überfall auf Sachsen

Der preußische Feldzugsplan war von der geographischen Lage des Landes, seinen voraussichtlichen Gegnern und der Finanzlage des Staates bestimmt. Ziel des Planes war es, den Gegner durch überraschende Schläge und durch die Gewinnung eines politischen Faustpfandes zu Friedensverhandlungen zu zwingen. Die späte Jahreszeit, zu der Preußen den Angriff eröffnete, machte es unwahrscheinlich, daß die Masse der russischen Armee noch 1756 in den Krieg eintreten konnte. Auch eine französische Offensive war für dieses Jahr nicht mehr zu erwarten. Dementsprechend bezogen die preußischen Truppen die in der Tabelle 20 genannten Räume.

Die Aufgabe der Schlesischen und Ostpreußischen Armee sollte es sein, die österreichischen beziehungsweise russischen Truppen an einem Einbruch nach Preußen oder Schlesien zu hindern. Das Reservekorps war gegebenenfalls zur Verstärkung der ostpreußischen Truppen heranzuziehen. Den Hauptschlag wollte Friedrich II. gegen Sachsen und Böhmen führen. Diesem Plan lagen folgende Erwägungen zugrunde: Die sächsische Armee war schwach, und das Land konnte von Preußen aus schnell überrannt werden. Befand sich Preußen im Besitz Sachsens, so hatten die Truppen eine günstige Operationsbasis: Einerseits konnte sich die preußische Kriegführung dann ungehindert der beiden großen Wasserwege Oder und Elbe bedienen, um die Truppen aus

Verband	Infanterie	Kavallerie	Kanonen	Konzentrierungs-raum
Hauptheer (Friedrich II.)	50 000	16 600	222	entlang der sächsischen Grenze
Schlesische Armee (Schwerin)	18 500	7 500	72	Schlesien
Ostpreußische Armee (Lehwaldt)	12 500	7 700	56	Raum Königsberg
Reservekorps (Prinz von Hessen-Darmstadt)	7 400	1 150	22	Pommern
In den Garnisonen verblieben	32 350		2	
Gesamtstärke	120 750	32 950	374	

den Hauptmagazinen, die entlang der Flüsse lagen, stetig versorgen zu können – Österreich war dagegen auf weite Landwege über beschwerliche Gebirgszüge angewiesen –, andererseits war von Sachsen aus jederzeit ein Vorstoß nach Böhmen oder Mähren möglich. Ferner war es vorteilhaft, den Krieg auf ein fremdes Gebiet zu tragen und es in hohem Maße zu den Kriegskosten heranzuziehen. Friedrich erklärte zynisch: «Sachsen ist wie ein Mehlsack. Man mag darauf schlagen, so oft man will, so kommt immer etwas heraus.»

Die preußischen Truppen des Hauptheers wurden in drei Kolonnen zum Überfall auf Sachsen bereitgestellt.

Obwohl die Konzentrierung der Truppen streng geheimgehalten wurde, erfuhr die sächsische Heeresleitung vom preußischen Aufmarsch und zog ihre Truppen ab Ende August im Raum Pirna zusammen. Am 29. August 1756 drangen die preußischen Regimenter ohne Kriegserklärung auf sächsisches Gebiet vor. Friedrich II. hatte den Krieg entfesselt. Durch seinen Gesandten Hans Dietrich von Maltzahn wollte er in Dresden zwar den Überfall damit erklären, daß die preußischen Truppen nur nach Böhmen durchzumarschieren beabsichtigten, in Wirklichkeit traf er aber alle Vorbereitungen zur Zerschlagung der sächsischen Armee. Ohne auf Widerstand zu stoßen, bemächtigten sich die preußischen Truppen am 9. September 1756 Dresdens, wo sie 500 Kanonen und andere Waffen erbeuteten. Nachdem sich der preußische König fast in den Besitz des gesamten Landes gesetzt hatte, forderte er die sächsische Regierung auf, sich ihm bedingungslos anzuschließen. Die Weigerung des sächsischen Kabinetts beantwortete Friedrich mit der Einschließung der sächsischen Armee bei Pirna.

Die österreichische Führung hatte seit Juli zwar einen preußischen Angriff erwartet, aber angenommen, daß Friedrich die Neutralität Sachsens respektieren und von Schlesien aus nach Böhmen oder Mähren vorstoßen würde. Sie hatte deshalb dort zwei Armeen versammelt, die den preußischen Angriff abwehren sollten. Der unerwartete preußische Überfall brachte die österreichische Führung in eine schwierige Lage, da sie einen gleichzeitigen Angriff von Schlesien und Sachsen her befürchten mußte. Sie befahl deshalb General Octavio Piccolomini, die Stellungen Brownes – gegenüber der Schlesischen Armee – zu übernehmen, während dieser nach Nordböhmen abzumarschieren hatte und eine Vereinigung mit dem sächsischen Heer anstreben sollte. Vorerst

Tabelle 21: Gliederung des preußischen Haupttheeres
im August 1756

Kolonne	Infanterie (Mann)	Kavallerie (Mann)	Kanonen	Raum
Rechter Flügel (Prinz Ferdinand von Braunschweig)	11 695	3 131	52	Halle– Aschersleben
Zentrum (Friedrich II.)	24 446	5 174	136	Magdeburg
Linker Flügel (Herzog von Bevern)	11 676	6 190	34	Bunzlau
Gesamtstärke (ohne Reserven)	47 817	14 495	222	

konnte er aber nur schwache Vorausabteilungen nach Pirna in Marsch setzen. Der rechte Flügel des preußischen Heeres unter Ferdinand von Braunschweig war inzwischen nach Böhmen vorgedrungen und hatte am 17. September Aussig besetzt. Mitte des Monats marschierten ihm die Truppen Brownes mit der Absicht entgegen, rechts der Elbe nach Bad Schandau vorzugehen und sich mit den Sachsen zu vereinigen.

Die preußische Truppenführung erkannte die Absicht Brownes und entschloß sich, mit so viel Truppen den Österreichern entgegenzugehen, als vom Einschließungsring nur abgezogen werden konnten. Am 1. Oktober 1756 trafen die Armeen bei Lobositz aufeinander.

Friedrich meinte zu Beginn des Kampfes nur auf eine Nachhut des österreichischen Heeres getroffen zu sein und befahl, sie durch eine Kavallerieattacke zu zersprengen. Der Angriff der preußischen Reiterei scheitertete jedoch am Gewehrfeuer kroatischer Einheiten. Auch eine zweite Attacke schlug fehl. Die fliehende preußische Kavallerie drohte die gesamte Treffenaufstellung der Infanterie zu überreiten.

Tabelle 22: Gliederung der österreichischen Armee in Böhmen/Mähren im August 1756

Armee	Infanterie	Kavallerie	Kanonen	Raum
Böhmische Armee (Browne)	24 700	7 400	50	Deutsch-Brod
Mährische Armee (Piccolomini)	18 000	4 800	–	Olmütz–Brünn

Tabelle 23: Kräfteverhältnis in der Schlacht bei Lobositz (1. 10. 1756)

	Infanterie	Kavallerie	Kanonen	Gesamtstärke
Preußen	18 249	10 500	99	28 749
Österreicher	26 500	7 500	94	34 000

Friedrich befahl daraufhin den Regimentern, sich um keinen Preis erschüttern zu lassen, sondern, wenn es notwendig sein sollte, das Feuer auf Freund und Feind zu eröffnen. Nachdem auch noch kroatische Einheiten zum Gegenangriff angetreten waren, gab der Preußenkönig die Schlacht verloren und zog sich mit der Garde zurück. Doch ein erfolgreicher Gegenstoß der preußischen Infanterie führte zur Einnahme von Lobositz. Browne räumte, obwohl die Hauptstellung seiner Truppen noch kaum erschüttert war, das Schlachtfeld, weil er seine Hauptaufgabe darin sah, die sächsische Armee zu entsetzen und sich nicht mit den Preußen zu schlagen. Er hatte insgesamt 2863 Mann eingebüßt, davon 422 Tote, 1719 Verwundete und 722 Gefangene.

Die Preußen hatten sich zwar unter blutigen Verlusten (2906 Mann, davon 727 Tote, 1879 Verwundete und 300 Gefangene beziehungsweise Deserteure) auf dem Schlachtfeld behauptet, konnten aber nicht verhindern, daß sich eine 8000 Mann starke österreichische Abteilung zwischen ihre Truppen schob und am 11. Oktober Bad Schandau erreichte. Doch der sächsischen Führung blieb die Ankunft der Österreicher verborgen. Ihr Versuch, eine Verbindung zu ihnen herzustellen, kam deshalb zu spät. Ehe das sächsische Heer eine Brücke über die Elbe geschlagen hatte, war Browne am 14. Oktober bereits nach Böhmen zurückgewichen. Die sächsischen Truppen blieben im Gegensatz zu ihrem Hof, der auf dem Königstein Zuflucht genommen hatte und dem täglich ein von preußischen Soldaten eskortierter Proviantzug zugeleitet wurde, ohne Verpflegung. Das sächsische Heer am Lilienstein geriet in eine jammervolle Lage. «Zwei und siebzig Stunden», berichtet ein Augenzeuge, «wovon es 48 unaufhörlich regnete, hatten wir ohne Brot und Lebensmittel unter freiem Himmel und unter dem Gewehre zugebracht. Wenigen blieb andere Speise übrig als Wurzeln längst verzehrter Früchte, gekochter Puder mit Pulver gesalzen, war eine Labung und Holz das Futter der Pferde.»

Am 16. Oktober streckte die sächsische Armee die Waffen. Alle sächsischen Kriegsvorräte wanderten nach Magdeburg ab. Die Gehälter der sächsischen Beamten wurden drastisch vermindert, die der Landeskollegien und Kanzleien von bisher 190000 Taler auf 30000. Ganz besondere Rache ließ Friedrich an den Besitzungen des sächsischen Ministers Graf Heinrich von Brühl üben, in dem er einen der Rädelsführer beim Zustandekommen der gegen Preußen gerichteten Koalition wähnte. Brühls Schlösser Belvedere in Dresden, Nischwitz bei Wurzen, Grochwitz bei Herzberg wurden 1757 hart mitgenommen und das Schloß Pförten ließ Preußens König am 5. September 1758 durch einen Husarenschwarm in Brand stecken.

Der preußische König benutzte die Übergabe des sächsischen Heeres, um einen selbst für die damalige Zeit beispiellosen Gewaltakt zu verüben. Er befahl dem mit den Kapitulationsverhandlungen betrauten Fürsten Moritz von Dessau, einem rücksichtslos durchgreifenden, schroffen Landsknechtstyp, die sächsischen Regimenter in die preußische Armee einzugliedern. Die entwaffneten sächsischen Regimenter wurden dazu einzeln auf einen großen Platz zwischen Waltersdorf und Niederrathen gebracht, dort von preußischen Truppen umgeben und gezwungen, einen Treueid auf Friedrich II. abzulegen. Trotz der Drohungen der preußischen Offiziere verweigerte ihn eine Anzahl sächsischer Regimenter. Man enthielt ihnen die Verpflegung vor, beschimpfte und mißhandelte sie, bis sie sich bereit erklärten, in preußische Dienste zu treten. Auf diese Weise gelang es, die preußische Armee um rund 17 000 Soldaten zu verstärken.

Trotzdem war der Erfolg dieser Zwangswerbung nur mäßig. Zu Beginn des neuen Feldzugs, 1757, fanden größere Desertionen und offene Revolten der sächsischen Soldaten statt. Zwischen dem 28. und 30. März 1757 schlugen sich drei sächsische Bataillone von Guben, Lübben und Cottbus zu ihrem König nach Warschau durch. Ende Juli 1757 war Friedrich II. darum gezwungen, die sächsischen Regimenter aufzulösen und unter die preußischen Einheiten zu verteilen.

In Sachsen selbst führten die preußischen Militärs das Kantonsystem ein und verlangten als erstes 9 075 Rekruten. Neben diesem Blutzoll erhöhten sie den Geldzoll Jahr um Jahr. Friedrich preßte so aus Sachsen 1757 3 Millionen, 1758 5,1, 1759 6 und von da ab jährlich 12,5 Millionen Taler heraus. Bei der Eintreibung dieser Summen wurden die härtesten Zwangsmaßnahmen ergriffen, die von der Festsetzung sächsischer Bürger als Geiseln bis zur Beschlagnahme ihres Vermögens reichten. Sachsen hatte von den deutschen Ländern am schwersten unter dem Krieg zu leiden, woran das brutale preußische Okkupationsregime die Hauptschuld trug.

3. Die Feldzüge im Jahre 1757

Preußischer und österreichischer Feldzugsplan

Der völkerrechtswidrige preußische Überfall auf Sachsen verbesserte zwar die militärische Lage des Hohenzollernkönigs, bewirkte aber auch, daß sich die bisher lose Koalition zwischen Österreich, Rußland und Frankreich enger zusammenschloß. Friedrich selbst hatte durch seinen Präventivkrieg den Anlaß gegeben, daß das Verteidigungsbündnis zwischen Frankreich und Österreich in ein Angriffsbündnis umgewandelt werden sollte. Auch Schweden schloß sich endgültig der antipreußischen Koalition an. Am 29. Januar 1757 wurde schließlich der Reichskrieg gegen Preußen erklärt.

Friedrich II. mußte nun mit einem Angriff von drei Seiten rechnen. Allerdings kam ihm zustatten, daß weder Rußland noch Frankreich bereits völlig aufgerüstet hatten. Sie konnten frühestens im Sommer 1757 zum Angriff auf Preußen antreten.

Darauf gestützt, entwarf die preußische Führung ihren Feldzugsplan. Während sich Friedrich anfangs völlig defensiv verhalten wollte und von Sachsen aus, auf der inneren Linie operierend, dem jeweils stärksten Gegner entgegentreten wollte, entschloß er sich – auf den Rat des Feldmarschalls Schwerin und vor allem des Generals Winterfeld hin –, nach Böhmen vorzustoßen, das österreichische Heer zu schlagen und auf diese Weise den Wiener Hof zu Friedensverhandlungen geneigt zu machen, noch ehe die französischen und die russischen Armeen auf dem Kriegsschauplatz eintreffen konnten. Im einzelnen sah der Plan vor, daß die preußischen Armeen gleichzeitig in vier Gruppen in Böhmen einbrechen und sich bei Prag vereinigen sollten. Die Stärke des Feldheeres betrug 140 000 Mann mit 2000 Feldartilleristen und 140 schweren Kanonen.

Diese vier Gruppierungen sollten sich gegenseitig unterstüt-

Tabelle 24: Gliederung der preußischen Hauptkräfte
im März/April 1757

Gruppe	In-fanterie	Ka-vallerie	Kanonen (schwere)	Versamm-lungsraum	Marschziel
Korps Moritz von Dessau	14 100	5 200	8	Zwickau–Chemnitz	Komotau–Dux–Aussig
Hauptarmee (Friedrich II.)	30 500	9 100	80	Dresden–Pirna	Peterswaldau–Aussig
Korps Herzog von Bevern	16 000	4 300	12	Zittau	Reichenberg
Korps Schwerin	25 000	9 300	20	Schweid-nitz	Trautenau–Gitschin–Jung-Bunzlau
Ostpreußische Armee (Lehwaldt)	19 800	7 000	20	Stralsund	
Gesamtstärke	105 400	34 900	140		

zen, wenn eine von ihnen auf heftigen österreichischen Widerstand stieß. Als vorläufiges Operationsziel war Prag angegeben worden. Das schwierigste Problem des Feldzugs bestand in der Versorgung der Truppen mit Proviant und der Pferde mit Futter. Eine der Hauptaufgaben war es deshalb, schnell und überraschend die österreichischen Truppen in ihren Quartieren anzugreifen und ihnen die gefüllten Magazine zu entreißen. Nur auf diese Weise konnte ein schneller Vormarsch gesichert werden, weil sonst die Heranführung der Lebensmittel zu viel Zeit beansprucht hätte und so das Überraschungsmoment verlorengegangen wäre.

Die preußische Führung spekulierte auch auf die Untätigkeit der österreichischen Heeresleitung und gab sich der Hoffnung hin, daß ihre Aufmarschvorbereitungen unerkannt bleiben würden.

Österreich hatte die winterliche Ruhepause ausgenutzt, um seine Rüstungen abzuschließen. Es hatte Aushebungen angeordnet, neue Regimenter aufgestellt und den Artilleriepark vervollständigt. Der von Prinz Karl von Lothringen im Februar 1757 entworfene Feldzugsplan sah vor, den Hauptschlag gegen die Lausitz zu führen. Von dort aus konnte man im Zusammenwirken mit den russischen oder französischen Truppen entweder nach Niederschlesien oder über Görlitz nach Brandenburg vorstoßen. Österreich hielt es für ratsam, den Feldzug zu einem späten Zeitpunkt zu eröffnen, weil nur dann die Verbündeten seine Operationen wirksam erleichtern konnten.

Tabelle 25: Gliederung der österreichischen Kräfte in Böhmen/Mähren Ende März 1757

Gruppe	Infanterie	Kavallerie	Raum
Korps Nádasdy	7 700	7 300	Olmütz
Korps Serbelloni	20 600	6 600	Königgrätz
Korps Königsegg	18 000	4 900	Reichenberg-Gabel
Hauptarmee (Browne)	30 400	8 700	Prag-Budin
Korps Arenberg	20 400	3 800	Plan Eger
Gesamtstärke	97 100	31 300	

Der Aufmarsch der österreichischen Truppen in Böhmen und Mähren trug ebenfalls offensiven Charakter; denn sie erwarteten nicht, daß die Preußen zu einem größeren Unternehmen schreiten würden. Das österreichische Haupttheer war in fünf Gruppen eingeteilt.

Die Stärke des österreichischen Operationsheeres in Böhmen allein betrug 113 400 Mann mit 4 600 Feldartilleristen und 72 schwere Kanonen.

Der Feldzug in Böhmen

Zwischen dem 18. und 22. April fiel das preußische Heer in vier großen Kolonnen in Böhmen ein. Bis auf das Korps Bevern, das sich im Treffen bei Reichenberg (21. April) die Vormarschstraße gegen den Widerstand des Korps Königsegg freikämpfen mußte, drangen sie unangefochten vor. Die österreichische Führung, die anfangs nur an Streifzüge einzelner preußischer Regimenter glaubte, versäumte es, rasch den einzelnen preußischen Kolonnen entgegenzutreten. So gelang es den Preußen, sich in den Besitz großer österreichischer Magazine zu setzen und sich Anfang Mai bei Prag zu vereinen.

Dagegen hatten es die Österreicher nicht erreicht, daß sie über alle ihre Kräfte bei Prag verfügen konnten. Das Korps Serbelloni stand vielmehr immer noch im Raum Königgrätz, weil es um die Sicherheit seiner Magazine besorgt war. Erst auf energische Befehle des österreichischen Oberbefehlshabers hin marschierte es in Richtung Prag ab, traf aber zu spät ein, um noch an der Schlacht teilnehmen zu können.

Die österreichische Generalität hatte sich trotzdem entschlossen, den Verlust der mit großen Vorräten versehenen Festung Prag mit allen Mitteln zu vermeiden. Am 6. Mai 1757 trafen die beiden Heere unter den Mauern der Stadt zusammen. Die preußischen Truppen verfügten über eine beträchtliche zahlenmäßige Überlegenheit. Friedrich II. ließ aber über 30 000 Mann unter Feldmarschall Jakob von Keith zurück, weil sie – im Fall einer Niederlage – die Rückzugswege nach Sachsen und Schlesien offenhalten sollten. Dadurch war die Stärke beider Heere annähernd gleich.

In fünfstündiger Schlacht gelang es dem preußischen Heer, die österreichischen Truppen zu schlagen und in Prag einzuschließen. Dieser Erfolg war unter schwersten Verlusten errungen worden. Sie waren die bisher höchsten in den von Friedrich entfesselten Raubkriegen um Schlesien. Die Preußen verloren rund 14 500 Mann an Toten und Verwundeten. Außerdem trafen in den ersten zwei Tagen nach der Schlacht 3 000 preußische Deserteure – vor allem Sachsen – im österreichischen Lager ein. Fried-

Tabelle 26: Kräfteverhältnis in der Schlacht bei Prag (6. 5. 1757)

	Infanterie	Kavallerie	Gesamtstärke
Preußen	47 000	17 000	64 000
Österreicher	48 500	12 600	61 100

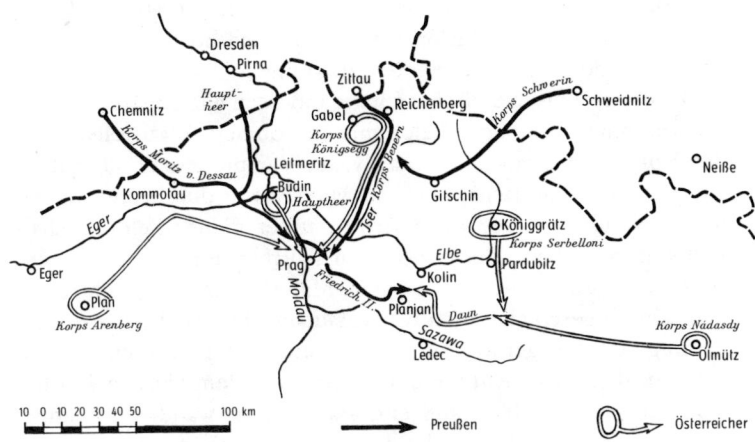

rich schrieb, daß ihn Prag «die Säulen seiner Infanterie gekostet» habe. Auch Feldmarschall Schwerin befand sich unter den Toten. Die Österreicher büßten fast 13 400 Mann ein, darunter über 4 200 Gefangene.

Der Sieg bei Prag rief im preußischen Lager große Begeisterung hervor. Friedrich II., der an eine schnelle Übergabe der Festung glaubte, meinte, damit wäre der Krieg mit Österreich beendet, noch ehe Frankreich und Rußland wirksam in die Kämpfe eingreifen konnten. Sofort lebten auch weitgehende Eroberungspläne auf. Der preußische König vertrat die Auffassung, das geschwächte Österreich müsse jetzt dem Eintausch Sachsens gegen Teile Böhmens zustimmen. Es galt aus diesem Grund für Preußen vor allem, Prag schnell einzunehmen und die österreichische Regierung dadurch so einzuschüchtern, daß sie alle preußischen Forderungen bewilligte.

Aber die preußische Führung hatte die Schwierigkeiten bei der Einnahme Prags weit unterschätzt. Die 49 000 Mann starke Besatzung – 13 000 Mann betrug die Stärke der Garnison – ließ sich entgegen den preußischen Erwartungen nicht binnen weniger Wochen aushungern, obwohl man mit brutaler Gewalt die Flucht

Prager Bürger aus der Stadt verhindert hatte. Auch das ab 20. Mai einsetzende Bombardement erschütterte die Verteidiger nicht. Die Masse des preußischen Heeres lagerte untätig vor der Stadt, festgehalten von der Illusion Friedrichs, doch noch eine schnelle Einnahme der Festung bewirken zu können.

Die österreichische Führung hatte indessen alle Anstrengungen unternommen, eine neue Feldarmee in Böhmen aufzustellen. Aus den Korps Serbelloni und Nádasdy, aus Versprengten und zahlreichen desertierten sächsischen Soldaten sowie durch Neuaufstellungen schuf sie eine neue Armee unter Generalfeldmarschall Leopold von Daun. Sie erhielt den Auftrag, Prag zu entsetzen. Mitte Juni betrug ihre Stärke 54000 Mann mit 60 schweren Kanonen. Durch geschickte Manöver versuchte sie, Friedrich zur Aufhebung der Belagerung zu veranlassen. Der preußische König hatte zu ihrer Beobachtung ein Korps unter dem Herzog von Bevern mit etwa 18000 Mann entsandt. Bevern wandte sich angesichts der wachsenden Stärke der österreichischen Armee immer häufiger und dringlicher an Friedrich mit der Bitte um Verstärkung.

Der preußische König mußte sich endlich entschließen, gegen Daun vorzugehen, weil er nicht mehr in der Lage war, gleichzeitig die Belagerung aufrechtzuerhalten und die am Weg nach Schlesien liegenden lebenswichtigen Magazine in Brandeis und Nimburg zu decken. Er schwächte deshalb die Belagerungsarmee um rund 10000 Mann und vereinigte sich am 14. Juni mit dem Korps Bevern. Seine ursprüngliche Absicht war, Dauns Armee durch Manövrieren so weit wie möglich zurückzudrängen. Da die österreichische Armee jedoch gut befestigte Stellungen in unmittelbarer Nähe Prags bezog, blieb dem preußischen König kein anderes Mittel, als das Äußerste zu wagen und Daun anzugreifen. Am 18. Juni 1757 trafen beide Armeen bei Kolin aufeinander.

Die österreichische Armee hatte eine günstige Aufstellung gewählt. Ihre Flügel standen auf zwei frontal schwer ersteigbaren Höhen. Den linken Flügel schützte überdies eine Seenkette vor jeder Umfassung. Das Zentrum zwischen den beiden Höhen war tief gegliedert und obendrein durch Kavallerie verstärkt. Ein frontaler Angriff war somit für die zahlenmäßig unterlegene preußische Armee nahezu ausgeschlossen. Friedrich II. entschloß sich,

Infanterie	Kavallerie	schwere Kanonen	Gesamtstärke
Österreicher 35 000	19 000	154	54 000
Preußen 21 000	14 000	90	35 000

den rechten Flügel anzugreifen. Allerdings übersah er, daß dieser eine Hakenstellung mit einer Ausdehnung von über zwei Kilometern eingenommen hatte. Unter den Augen des österreichischen Heeres zogen die preußischen Truppen an der Front vorbei und entfalteten sich zum Angriff. Wenn auch Daun anfangs geglaubt hatte, die Preußen würden abziehen, so durchschaute er bald ihren Angriffsplan und verstärkte den rechten Flügel. Trotzdem gelang es den angreifenden preußischen Regimentern im ersten Ansturm, am rechten Flügel einzubrechen. Da er aber nur durchbrochen und nicht umfaßt worden war, gingen die auf dem äußersten rechten Flügel stehenden österreichischen Truppen gegen Flanke und Rücken der preußischen Angriffstruppen vor. Friedrich versuchte daraufhin einen Durchbruch im Zentrum der österreichischen Front. Aber die preußische Kavallerieattacke scheiterte nach Anfangserfolgen. Gegen 18.00 Uhr faßte Daun seine gesamte Reiterei zum Angriff zusammen. Sie überritt 19 preußische Bataillone, womit die Schlacht für Friedrich verloren war. Er floh vom Schlachtfeld nach Prag und übergab Fürst Moritz von Dessau den Oberbefehl. Die preußische Armee vor Kolin löste sich nahezu auf. Sie verlor 13 700 Mann, darunter über 3 000 Deserteure. Die österreichischen Verluste betrugen fast 9 000 Mann, davon 1 300 Tote. Außerdem fielen den Österreichern 45 Kanonen und 22 Fahnen in die Hände.

Die Niederlage bei Kolin zwang Friedrich, die Belagerung Prags sofort aufzuheben. Für den Rückzug teilte er die preußischen Streitkräfte in Böhmen in zwei Armeen, von denen eine unter seiner Führung auf dem linken Elbufer bei Leitmeritz Stellung bezog, um Sachsen zu decken, und die andere, unter dem Oberbefehl von Prinz August Wilhelm von Preußen, auf

Schlacht bei Kolin (18. 6. 1757)

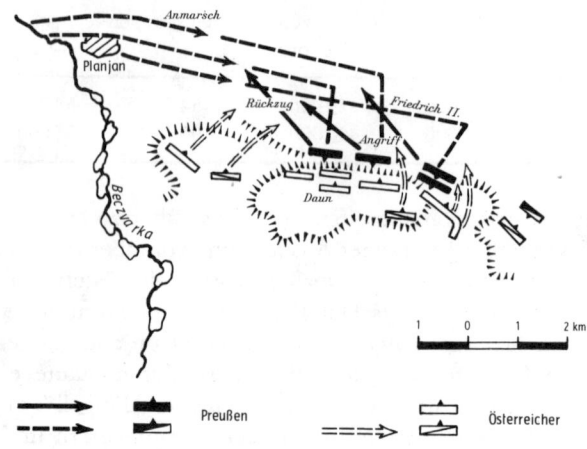

dem rechten Elbufer blieb, um die Lausitz und Schlesien zu sichern.

Am 26. Juni vereinigten sich die österreichischen Truppen mit der Garnison von Prag. Den Oberbefehl übernahm Karl von Lothringen. Daun stand ihm beratend zur Seite. Die Stärke der österreichischen Streitkräfte in Böhmen betrug nun über 93 000 Mann mit 140 schweren Kanonen. Die Hauptkräfte des Heeres, 73 000 Mann, folgten der Armee des Prinzen von Preußen und drangen Ende Juli in die Lausitz ein. Friedrich II. war daraufhin gezwungen, sein Lager bei Leitmeritz abzubrechen und sich nach Sachsen zurückzuziehen, wo er sich am 4. August mit dem Rest seiner Armee vereinigte.

Für die bürgerliche Militärliteratur sind die Ereignisse nach Kolin bis heute Anlaß genug, die Standhaftigkeit eines Friedrich hervorzuheben, der sich trotz aller Niederlagen wieder aufraffte. Nur muß bemerkt werden, daß es dieser Anstrengungen gar nicht bedurft hätte, wenn der Preußenkönig nur bereit gewesen wäre, seine Beute Schlesien freizugeben. Als ihm dies seine Schwester, die Markgräfin von Bayreuth, vorschlug, verbot er ihr jedoch mit scharfen Worten, auch nur die Spur eines Gedankens daran zu verwenden, daß das junkerliche Preußen seinen Raub herausgeben würde.

Der böhmische Feldzug war damit nach viermonatiger Dauer unter hohen Verlusten gescheitert. Preußen hatte keines der angestrebten politischen oder militärischen Ziele erreichen können. Vielmehr hatte sich die militärische Stärke des preußischen Heeres im Ergebnis der hohen Verluste und der zahlreichen Desertionen rasch vermindert. Es bestand auch nicht die Aussicht, durch Werbung die Truppen wieder aufzufüllen, weil die Finanzmittel des Staates nahezu erschöpft waren.

Schon Ende 1756 waren nur noch 6,5 Millionen Taler von ursprünglich 13,1 Millionen im Staatsschatz vorhanden gewesen. Bis Ausgang des Jahres 1757 verringerte sich diese Summe auf 1,2 Millionen Taler, und das trotz der Anleihen aus den Provinzen in Höhe von 3,5 Millionen Talern, der sächsischen Kontributionen und der Gewinne aus der seit Ende 1756 einsetzenden Münzverschlechterung. 1756 hatte nämlich Friedrich befohlen, daß statt 14 Taler auf die feine Mark Silber 19,75 Taler ausgeprägt werden sollten; für die feine Mark Gold sollten statt 38,66 Friedrichsdor 54,5 hergestellt werden.

Die politische Lage hatte sich ebenfalls ungünstig für den Hohenzollernstaat entwickelt. Der Defensivpakt zwischen dem Versailler und dem Wiener Hof war, wie bereits erwähnt, am 1. Mai 1757 in ein Angriffsbündnis umgewandelt worden. Frankreich verpflichtete sich, statt 24 000 Soldaten 105 000 gegen Preußen ins Feld zu stellen und 12 Millionen Gulden Subsidien jährlich an Österreich zu zahlen. Am 19. Mai einigten sich Rußland und Österreich auf einen gemeinsamen Kriegsplan. Schweden, seit dem 21. März 1757 im Bündnis mit Frankreich und Österreich, erklärte sich gegen Zahlung beträchtlicher Hilfsgelder im September 1757 bereit, unverzüglich 17 000 Mann nach Deutschland zu entsenden. Auch eine Anzahl bisher noch neutraler deutscher Fürsten schloß sich der bourbonisch-habsburgischen Partei an.

Ohne auch nur einen Hauptgegner entscheidend geschwächt zu haben, sah sich der preußische König mit seiner dezimierten Armee jetzt der Realität eines Mehrfrontenkrieges gegenüber. Zudem bestand in den politischen und militärischen Kreisen Preußens Unzufriedenheit über seinen voreiligen Entschluß zum Krieg und seine verfehlte Strategie, der er mit Denkschriften, aber auch mit brutaler Gewalt zu begegnen suchte. Er gestand zwar ein, daß er nicht mit der Beteiligung Frankreichs am Kriege gegen Preußen gerechnet habe, meinte aber, daß dieser Entschluß nicht endgültig sei. Sofort nach der Schlacht bei Kolin versuchte er deshalb, Friedensverhandlungen mit Frankreich zu eröffnen. Umfangreiche Summen und beträchtliche Mittel wurden zur Bestechung maßgeblicher französischer Persönlichkeiten bereitgestellt. Der Marquise de Pompadour, der Favoritin Ludwigs XV., wurden 500 000 Taler oder das Herzogtum Neufchâtel und Valengin angeboten, wenn sie sich im Sinne Preußens verwenden würde. Aber alle Versuche in dieser Richtung, auch die Voltaires, schlugen fehl. Frankreich gab zu verstehen, daß an Friedensverhandlungen nicht zu denken sei.

Tabelle 28: Gliederung der preußischen Armee
im Oktober 1757

Korps	Mann	Raum
Korps Ferdinand von Braunschweig	7 000	Magdeburg
Korps Friedrich II.	13 000	Weißenfels
Korps Moritz von Dessau	8 000	Torgau
Korps Herzog von Bevern	32 000	Breslau
Korps Lehwaldt	28 000	Tilsit
Gesamtstärke	88 000	

Die innere Geschlossenheit der preußischen Armee stellte Friedrich durch eine Reihe von Abberufungen militärischer Führer von ihrem Posten, ihre Verurteilung zu langjährigen Kerkerstrafen oder Entlassung wieder her.

Im Oktober 1757 verfügte Friedrich II. noch über 88 000 Mann Feldtruppen, das waren über 30 000 Mann weniger als bei Ausbruch des Krieges. Ihre Gliederung geht aus Tabelle 28 hervor.

Die verschiedenen Gruppierungen hatten die Aufgabe, dem kombinierten Angriff der Verbündeten, den man aus drei Hauptrichtungen erwartete, zu widerstehen.

Die russische Offensive 1757

Die Sicherung Ostpreußens war dem Korps Lehwaldt übertragen worden. Dagegen trat eine 88 000 Mann starke russische Armee unter Generalfeldmarschall Apraxin an. Sein Ziel war es, dem Lehwaldtschen Korps den Rückzug nach Westen abzuschneiden, es zur Schlacht zu stellen und zu vernichten. Zu diesem Zweck teilte Stephan Apraxin seine Armee in drei Kolonnen. Die stärkste sollte direkt über Kowno-Grodno nach Königsberg marschieren. Ihr Vorgehen hatten das Korps Fermor von Norden her und eine Kavallerieabteilung von Südosten her zu unterstützen. Während das Korps Fermor gleichzeitig die Aufgabe erhielt, sich in den Besitz der Festung Memel zu setzen, wurde den Kavalleristen befohlen, die Verbindung nach Pommern abzuschneiden. Dieser Plan konnte nicht verwirklicht werden, weil das Kavalleriekorps in den Wäldern nur langsam vorwärts kam.

Ende Juni 1757 rückten die russischen Truppen frontal in Ostpreußen ein. Am 5. Juli nahmen sie die Festung Memel, und am 13. August vereinigten sich die drei russischen Kolonnen schließlich bei Insterburg. Die Stärke der russischen Armee betrug allerdings nur noch 55 000 Mann. Apraxin, dessen Armee schwer unter der unzureichenden Versorgung litt, entschloß sich am 23. August, nach Königsberg aufzubrechen. Von dort aus konnte auf dem Seeweg die Ernährung seiner Truppen sichergestellt werden. Lehwaldt suchte die Einnahme Königsbergs unter allen Umständen zu verhindern und griff am 30. August die russische Armee bei Groß-Jägersdorf an.

Lehwaldt, der sich völlig an die Weisungen Friedrichs gehalten hatte, erlitt eine Niederlage. Vor allem die russische Artillerie trug maßgeblich zum Ausgang der Schlacht bei.

Beide Seiten hatten aber hohe Verluste erlitten. 4 600 Mann preußischen Verlusten (darunter 1 818 Tote) standen 5 989 russische Ausfälle gegenüber. Apraxin war darum nicht in der Lage, den Erfolg auszunutzen, sondern mußte sich damit begnügen, seine Truppen zu ordnen und die Munitions- und Lebensmittelbestände zu ergänzen. Der Mangel an Proviant zwang Apraxin sogar dazu, sich auf Tilsit zurückzuziehen. Anfang September rückten die russischen Truppen ab.

Tabelle 29

Kräfteverhältnis in der Schlacht bei Groß-Jägersdorf
(30. 8. 1757)

	Infanterie	Kavallerie	Kanonen	Gesamtstärke
Preußen	16 500	8 200	55	24 700
Russen	36 200	18 600	263	54 800

Der Zustand der russischen Truppen, deren Stärke jetzt nur noch 30 000 bis 40 000 Mann betrug, die fortgesetzten Schwierigkeiten bei der Organisierung des Nachschubs sowie vor allem die Intrigen des russischen Kanzlers Alexej Bestushew, der gemeinsam mit Apraxin und der Frau des künftigen Thronfolgers Peter, Katharina, mit einem baldigen Ableben der Zarin Elisabeth rechnete und deshalb Apraxin bewog, seine Truppen nach Rußland zurückzuführen, um sie bei dem geplanten Staatsstreich schnell einsetzen zu können, veranlaßten die russische Führung schließlich, Ostpreußen zu räumen und im Raum Tauroggen Winterquartiere zu beziehen.

Für das zweideutige Verhalten Apraxins und der späteren russischen Oberbefehlshaber ist charakteristisch, daß sie ihre Erfolge nie konsequent auszunutzen wagten. Es war allgemein bekannt, daß der Thronfolger Peter offen für Preußen Stellung nahm, und kein russischer General wollte sich durch einen entscheidenden Erfolg über die preußische Armee der Gefahr aussetzen, bei ihm in Ungnade zu fallen.

Feldmarschall Lehwaldt blieb so trotz der Niederlage bei Groß-Jägersdorf im Besitz Ostpreußens. Friedrich befahl ihm aber am 29. September, Ostpreußen zu verlassen und sich nach Pommern zu begeben, um die dort gelandeten schwedischen Truppen an einem Vorstoß in die Mark Brandenburg zu hindern.

Seit Anfang September waren die schwedischen Truppen im Raum Stralsund auf 14 000 Mann verstärkt worden. Ihnen standen zweitklassige preußische Garnison- und Landbataillone in Stärke von 9 600 Mann gegenüber. Sie konnten nicht verhindern, daß sich die Schweden im September/Oktober 1757 in den Besitz Usedoms, Wollins und des größten Teiles Preußisch-Vorpommerns setzten.

Ende November, nachdem die Masse der ostpreußischen Regimenter im Raum Stettin eingetroffen war, eröffneten die Preußen den Gegenangriff. Die schlecht ausgebildete und noch schlechter geführte schwedische Armee floh nach Stralsund und auf die Insel Rügen. Am 10. Januar 1758 schlossen preußische Truppen Stralsund ein. Die Gefahr eines schwedischen Vorstoßes nach Berlin war damit gebannt.

In Schwedisch-Vorpommern und in dem mit Österreich verbündeten Mecklenburg-Schwerin errichteten die preußischen Besatzungstruppen ein erbarmungsloses Gewaltregime. Wiederholt wurde die Verwüstung von Ortschaften und Gütern befohlen, rücksichtslos wurden Rekruten in die Armee gepreßt und Kontributionen eingetrieben. Nach Meinung von Zeitgenossen litt Mecklenburg-Schwerin verhältnismäßig fast noch mehr als Sachsen unter dem Krieg. Neben großen Mengen von Pferdefutter und Vieh mußte das arme und dünnbesiedelte Herzogtum der preußischen Armee 16 000 Rekruten und mehrere Millionen Taler Brandschatzung liefern, die mit empörender Strenge eingetrieben wurden.

Roßbach

Neben dem russischen und dem schwedischen Einfall drohte Preußen die Gefahr einer französischen Invasion.

Der französische Hof hatte sich im Mai 1757 bereit erklärt, mit 105 000 Mann eine Offensive zu eröffnen. Ende Mai betrug die Stärke dieser Armee, die am Niederrhein stand, einschließlich österreichischer Kontingente 115 000 Mann. Anfang Juni überschritt sie den Rhein, nahm die westdeutschen Besitzungen Preußens ein und eroberte am 20. Juni Bielefeld.

Gegen die französische Armee konnte Preußen nur 5 000 Soldaten aufbieten. Die Hauptlast hatten das mit Preußen verbündete Hannover sowie einige mit ihm verbündete Reichsfürsten zu tragen. Alle diese Kontingente bildeten die sogenannte Observationsarmee unter dem Oberbefehl des Herzogs William Augustus von Cumberland. Ihre Stärke betrug 47 000 Mann mit 22 schweren Geschützen, darunter 27 000 Hannoveraner, 12 000 Hessen und 6 000 Braunschweiger. Der Herzog von Cumberland sah sein

Hauptziel darin, Hannover vor französischer Besetzung zu bewahren. Zu diesem Zweck suchte er eine Forcierung der Weserlinie durch die Franzosen zu vereiteln. Am 16. Juli 1757 gelang es jedoch den französischen Truppen unter Führung des Marschalls Louis Charles d'Estrées, die Weser zu überwinden. Cumberland mußte sich nun bei Hastenbeck am 26. Juli zur Schlacht stellen.

Tabelle 30: Kräfteverhältnis in der Schlacht bei Hastenbeck
(26. 7. 1757)

	Infanterie	Kavallerie	Kanonen	Gesamtstärke
Observations-armee	31 000	5 000	28	36 000
Franzosen	50 000	10 000	68	60 000

Die Schlacht ging für die Observationsarmee verloren, da der französische Oberbefehlshaber, der seinen Truppen bereits den Rückzugsbefehl erteilt hatte, noch rechtzeitig erkannte, daß auch der Herzog von Cumberland den Abmarsch eingeleitet hatte. Trotz des Sieges waren die Verluste der Franzosen mit 2 300 Mann fast doppelt so hoch wie die der Observationsarmee, die nur rund 1 400 Mann eingebüßt hatte.

Die Observationsarmee ging nach ihrer Niederlage hinter die Aller zurück, worauf die französischen Verbände unter ihrem neuen Oberbefehlshaber Louis Armand du Plessis, Herzog von Richelieu, große Teile Hannovers und Braunschweigs besetzten. Richelieu drängte die Observationsarmee, von der sich die preußischen Kontingente nach der Schlacht bei Hastenbeck getrennt hatten, im Raum Stade zusammen und schnitt sie von allen Zufuhren aus Hamburg und Bremen ab. Durch Vermittlung Dänemarks nahm Cumberland daraufhin Verhandlungen mit Richelieu über eine Neutralitätserklärung der Observationsarmee auf. Mit Zustimmung des englischen Königs Georg, der als Kurfürst von Hannover Frieden mit Österreich und Frankreich schließen wollte, unterzeichnete er am 8. und Richelieu am 10. September 1757 den Vertrag von Kloster Zeven. Darin war vorgesehen, daß die hannoverschen Truppen im Raum Stade verbleiben sollten,

Frankreich Hannover besetzt hielt und sich die Kontingente der anderen deutschen Fürsten auflösen sollten. Mit den Abmachungen von Kloster Zeven war der französischen Armee der Weg nach Magdeburg und Berlin freigegeben. Die Durchführung dieses Feldzugs sollte aber dem kommenden Jahr vorbehalten bleiben. Richelieu begnügte sich in der ihm noch zur Verfügung stehenden Zeit, in Richtung Halberstadt vorzufühlen.

Der Hauptanschlag im Jahre 1757, der möglicherweise zur Einnahme Sachsens führen sollte, war einer zweiten französischen Armee unter Marschall Charles de Rohan, Prinz von Soubise, die im Mai 1757 in Stärke von etwa 24 000 Mann gebildet worden war, sowie der Reichsarmee, die sich aus den Kontingenten aller mit Österreich/Frankreich verbündeten deutschen Zwergfürsten zusammensetzte, übertragen worden. Ihr Oberbefehlshaber war der Marschall Joseph Friedrich, Herzog zu Sachsen-Hildburghausen, der über rund 20 000 Mann verfügen konnte.

Die Kampfkraft der Reichsarmee, die man nach der Schlacht bei Kolin zusammengezogen hatte, war gering. Sie setzte sich aus zahllosen kleinen Kontingenten von einigen hundert reichsunmittelbaren Ständen zusammen. Sie wurden nur im Kriegsfall mobilisiert. Die Soldaten und Offiziere waren deshalb schlecht ausgebildet, unzureichend bewaffnet, das Offizierskorps zu alt. Einige Gebiete, die nur wenige Mann zu stellen hatten, rekrutierten ihre Soldaten aus dem Kreis von Zuchthäuslern und Landstreichern. Die Truppe war schlecht bekleidet und ernährt, weil kein geordnetes Verpflegungswesen bestand, die Waffen waren häufig unbrauchbar, die Offiziere unerfahren.

Auch die französischen Truppen der Armee Soubise gehörten nicht zu den besten Regimentern Frankreichs, weil diese schon anderenorts eingesetzt waren. Desto deutlicher zeigte sich bei den Truppen Soubises der Verfall des französischen Absolutismus. Die Verpflegung war hier ebenfalls unzureichend, da die Korruption und die Gewinngier der Offiziere zur Unterschlagung der Lebensmittel führten. Das höhere Offizierskorps verdankte seine Stellungen der Geburt und dem Stellenkauf. Der Krieg wurde von der französischen Aristokratie zur hemmungslosen Bereicherung ausgenutzt. Marschall Richelieu zum Beispiel plünderte Hannover so schamlos aus, daß er sich davon einen kostbaren Palast in Paris erbauen lassen konnte, dem die Pariser den Namen «le Pavillon d'Hannovre» gaben. Die räuberische Habgier des adligen Offizierskorps machte auch unter den Soldaten Schule. Die Disziplin wurde locker gehandhabt und der Soldat indirekt genötigt, sich die fehlende Nahrung bei den Landeseinwohnern selbst zu holen.

Am 17. September vereinigten sich die Reichsarmee und die Armee Soubise bei Eisenach. Plündernd und marodierend bewegten sie sich Anfang Oktober in Richtung Gotha und Erfurt vorwärts. Friedrich II., der darauf hoffte, sie zur Schlacht stellen und schlagen zu können, um dadurch eine Vereinigung der Österreicher mit den Franzosen verhindern zu können, mußte am 10. Oktober das Lager von Buttelstedt aufgeben. Er war dazu gezwungen, weil die vereinigte Armee jeder Schlacht mit ihm auswich und ein österreichischer Vorstoß unter General Andreas von Hadik Berlin bedrohte.

Hadik war am 10. Oktober mit 3 500 Husaren von Elsterwerda aufgebrochen, erreichte am 13. Oktober Lübben und erschien am 16. Oktober vor den Toren Berlins. Die Besatzung der Stadt betrug nur 5 schwache Bataillone Landmiliz, von denen 2 sofort im Kampf aufgerieben wurden, während die anderen samt dem Hof nach Spandau flohen. Die Berliner Bevölkerung verhielt sich gegenüber dem Einmarsch der Österreicher teilnahmslos, ja es war ihr vom Stadtpräsidenten Karl David Kircheisen sogar unter schwerer Strafe verboten worden, zu den Waffen zu greifen. Hadik erhob eine Kontribution von 215 000 Talern und rückte noch in der Nacht zum 17. Oktober eilig ab, da er vernahm, daß sich beträchtliche preußische Kräfte unter dem Fürsten Moritz und dem König der Stadt näherten. Ohne Verluste zog sich Hadik über Cottbus zu den österreichischen Linien zurück. Als Fürst Moritz am 18. Oktober in Berlin eintraf, fand er keine Österreicher mehr in der Stadt vor.

Den Abzug starker preußischer Kräfte nach Berlin nutzten Hildburghausen und Soubise aus, indem sie Mitte Oktober in allgemeiner Richtung Leipzig vorgingen. Friedrich zog nach Eintreffen dieser Nachrichten alle verfügbaren Kräfte westlich von Leipzig zusammen. Daraufhin nahmen Soubise und Hildburghausen von einem Vorstoß nach Sachsen Abstand und bezogen im Raum

Mücheln Lager. Die preußische Armee überschritt aber die Saale bei Naumburg und bereitete einen Angriff vor. Am 4. November entschlossen sich die verbündeten Führer, diesem Angriff zuvorzukommen. Sie bewegten sich am 5. November, ohne den Standort des preußischen Heeres zu kennen, auf die Saaleübergänge bei Weißenfels zu.

Tabelle 31: Kräfteverhältnis in der Schlacht von Roßbach
(5. 11. 1757)

	Infanterie	Kavallerie	Kanonen	Gesamtstärke
Preußen	16 600	5 400	79	22 000
Verbündete Armee	33 770	7 340	114	41 110

In fünf Marschsäulen – die Kavallerie als Vorhut voraus – marschierte die verbündete Armee zur Schlacht auf. Noch ehe sie sich entfalten konnte, griff das preußische Heer, nachdem General Friedrich Wilhelm von Seydlitz bereits ihre Vorhut zersprengt hatte, überraschend an. Große Teile der Reichsarmee hielten diesem Anprall nicht stand und fluteten, Gewehre und Ausrüstung wegwerfend, zurück. Einigen Regimentern gelang es jedoch, sich zu formieren. Ihr Widerstand brach aber zusammen, als die inzwischen wieder gesammelte preußische Reiterei unter Führung von Seydlitz zur Attacke in die rechte Flanke ansetzte. Um 17.30 Uhr wälzten sich Franzosen und Reichsarmee in wilder Flucht nach Pettstädt und von da gegen Freiburg.

Die Niederlage der verbündeten Truppen war vollständig. Ihre Verluste betrugen über 10 000 Mann, darunter fast 7 000 Gefangene, die der preußischen Armee dagegen nur 548 Mann. Daneben erbeuteten die Preußen 72 Kanonen, 21 Standarten und zahlreiche Fahnen. Auch der größte Teil der französischen Bagage fiel in die Hände der preußischen Reiterei.

Der glänzende Sieg bei Roßbach löste bei zahlreichen Deutschen große Begeisterung aus. Noch nie waren die Söldner des absolutistischen Frankreichs, die seit Jahrzehnten Deutschland als militärischen Tummelplatz und als einträgliche Plünderungs-

Schlacht bei Roßbach (5.11.1757)

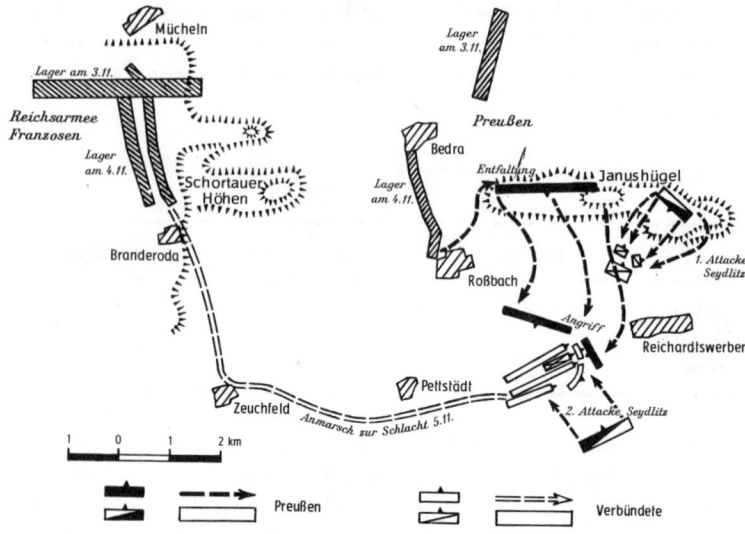

Mücheln

Lager am 3.11.

Lager am 3.11.

Reichsarmee Franzosen

Lager am 4.11.

Preußen

Bedra

Schortauer Höhen

Entfaltung

Janushügel

Lager am 4.11.

Branderoda

1. Attacke Seydlitz

Roßbach

Angriff

Reichardtswerben

Pettstädt

Zeuchfeld

Anmarsch zur Schlacht 5.11.

2. Attacke Seydlitz

1   0   1   2 km

Preußen   Verbündete

pfründe ansahen, so eindeutig geschlagen worden. Das militärische Ansehen Frankreichs erlitt durch die Niederlage bei Roßbach einen heftigen Stoß.

Vertreter der gebildeten bürgerlichen Welt vermeinten nach Roßbach in Friedrich II. einen Sachwalter des Volkes und der werdenden Nation erblicken zu können. Sie identifizierten Preußen mit der Nation, eine Vorstellung, die fernab von des Königs dynastischer Hausmachtpolitik lag. Im Gegenteil. General Claude Louis Herzog von Saint-Germain berichtete unter dem 19. November 1757 seinem Freund du Verney in Paris: «Das Feld ist mit unseren Soldaten auf vierzig Meilen in der Runde bedeckt gewesen. Sie haben geplündert, gemordet, Frauen entehrt, geraubt und alle möglichen Gräuel begangen. Hätte der Feind uns lebhaft verfolgt, so würde er unsere ganze Armee vernichtet haben. Er hat es ohne Zweifel nicht gewollt und es ist gewiß, daß der König von Preußen Befehl gegeben, unsere Leute zu schonen und die Deutschen zu zermalmen. Seine Husaren haben mehrere von unseren Soldaten zurückgeschickt, nachdem sie dieselben anständig behandelt haben. Der König sagte: Ich kann mich nicht daran gewöhnen, Sie als meine Feinde zu betrachten.»

Während Friedrich II. durch schonungslose Verfolgung der Reichsarmee vermeinte, die Stände zur Aufkündigung der Reichsacht veranlassen zu können, hoffte er durch zur Schau getragene Milde und durch Entgegenkommen, die ihm zugetanen Kreise am französischen Hof bei ihren Bemühungen, das «widernatürliche» Bündnis mit Habsburg zu sprengen, unterstützen zu können.

Friedrich tat natürlich nichts, solche Illusionen zu zerstören, sondern nutzte im Gegenteil jede Regung öffentlicher Anteilnahme, um Stimmung für seinen Krieg zu machen. Der schriftstellerisch begabte Preußenkönig spielte während des Siebenjährigen Krieges nicht ungeschickt auf dieser Klaviatur. Er tat es mit solch nachdrücklichem Erfolg, daß die von ihm verfaßten und anonym verbreiteten Flugschriften zu Legendenbildungen beitrugen, die sich jahrhundertelang zäh in der borussischen Hofgeschichtsschreibung hielten. Über ein Dutzend solcher fliegender Blätter ließ Friedrich während des Krieges verbreiten. Teilweise satirisch, teilweise aber auch in Stil und Diktion Kanzleischreiben und vertraulichen Privatbriefen täuschend nachgeahmt, beschäftigten sie sich vornehmlich mit zwei Themen: Mit dem «Irrtum» des französischen Hofes, an der Seite Habsburgs mit Preußen das «falsche Schwein» schlachten zu wollen, was besonders im «Schreiben des Kardinals Richelieu an den König von Preußen» vom Oktober 1756, im «Schreiben eines Sekretärs des Grafen Kaunitz an einen Sekretär des Grafen Cobenzl» vom September 1758 oder in dem berühmt-berüchtigten «Schreiben der Marquise von Pompadour an die Königin von Ungarn» von Anfang 1759 zum Ausdruck kam, in dem sich der Potsdamer Freigeist zum moralischen Tugendwächter machte.

Obgleich diese subtile Form geistiger Kriegführung ihren Zweck verfehlte, mit einem anderen Thema weckte Friedrich II. ungleich größere Anteilnahme und widersprechende Empfindung. Mit der Behauptung, das «protestantische» Preußen, alliiert mit dem «protestantischen» England, führe einen Krieg gegen die «katholischen» Mächte Österreich und Frankreich, nahm Friedrich das Verdienst für sich in Anspruch, einen Krieg um Geistes- und Gewissensfreiheit zu führen. Das im Mai 1759 von ihm frei erfundene «Breve des Papstes an Feldmarschall Daun», in dem der Papst Daun für seine herrlichen Siege über den Ketzer dankt und ihm geweihten Hut und Degen übersendet, der nach weiterem Ketzerblut dürstet, suchte der Preußenkönig die Erinnerung an die Glaubenskämpfe vergangener Jahrhunderte zu beschwören und sich als Hort der gut lutherischen Sache auszugeben. Die im Reich weithin geglaubte Mystifikation, von Friedrich kräftig geschürt durch weitere fliegende Blätter – «Glückwunsch des Prinzen Soubise an Feldmarschall Daun zu dem vom Papst empfangenen Degen» vom Mai 1759 oder die sechs Briefe des «Phihihu, Sendbote des Kaisers von China in Europa» aus dem Jahre 1760 –, entsprach seiner schon 1746 in den «Generalprinzipien vom Kriege» dargelegten Überzeugung: «Wenn der Krieg im neutralen Land geführt wird, so kommt es darauf an, wer von beiden die Freundschaft und das Vertrauen der Landeseinwohner gewinnen kann. Ist solches protestantisch, so spielet man die Rolle eines Beschützers der lutherischen Religion, ist das Land katholisch, so spricht man von nichts als Tolerance.»

Die Wiedergewinnung Schlesiens

Solange der preußische König in Sachsen operierte, sollte eine Armee unter dem Herzog von Bevern in Stärke von 32 000 Mann Schlesien decken. Dieser Aufgabe war Bevern kaum gewachsen, da die österreichische Führung über eine mehrfache Überlegenheit verfügte. Die Hauptarmee unter Prinz Karl und Daun zählte 54 000 Mann. Außerdem konnte sie noch ein 28 000 Mann starkes Korps unter General Franz Leopold von Nádasdy heranziehen. Die operative Konzeption der österreichischen Generalität sah vor, unter tunlichster Vermeidung einer Schlacht die Bevernsche Armee durch die Hauptkräfte zu überwachen, währenddessen Nádasdys Truppen die Festung Schweidnitz einnehmen sollten, deren Besitz unerläßlich war, wollte man eine gesicherte Verbindung von Schlesien nach Böhmen herstellen.

Verstärkt auf 43 000 Mann, schloß das Korps Nádasdy am 24. Oktober Schweidnitz ein. Bereits am 13. November mußte die Festung übergeben werden. Die Armee Bevern hielt Daun unterdessen bei Breslau in Schach. Sofort nach dem Fall von Schweidnitz vereinigte sich Nádasdy mit dem Hauptheer.

Auf Grund ihrer zahlenmäßigen Überlegenheit entschloß sich die österreichische Heeresleitung, sofort anzugreifen. Sie verfolgte dabei das Ziel, Breslau, das Herz Schlesiens, noch vor dem Eintreffen des von Sachsen heranmarschierenden preußischen Königs einzunehmen, weil es ihm dadurch unmöglich gemacht wurde, in Schlesien Winterquartier zu beziehen.

Tabelle 32: Kräfteverhältnis in der Schlacht bei Breslau
(22. 11. 1757)

	Infanterie	Kavallerie	Kanonen	Gesamtstärke
Preußen	20 700	7 700	80	28 400
Österreicher	60 381	23 225	220	83 606

Die Hauptarmee – mit rund 47 000 Mann – fiel die preußischen Truppen vor den Toren Breslaus an und schlug sie. Bevern ging unter Verlust von über 6 000 Mann über Breslau nach Glogau zurück. Zur Verteidigung der Festung blieben 10 Bataillone unter dem Kommando von General Johann Georg von Lestwitz zurück. Die Österreicher, deren Ausfälle in der Schlacht etwa 5 600 Mann betragen hatten, begannen unverzüglich mit der Belagerung der Stadt. General Nádasdy, der mit der Leitung des Unternehmens beauftragt war, kam dabei zustatten, daß die zum großen Teil österreichisch gesinnte Bevölkerung alles tat, die Übergabe der Festung zu erleichtern. Sie bedrängte Lestwitz, ungesäumt die Stadt zu räumen, und unterstützte außerdem die Fahnenflucht preußischer Soldaten.

Die Moral der Verteidiger war überdies sehr niedrig, wozu entscheidend beitrug, daß die Mehrzahl der Soldaten aus Schlesien und zum Teil aus Sachsen stammte. Die Disziplin lockerte sich zusehends. In der Nacht zum 25. November kapitulierte Lestwitz gegen freien Abzug. Die Besatzung in Stärke von 132 Offizieren, 358 Unteroffizieren und 3 737 Soldaten löste sich nahezu völlig auf. Die Soldaten verkauften ihre Gewehre und Ausrüstungsgegenstände und entflohen dem verhaßten Militärdienst. Nur

120 Offiziere, 151 Unteroffiziere sowie 328 Soldaten verließen die Stadt, um sich der in Richtung Glogau abmarschierenden preußischen Armee anzuschließen.

Friedrich hatte nach Roßbach daran gedacht, den Österreichern eine ähnliche Niederlage wie den Franzosen bereiten zu können. Gestützt auf die Armee Bevern sowie im Besitz der schlesischen Festungen, wollte er Daun schlagen, nach Mähren eindringen und sich sogar der Festung Olmütz bemächtigen. Aber auch seine drohenden Befehle an Bevern, der ihm mit seinem Kopf für Schlesien haften sollte, konnten die Niederlagen der Schlesischen Armee nicht abwenden. Bevern gab sich nach der Schlacht bei Breslau aus Furcht vor dem Zorn Friedrichs sogar österreichischen Husaren gefangen. Die kommandierenden Generale Friedrich Wilhelm von Kyau, Lestwitz und Hans Friedrich von Katte ließ der König selbst arretieren. Lestwitz wurde wegen der Kapitulation von Breslau zum Tode verurteilt, später aber – wie Kyau und Katte – zu mehreren Jahren Festungshaft «begnadigt».

Der ursprüngliche Feldzugsplan mußte nach diesen Ereignissen aufgegeben werden. Friedrich II. blieb aber entschlossen, die österreichische Armee anzugreifen, weil er ohne den Besitz Schlesiens nicht in der Lage zu sein meinte, den Krieg fortzusetzen. Weder die finanziellen Leistungen Schlesiens noch dessen Menschenpotential glaubte er für künftige Rekrutierungen entbehren zu können.

Am 29. November vereinigte sich das 12 000 Mann starke königliche Heer mit den Resten der Schlesischen Armee. Die preußische Armee zählte nun 35 000 Mann.

Am Vorabend der Schlacht versammelte Friedrich II. seine Generalität um sich. Theatralisch erklärte er, morgen werde man die Schlacht gewinnen oder sich nicht wiedersehen. Gleichgültig, wie ernst es ihm mit dieser Behauptung war, charakteristisch bleibt seine auch später wiederholt geübte Bedenkenlosigkeit, wie ein Roulettespieler, der sein ganzes Vermögen auf Rot oder Schwarz setzt, das Schicksal der Armee einem glücklichen Zufall oder Einfall anzuvertrauen.

Der österreichische Kriegsrat beschloß auf die Kunde vom Eintreffen Friedrichs in Schlesien hin, dem wahrscheinlichen Angriff der Preußen in einer gut gewählten Stellung jenseits der Lohe zu begegnen. Die österreichische Armee entfaltete sich zwischen Nippern und Sagschütz: An den Flügeln stand die Kavallerie, im Zentrum die Infanterie.

Tabelle 33: Kräfteverhältnis in der Schlacht bei Leuthen (5. 12. 1757)

	Infanterie und Kavallerie	Kanonen
Preußen	39 000	167
Österreicher	66 000	210

Die preußischen Truppen marschierten dem österreichischen Heer frontal entgegen. Friedrich wollte die Schlacht wie bei Kolin durch einen Flügelangriff entscheiden. Er ließ Kavallerie und Infanterie jenseits von Borne so entfalten, daß es den Anschein hatte, als ob er den rechten Flügel bei Nippern anzugreifen beabsichtigte. Mehrere Hügelzüge verschleierten dem österreichischen Feldherrn aber den Abmarsch der preußischen Kolonnen nach Süden. Ehe die österreichische Führung die Absicht der Preußen erkannt hatte, griffen deren Regimenter den linken Flügel des österreichischen Heeres an. Es gelang ihnen hier, sich ein zahlenmäßiges Übergewicht zu verschaffen und die württembergischen Regimenter zu überrennen. Prinz Karl und Daun waren nicht imstande, den linken Flügel rasch zu verstärken, weil die schwerfällige Aufstellung schnelle Umgruppierungen ausschloß. Erst hinter der Ortschaft Leuthen konnten sie eine neue Front bilden; sie war aber stellenweise hundert Glieder tief, so daß die Österreicher ihre zahlenmäßige Überlegenheit nicht ausnutzen konnten und der preußischen Artillerie gute Ziele boten. Die preußische Kanonade steigerte die Verwirrung in den Reihen der Österreicher. Ihre Kavallerie versuchte nun, ihre schwer bedrängte Infanterie zu entlasten. Sie stürzte sich auf den linken, anscheinend ungedeckten preußischen Flügel. Überraschend aber faßte die preußische Reiterei die österreichischen Schwadronen in der Flanke und warf sie zurück. Auf der Flucht überritten diese die eigene Infanterie und bewirkten damit die endgültige Niederlage.

Schlacht bei Leuthen (5. 12. 1757)

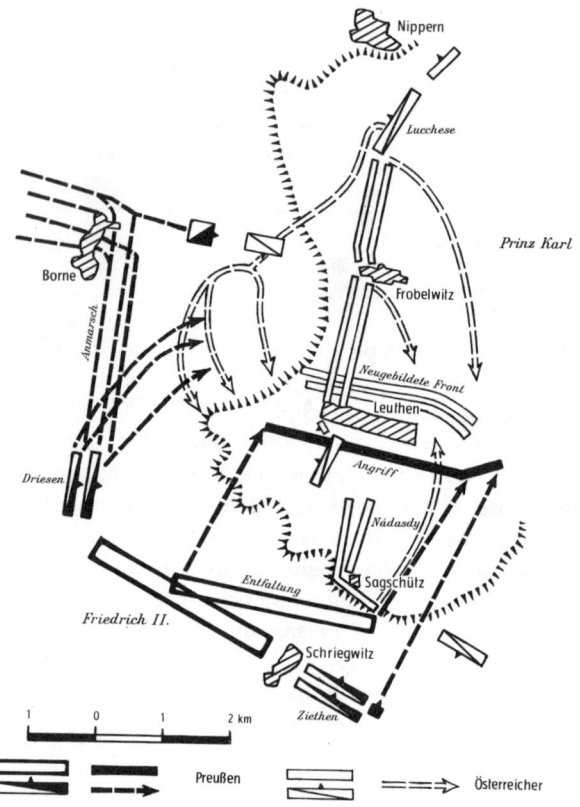

Nippern

Lucchese

Prinz Karl

Borne

Frobelwitz

Anmarsch

Neugebildete Front

Leuthen

Driesen

Angriff

Nádasdy

Entfaltung

Sagschütz

Friedrich II.

Schriegwitz

Ziethen

| 1 | 0 | 1 | 2 km |

Preußen   Österreicher

Die Verluste beider Seiten waren schwer. 3 000 Tote, 6 000 bis 7 000 Verwundete und über 12 000 Gefangene verlor die österreichische Armee. Daneben büßte sie 131 Kanonen, 9 Standarten und 46 Fahnen ein. Die preußischen Gesamtverluste betrugen fast 6 400 Mann.

Die Schlacht bei Leuthen war ein Höhepunkt in der Entwicklung der Lineartaktik, die durch Friedrich II. bis zur Vollkommenheit ausgebildet wurde. Trotz dieses größten Schlachtenerfolgs des preußischen Königs zog sich das österreichische Heer nicht sofort aus Schlesien zurück. Karl von Lothringen blieb noch stark genug, um ebenfalls in Schlesien Winterquartier nehmen zu können. Erst die Wiedereroberung Breslaus, wo sich 17 600 Österreicher am 21. Dezember den Preußen gefangengaben, und die zahlreichen Desertionen veranlaßten die Österreicher, nach Böhmen zurückzugehen. Sie trafen dort in einem erbärmlichen Zustand ein, ihre Stärke betrug nur noch 25 000 Mann.

Die preußischen Truppen hatten bis zum Jahreswechsel außer Schweidnitz und Teilen von Oberschlesien die gesamte Provinz zurückerobert. Ende Dezember bezogen sie ebenso wie die Österreicher Winterquartiere.

4. *Preußen in der aktiven Verteidigung seiner Kerngebiete*

Rüstungen und Operationspläne

Der Rückzug der Österreicher aus Schlesien bestärkte den preußischen König in seiner Auffassung, daß der Krieg bis zum Frühjahr 1758 beendet sein könne. Durch Oberst Lobkowitz ließ er in Wien und durch General Mailly in Paris anfragen, ob Österreich oder Frankreich zum Frieden geneigt seien. Er erhielt zwar in beiden Fällen eine ablehnende Antwort, was ihn jedoch nicht davon abhielt, bis zum Juli 1758 auf diese oder jene Weise eine Übereinkunft erreichen zu wollen. Der preußische Hof hegte derartige Hoffnungen, weil Schlesien zurückerobert worden war und England die Konvention von Kloster Zeven nicht ratifiziert hatte.

Unter der Leitung William Pitts war das britische Kabinett entschlossen, Preußen all jene Unterstützung zu geben, die England die nötige Rückendeckung in seinem Kolonialkrieg verhieß und die es brauchte, um seine Flottenüberlegenheit ausspielen zu können. Die britische Admiralität verfügte über 105 Linienschiffe und 20 Fregatten, Frankreich dagegen nur über 66 Linienschiffe und 30 Fregatten. Einen vorzeitigen Zusammenbruch Preußens konnte Frankreich ausnutzen, um sich völlig auf den überseeischen Krieg zu konzentrieren, in dem es bereits jetzt große Erfolge erzielt hatte. Unter Marschall Louis Josephe de Montcalm hatten die Franzosen die englischen Truppen aus dem Ohiobekken und dem Gebiet des Lorenzstroms vertrieben. New York und damit die gesamten britischen Besitzungen in Nordamerika waren unmittelbar bedroht.

Der Versuch Pitts, durch eine Landung in Frankreich die französischen Anstrengungen zu zersplittern und die französische Flotte zu schwächen, schlug fehl. Das Unternehmen wurde von den unentschlossenen englischen Generalen Ende September 1757 aufgegeben. Das kam einer Niederlage gleich.

Auch im Mittelmeer wahrte Frankreich noch das Übergewicht seiner Waffen, und nur in Indien gelang es England, Erfolge zu erringen. Wenige Tage nach der Schlacht bei Kolin, am 23. Juni 1757, siegte General Robert Clive durch Verrat und Betrug mit seiner 3000 Mann starken Armee gegen das 50000 Mann starke Heer des von Frankreich protegierten Nabobs von Bengalen, Siraj-ud-Daula, in der Schlacht bei Plassey. Mit diesem Erfolg wurde der Grundstein der englischen Herrschaft in Indien gelegt. Die Briten konnten Bengalen unumschränkt beherrschen und es völlig ausrauben. Clive machte sich selbst über 2,5 Millionen Rupien in bar zum «Geschenk» und hielt sich außerdem noch schadlos, indem er wertvollen Grundbesitz an sich brachte.

Aber die Erfolge in dem entlegenen Indien trugen nicht dazu bei, das Kräfteverhältnis entscheidend zu verändern. So drang Pitts Meinung durch, daß die hannoverschen Truppen auch weiterhin starke französische Kräfte binden müßten. Er verlangte außerdem, daß Preußen mehr Truppen in Westdeutschland unterhielt, und forderte dafür die Entsendung des Korps Lehwaldt nach Hannover, während England Subsidien zahlen wollte. Friedrich II. verlangte als Gegenleistung, daß England einen Flottenverband in die Ostsee entsandte, der den Nachschub der schwedischen, vor allem aber der russischen Armee über See unterband. Dazu war aber die britische Bourgeoisie nicht bereit, weil für sie der Ostseehandel eine Lebensfrage war. Die Interessen des umfangreichen Handels mit Rußland standen den britischen Kaufleuten hoch über den Interessen des preußischen Verbündeten, und Pitt gab Friedrich II. zu verstehen, «wir müssen Kaufleute sein, auch während wir Krieg führen». Demzufolge sei an eine Absendung einer Flotte in die Ostsee nicht zu denken. Obwohl Rußland und England in entgegengesetzten politischen Lagern standen, war die wirtschaftliche Interessengemeinschaft zwischen ihnen so eng, daß sie niemals als militärische Gegner auftraten. Preußen blieb nichts anderes übrig, als sich der englischen Haltung zu beugen. Es erklärte sich bereit, gegen Zahlung englischer Hilfsgelder in Höhe von 670 000 Pfund die Stärke seiner Truppen in Westdeutschland zu erhöhen.

Tabelle 34: Stärke des preußischen Heeres im Frühjahr 1758

Heeresteil	Mann	Raum
Feldheer	116 000	
davon: Hauptarmee	55 000	Breslau
Korps Ziethen	17 000	Oberschlesien
Korps Dohna	22 000	Vorpommern
Korps Prinz Heinrich	22 000	Sachsen
Garnisontruppen	35 000	
Provinzialtruppen	15 000	
Gesamtstärke	166 000	

Der preußische König mußte im Frühjahr 1758 erkennen, daß ein weiterer Feldzug notwendig war. Wiederum gedachte er die Initiative zu ergreifen. Als Hauptgegner sah er Österreich an, dessen Armee nach der Niederlage bei Leuthen erst im Sommer die volle Stärke erreichen konnte. Dieses Schwächemoment wollte er nutzen, um sich in den Besitz entscheidender Vorteile zu setzen. Friedrich plante, Österreich in Mähren anzugreifen, die Festung Olmütz einzunehmen und die Armee Dauns, wenn sie den festen Platz entsetzen wollte, in einer Schlacht zu schlagen. Der moralische Eindruck dieser Niederlage würde, so hoffte er, Maria Theresia zum Frieden bewegen, zumindest aber verhindern, daß Österreich in den Rücken der preußischen Armee vorzustoßen vermochte, wenn sie sich nach Osten wandte, um der russischen Armee entgegenzutreten, von der man wußte, daß sie nach der Einnahme Ostpreußens im Januar 1758 einen Feldzug gegen die preußischen Kernlande vorbereitete.

Die Ruhepause in den Winterquartieren nutzte Preußen, um

die Armee aufzufüllen, wobei es den Ersatz an Soldaten durch Neuanwerbungen, Einberufungen aus den Kantonen sowie durch Aushebungen in Schwedisch-Pommern, Mecklenburg-Schwerin, in der Pfalz, in Anhalt, Thüringen usw. beschaffte. Daneben preßte es schwedische Kriegsgefangene ebenso wie Soldaten des Herzogs Friedrich von Mecklenburg-Schwerin, französische und österreichische Gefangene in die Armee. Außerdem wurden fast 13 000 preußische gegen österreichische Kriegsgefangene ausgetauscht.

Einschließlich der 32 000 Soldaten in Westfalen verfügte Preußen 1758 über 148 000 Mann Feldtruppen mit 278 Bataillons- und 163 Stück schweren Kanonen.

Tabelle 35: Stärke der alliierten Streitkräfte
im Frühjahr 1758

	Mann	Raum
Österreich		
Hauptarmee (Daun)	79 700	Skalitz
Korps de Ville	12 000	Mähren
Korps Serbelloni	22 000	Prag
Rußland		
Hauptarmee (Fermor)	51 000	Ostpreußen
Observationsarmee	15 000	Ostpreußen
Besatzungsarmee	10 000	Ostpreußen
Reichsarmee		
(Prinz von Zweibrücken)	28 400	Franken
Schweden (Hamilton)	13 000	Stralsund
Frankreich (Clermont)	76 000	Westfalen
Gesamtstärke	307 100	

Zur Deckung der Kriegskosten, die der Neuaufbau der Armee erforderlich machte, wurden die besetzten Gebiete noch stärker ausgeplündert. Aus Sachsen preßten die preußischen Junker 1758 5,1 und aus Mecklenburg 1,5 Millionen Taler. Zusammen mit den englischen Subsidien in Höhe von 5,3 Millionen Talern sowie den übrigen Einnahmen enthielt die preußische Kriegskasse 1758 über 15 Millionen Taler. Diese Summe reichte aber nicht aus, um die ungeheuren Kosten zu decken. Sie beliefen sich bis Ende 1758 auf insgesamt 26,3 Millionen Taler.

Die Belagerung von Olmütz

Nach dem Fall der Festung Schweidnitz, der letzten Bastion Dauns in Schlesien, am 19. April, brach das preußische Heer zum Angriff vor. Die Überraschung gelang. Daun, der im Raum Skalitz lagerte und am 20. April über 58 000 Mann verfügte, hatte erst nach völliger Auffüllung seiner Armee im Sommer die Operationen eröffnen wollen. Sein Ziel war es, Böhmen und Mähren so lange zu verteidigen, bis die russischen und die schwedischen Armeen offensiv wurden.

Am 1. Mai marschierte das preußische Hauptheer mit 55 000 Mann in Mähren ein und schloß am 20. Mai die Festung Olmütz ein. Ein 8 000 Mann starkes Belagerungskorps sollte die 8 500 Soldaten und 324 Kanonen zählende Besatzung überwinden, während Friedrich mit den Hauptkräften dieses Unternehmen gegen Dauns Armee absicherte. Durch geschickte Manöver und auf Grund der günstigen Lage von Olmütz, das von den preußischen Truppen nicht völlig eingeschlossen werden konnte, gelang es jedoch Daun, eine direkte Verbindung mit der Festung herzustellen. Damit konnte er ihre Besatzung in jedem Augenblick so verstärken, daß eine Erstürmung nicht mehr möglich war. Die überlegenen leichten österreichischen Truppen verhinderten außerdem am 28. und 30. Juni in den Gefechten bei Gundersdorf und Domstadtl die Heranführung eines großen Munitionstransports nach Olmütz, wobei sie 3 000 Versorgungswagen erbeuteten, so daß sich Friedrich II. gezwungen sah, am 1. Juli 1758 die Belagerung aufzuheben. Er nahm seinen Rückzugsweg über Böhmen, weil die österreichische Armee den Weg nach Schlesien besetzt hielt, weil er die Armee auf Kosten des besetzten Landes ernähren lassen wollte und weil er ein großes österreichisches Magazin in Königgrätz vorzufinden hoffte. Am 13. Juli erreichten die preußischen Truppen Königgrätz, fanden jedoch keine bedeutenden Vorräte vor, da die Österreicher den größten Teil des Magazins zerstört hatten, was den König schließlich am 4. August dazu bewog, Böhmen und Mähren zu räumen und über Glatz nach Landeshut in Schlesien zurückzugehen.

Der Feldzugsplan Preußens war gründlich mißlungen. Die strategische Initiative ging an die österreichische und die russische Führung über.

Zorndorf

Am 1. November 1757 war der russische Feldmarschall Apraxin durch General Wilhelm Fermor ersetzt worden. Er nutzte den Abzug des Korps Lehwaldt aus Ostpreußen, um im Januar 1758 mit 34 000 Mann in diese preußische Provinz einzumarschieren, sie zu besetzen und Rußland einzuverleiben. Am 22. Januar hielt Fermor in Königsberg Einzug, wo ihm die ostpreußischen Stände huldigten. Die ostpreußische Bevölkerung fügte sich ohne Aufhebens der neuen Regierung, ein Betragen, das der preußische König seinen ostpreußischen «Untertanen» nie verzeihen konnte. Die Provinz zog aber aus der russischen Herrschaft den Vorteil, eines der am wenigsten verwüsteten Gebiete der am Siebenjährigen Krieg beteiligten Länder zu sein. Dem Bürgertum brachte der ungehinderte Handel mit Polen und Rußland obendrein Nutzen.

Ende Februar brach Fermor mit 51 000 Infanteristen und 15 000 Reitern nach Thorn auf. Mit der österreichischen Führung war nämlich vereinbart worden, daß die russische Armee bis zur unteren Warthe und Netze vorgehen und von dort aus – je nach Entwicklung der Lage – entweder mit den schwedischen Truppen bei der Eroberung Brandenburgs oder mit den österreichischen Truppen bei der Besetzung Schlesiens zusammenwirken sollte.

Posen war am 1. Juli von Fermor erreicht worden, was General Christoph von Dohna, der an Stelle Lehwaldts das Kommando übernommen hatte, veranlaßte, sich gegen die russische Armee zu wenden. Er bezog bei Frankfurt/Oder ein Lager, um die Forcierung des Flusses durch russische Truppen zu vereiteln. Der russische Oberbefehlshaber strebte indessen danach, bei Küstrin die Oder zu überschreiten und Verbindung nach Norden aufzunehmen, um durch Zufuhren über See die schwierige Versorgungslage seiner Armee zu verbessern. Sein Versuch, die Festung Küstrin am 15. August durch einen Handstreich einzunehmen, scheiterte jedoch. Auch eine Belagerung mißlang, weil Dohna die Garnison der Festung ständig verstärkte.

Friedrich II., der Kunde von diesen Vorgängen erhielt, entschloß sich, Dohnas Korps zu verstärken und die russische Armee entscheidend zu schlagen, noch ehe Daun selbst zum Angriff übergehen konnte. In Eilmärschen führte Friedrich ab 11. August 14 000 Mann von Landeshut nach Küstrin, das er nach zehn Tagen erreichte. Am 23. August überschritt die preußische Armee bei Güstebiese die Oder und wandte sich gegen Quartschen–Zorndorf wo die russische Armee lagerte.

Tabelle 36: Kräfteverhältnis in der Schlacht bei Zorndorf
(25. 8. 1758)

	Infanterie	Kavallerie	Kanonen	Gesamtstärke
Preußen	25 000	11 800	193	36 800
Russen	36 300	8 000	159	44 300

Der preußischen Infanterie, die erneut in der schiefen Schlachtordnung operierte, gelang es trotz dreier großer Sturmangriffe, die sie auf Befehl Friedrichs immer wieder unternehmen mußte, nicht, den zähen Widerstand der tiefgegliedert aufgestellten russischen Bataillone zu überwinden. Nur das Eingreifen der zahlenmäßig überlegenen preußischen Kavallerie unter Seydlitz verhinderte eine Niederlage der Preußen. Am Ausgang des Tages waren beide Seiten völlig erschöpft und unfähig, eine Entscheidung herbeizuführen. Über 12 000 Preußen und fast 19 000 Russen deckten tot oder verwundet das Schlachtfeld. Am 26. August standen sich die Truppen auf einer Entfernung von 1 800 Metern erneut gegenüber. Aber sowohl den Russen als auch den Preußen fehlte die Kraft, den Kampf zu erneuern. Fermor war es nicht gelungen, den Oderübergang zu erzwingen, aber auch Friedrichs Absicht, die russische Armee zu zertrümmern, war gescheitert.

Einen operativen Erfolg erzielte die preußische Armee jedoch insofern, als sich Fermor auf Grund von Verpflegungsschwierigkeiten am 27. August gezwungen sah, über Klein-Kammin, Landsberg und Stargard nach Nordosten auszuweichen. Eine Vereinigung zwischen den russischen Truppen und ihren Verbündeten war damit vorerst verhindert.

Zur Verfolgung der russischen Truppen hatte der preußische König 17 000 Soldaten unter Dohna bereitgestellt, denen es Ende Oktober gelang, die russische Führung zur Aufhebung der Belagerung von Kolberg zu veranlassen. Dieser Mißerfolg bewog Fermor im November 1758 endgültig, Pommern zu räumen und Winterquartiere hinter der Weichsel, in Ostpreußen, zu nehmen und damit die Zufuhr von Proviant und Munition auf eine sichere Grundlage zu stellen.

Die schwedische Armee hatte die Aufhebung der Belagerung von Stralsund benutzt, um in die Mark Brandenburg einzufallen. Unter Graf Hamilton rückten 14 500 Schweden über Pasewalk, Prenzlau nach Neu-Ruppin, wo ihnen 6 000 Preußen unter General Karl Heinrich von Wedel bei Fehrbellin entgegentraten. Trotz des für die Schweden erfolgreichen Gefechts wichen sie nach Norden zurück und nahmen nach zahlreichen Scharmützeln und Gefechten mit schwachen preußischen Abteilungen im Januar 1759 unter den Mauern Stralsunds Lager.

Der Feldzug in Sachsen

Als Friedrich II. im August Schlesien verlassen hatte, blieben dort 33 000 Mann unter dem Oberbefehl des Markgrafen Karl von Brandenburg-Schwedt zurück. Ihre Aufgabe sollte darin bestehen, Schlesien bei einem österreichischen Einmarsch zu verteidigen. Jedoch Daun plante keinen Angriff auf Schlesien, sondern beabsichtigte, in die Lausitz zu gehen, um von dort entweder mit der russischen Armee zusammenzuwirken oder nach Berlin vorzustoßen.

Die in Franken stehende Reichsarmee hatte das Korps Prinz Heinrich zu binden. Der Abzug Fermors nach der Schlacht bei Zorndorf bewog Daun, seine Pläne zu ändern. Er wollte sich nun mit der Reichsarmee vereinigen, um mit ihr gemeinsam das preußische Korps in Sachsen zu zerschlagen.

Friedrich eilte auf die Nachricht vom Einmarsch Dauns hin mit

Preußische Gardeoffiziere (Holzschnitt von A. Menzel)

Preußische Einquartierung (Holzschnitt von A. Menzel)

...eußische Kürassiere
...olzschnitt von A. Menzel)

...uβische Freikorps
...Siebenjährigen Krieg
...olzschnitt von A. Menzel)

Reitende Artillerie (Holzschnitt von A. Menzel)

Einmarsch preußischer Truppen in eine schlesische Stadt (Kupferstich von Georg Friedrich Schmidt)

Preußische Kavallerieattacke bei Roßbach (Gemälde von Karl Friedrich Becker)

Schlacht bei Leuthen (Gemälde eines unbekannten zeitgenössischen Künstlers)

Berlin.

Einnahme von Berlin durch die Österreicher am 16. 10. 1757 (Radierung von Johann Martin Will)

Schlacht bei Kunersdorf (anonyme zeitgenössische Radierung)

Belagerung von Glatz durch die Österreicher 1760 (anonyme zeitgenössische Radierung)

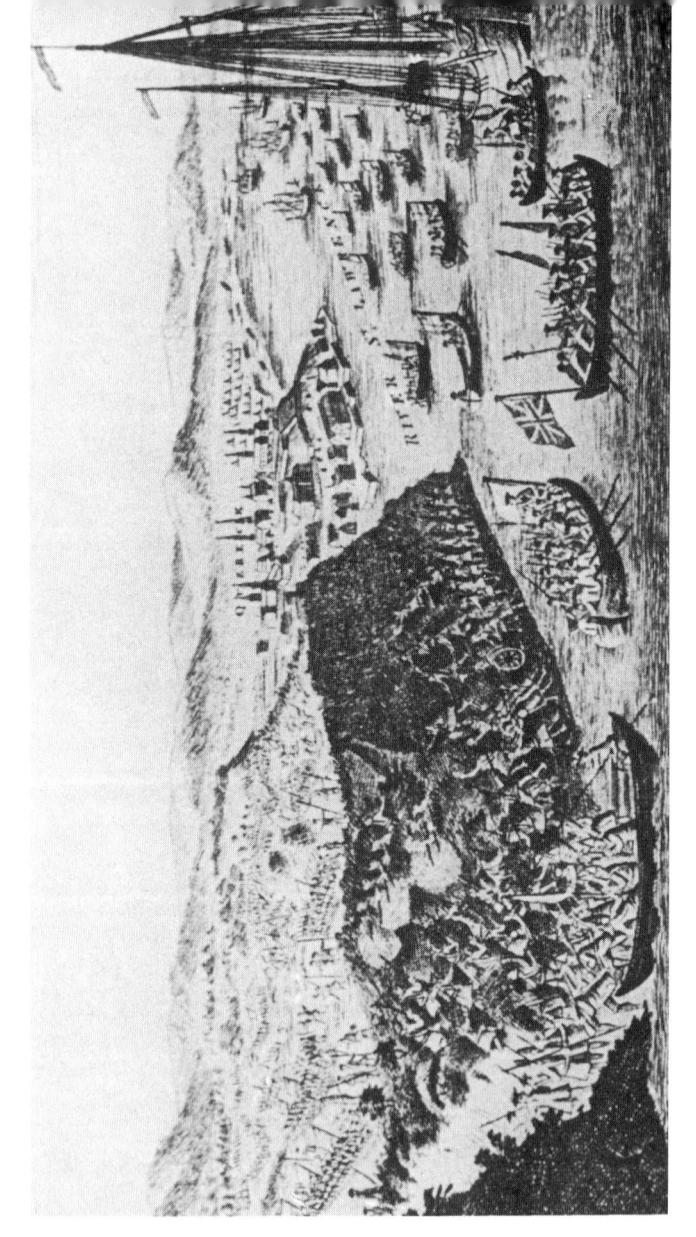

Einnahme von Quebec durch die Briten (Kupferstich aus «London Magazine», 1760)

Preußische Werbestelle (nach Flemming, Der vollkommene teutsche Soldat, 1726)

Preußische Infanterie beim Angriff (Zeichnung von Karl Friedrich Becker)

Friedrich II.
(Kupferstich
von D. N. Chodowiecki)

1

2   3   4

5   6   7

1 Ferdinand von Braunschweig-Lüneburg
  (Gemälde von Johann Georg Ziesemis)
2 Leopold von Anhalt-Dessau
3 Hanns Karl von Winterfeld
4 Hans Joachim von Ziethen
5 Jakob von Keith
6 Kurt Christoph von Schwerin
7 Friedrich Wilhelm von Seydlitz
8 William Pitt d. Ä.
  (Kupferstich von R. Houston)
9 Robert Clive (Gemälde von N. Dance)
10 A. P. Bestushew-Rjumin
  (Gemälde von Georg Kaspar Brenner)
11 P. A. Rumjanzew (zeitgenössischer Stich)

8

9   10   11

1 Leopold Josef von Daun
  (Gemälde eines
  unbekannten
  zeitgenössischen Künstlers)
2 Joseph Friedrich,
  Herzog zu
  Sachsen-Hildburghausen
  (Kupferstich von Sysang)
3 Gideon Ernst von Laudon
  (Schabkunstblatt von
  Johann Peter Pichler
  nach einem Gemälde
  von Heinrich Füger)

4 Belle-Isle (Gemälde
  von Maurice Quentin)
5 Karl Alexander
  von Lothringen
6 Charles de Rohan,
  Prinz von Soubise

15 Bataillonen und 38 Eskadronen nach Sachsen. Am 10. September trafen sich seine Truppen mit den aus Schlesien herangezogenen des Markgrafen Karl. Der König verfügte nun über etwa 60 000 Mann und war in der Lage, mit Prinz Heinrich Verbindung aufzunehmen, der damit der Gefahr entging, von der 100 000 Mann zählenden Übermacht der Österreicher und der Reichsarmee erdrückt zu werden. Daun zog sich jetzt in ein Lager bei Stolpen zurück.

Während Friedrichs Ziel darin bestand, die Österreicher durch Bedrohung ihrer Verbindungslinien zum Abmarsch aus Sachsen zu nötigen, sah es Daun als seine Hauptaufgabe an, sich in Sachsen zu behaupten, zumindest so lange, bis General Ferdinand Philipp von Harsch die schlesische Festung Neiße eingenommen hatte, die als Stützpunkt für eine künftige Wiedereroberung Schlesiens dienen sollte.

Fast fünf Wochen lang versuchten preußische Abteilungen, die österreichischen Verbindungen, die über Zittau nach Böhmen führten, zu unterbrechen. Friedrich war allzu selbstüberzeugt, daß es nur noch eine Frage weniger Tage sein könnte, bis sich die österreichischen Truppen nach Böhmen begeben würden. Er nahm deshalb bedenkenlos – trotz der Warnungen seiner Generale – eine taktisch äußerst ungünstige Stellung bei Hochkirch ein, da er glaubte, sie würde als Demonstration ausreichen, Daun zum endgültigen Rückzug zu veranlassen.

Der österreichische Oberbefehlshaber entschloß sich aber, die ungünstige Situation der Preußen auszunutzen, und befahl für den 14. Oktober den Angriff.

Im Morgengrauen überfielen die österreichischen Sturmkolonnen die ahnungslos lagernden Preußen und bewirkten eine grenzenlose Verwirrung unter ihnen.

Tabelle 37: Kräfteverhältnis in der Schlacht bei Hochkirch
(14. 10. 1758)

	Infanterie	Kavallerie	Kanonen	Gesamtstärke
Preußen	20 000	10 000	200	30 000
Österreicher	50 000	28 000	340	78 000

Die Infanterie versuchte sich zu formieren, die Reiter bemühten sich, an die Pferde zu kommen. Beides gelang nur unvollständig. Außerdem erschienen österreichische Einheiten unter General Gideon Ernst von Laudon im Rücken der Preußen. Friedrich nahm sofort Abstand von jedem Gegenangriff und bemühte sich, zu retten, was zu retten war. Unter Verlust von über 9000 Mann, nahezu einem Drittel der Heeresstärke, sowie unter Einbuße von 101 Kanonen, 28 Fahnen und 2 Standarten ging er auf Bautzen zurück. Die Österreicher verloren über 7000 Soldaten.

Der Schlachtenerfolg der Österreicher blieb aber ohne große Folgen auf den Verlauf des Herbstfeldzugs. Trotz seiner Niederlage entschloß sich Friedrich II., nach Schlesien zu gehen, um die Festung Neiße zu entsetzen. Er zog zu diesem Zweck die Truppen Prinz Heinrichs zur Deckung der Verluste in der Schlacht bei Hochkirch an sich und rückte über Görlitz–Löwenberg–Schweidnitz–Reichenbach nach Neiße. General Harsch hob daraufhin am 5. November sofort die Belagerung auf, wonach sich die preußischen Truppen am 8. November nach Sachsen zurückwandten. Daun hatte nämlich nach dem Abzug Friedrichs die Einnahme der Sachsen beherrschenden Festung Dresden ins Auge gefaßt. Der Kommandant der Festung, Karl Christoph von Schmettau, befahl nach dem Eintreffen österreichischer Vorausabteilungen, die Vorstädte Dresdens abzubrennen, um seinen Truppen «freies Schußfeld» zu schaffen. Auf den Protest Dauns und der sächsischen Landstände gegen diese völkerrechtswidrige Maßnahme ließ Schmettau antworten, daß er bei einer Belagerung Dresdens die Stadt ebenso behandeln würde, das hieß, er würde Haus auf Haus, Straße auf Straße und selbst das Schloß anzünden.

Daun scheute nun vor einem sofortigen Angriff zurück. Für eine förmliche Belagerung aber war die Jahreszeit zu weit vorgeschritten, vor allem war die preußische Armee wieder in Sachsen erschienen. Da auch die Versuche scheiterten, Torgau und Leipzig einzunehmen, mußte der Wiener Hof darauf verzichten, seine Truppen in Sachsen ins Winterquartier zu schicken. Am 21. November marschierte Daun elbaufwärts nach Böhmen ab.

Die Kampfhandlungen in Nordwestdeutschland

In Niedersachsen, wo Ferdinand von Braunschweig nach der Aufhebung der Konvention von Kloster Zeven am 23. November 1757 trotz der Intrigen Friedrichs den Oberbefehl übernommen hatte, begannen die Kämpfe schon im Winter. Am 18. Februar war Ferdinand von Lüneburg aus mit 32 000 Mann gegen die französische Armee unter der Führung von Louis de Bourbon-Condé, Herzog von Clermont, die an der Aller, Weser und Oker Winterquartier genommen hatte, aufgebrochen. Obwohl der Soll-Stand der französischen Armee in Deutschland 134 000 Mann betrug, waren nur 76 000 Mann Soldaten dienstfähig. Durch Unterschlagungen, Seuchen und Desertion waren die französischen Bataillone durchschnittlich von 700 auf 300 Mann zusammengeschmolzen; die Schwadronen verminderten sich von 169 auf 100 Reiter. Von den 76 000 Soldaten waren somit nur 39 000 Mann sofort verfügbar.

Der unerwartete Vormarsch der verbündeten Armee, die sich aus Kontingenten von Hannover, Hessen, Braunschweig und Preußen zusammensetzte, bewirkte den völligen Zusammenbruch der französischen Armee. Bereits am 3. März zog sich Clermont unter Verlust von 16 000 Gefangenen oder Fahnenflüchtigen über den Rhein zurück.

Tabelle 38: Kräfteverhältnis in der Schlacht bei Krefeld
(23. 6. 1758)

	Infanterie	Kavallerie	Gesamtstärke
Verbündete	21 700	8 800	30 500
Franzosen	34 000	13 000	47 000

Die verbündeten Armeen schlossen zum Rhein auf, ordneten sich und zogen Verstärkungen heran. Am 2. Juni 1758 überschritt Ferdinand den Rhein und versuchte, die französische Armee durch Bedrohung ihrer rückwärtigen Verbindungen auf die Maas zurückzudrängen. Clermont bezog auf Befehl des Kriegsministers Charles Fouquet, Herzog von Belle-Isle, eine gut verschanzte Stellung bei Krefeld. Dort sollte er das Eintreffen eines Ersatzheeres unter Soubise abwarten. Die Verbündeten kamen jedoch Soubise zuvor und griffen am 23. Juni die Franzosen bei Krefeld an. Die französische Armee wurde geschlagen. Sie erlitt Verluste in Höhe von 5 200 Toten und Verwundeten, 3 000 Mann wurden gefangengenommen, während die Verbündeten nur 1 800 Ausfälle zu verzeichnen hatten.

Die Niederlage bei Krefeld veranlaßte die französische Führung, verstärkt Truppen und Material an den Rhein zu entsenden, Clermont abzulösen und durch General Louis George Contades zu ersetzen.

Geschickt operierend, bedrohte der neue französische Oberbefehlshaber die Rheinübergänge Ferdinands und zwang ihn schließlich, am 9. August auf das rechte Rheinufer zurückzugehen. Contades folgte den Verbündeten und beabsichtigte, mit Soubise, der im Juli mit 36 000 Mann Hessen erobert hatte, die Verbündeten zu schlagen.

Die geschickten und raschen Manöver der 40 000 Mann starken Verbündeten, deren eigentlicher Führer der Sekretär Ferdinands, Christian Westphalen, Sohn eines Braunschweiger Postmeisters, war, der dem häufig schwankenden und unschlüssigen Herzog als eine Art Generalstabschef bürgerlicher Herkunft nahezu alle Operationspläne ausarbeitete, vereitelten alle Versuche der französischen Heerführung, ihre beiden Armeen zu vereinigen. Mitte November mußte sie sich entschließen, die Truppen hinter den Rhein in ruhige Winterquartiere zurückzuführen. Die dringend der Ruhe und Auffrischung bedürftigen französischen Truppen räumten bis Anfang Dezember die rechtsrheinischen Gebiete. Die Verbündeten hatten damit den Feldzug im wesentlichen erfolgreich gestaltet. Das Heer war stärker als zum Jahresbeginn und hatte weite Gebiete zurückerobert, die Anfang des Jahres noch Frankreich besetzt gehalten hatte. Dies alles war unter wesentlich geringeren Verlusten an Menschen und Material erzielt worden, als Friedrich II. sie 1758 in seinen Feldzügen erlitten hatte.

Während in Deutschland der Kampf zwischen Preußen, Frankreich, Österreich, Schweden und Rußland ausgetragen wurde, tobte zwischen Frankreich und England ein nicht minder erbitterter Krieg.

Von England aus ließ die britische Regierung zwei Diversionen an der französischen Küste durchführen, um durch Fesselung französischer Heeresteile den Landkrieg zu entlasten. Beide Operationen, gegen Cherbourg und St. Malo gerichtet, waren wenig erfolgreich, da sie schlecht geplant waren und mangelhaft durchgeführt wurden.

Auch in Indien blieben die Franzosen vorübergehend erfolgreich. Sie nahmen eine Reihe wichtiger britischer Stützpunkte und bedrohten erneut die englische Herrschaft in Bengalen. Nur mit Mühe vermochten die britischen Truppen ihre völlige Zerschlagung zu vermeiden.

Wesentlich günstiger gestaltete sich 1758 der Kaperkrieg für England, wodurch der französische Handel mit den Kolonien nahezu zum Erliegen kam. Im November 1757 liefen sechs französische Linienschiffe unter Admiral de la Clue aus dem Hafen von Toulon aus, um die britische Blockade der amerikanischen Kolonien Frankreichs zu brechen. Das britische Mittelmeergeschwader unter Admiral Osborn blockierte sie aber in Cartagena. Ein zu Hilfe entsandtes französisches Geschwader vernichteten die Briten auf der Höhe von Kap Gata völlig. De la Clue zog sich daraufhin wieder nach Toulon zurück.

Auch die afrikanischen Kolonien Frankreichs, die der französischen Bourgeoisie durch den Handel mit Negersklaven und mit Gummi hohe Profite brachten, gingen im März und im Dezember 1758 an England verloren.

Die schwersten Niederlagen erlitt der französische Absolutismus jedoch in Nordamerika. Pitt verstand es nicht nur, die regulären Truppen weiter zu verstärken, sondern bot zum Kampf gegen die Franzosen verstärkt die nordamerikanischen Siedler auf. Unfähige Offiziere wurden abberufen, so ersetzte General James Abercrombie den bisherigen Oberbefehlshaber Loudoun. Erstmals wurde ein Plan ausgearbeitet, durch drei Expeditionen den fran-

zösischen Kordon zu sprengen. Eine wurde unter dem Befehl von
Jeffruey Amherst und James Wolfe, die über 14 215 Mann verfügten, gegen die Festung Louisburg angesetzt, die am 26. Juni 1758
mit der Einnahme dieses wichtigen französischen Stützpunktes
endete. Ein zweiter Stoß richtete sich gegen die Ohiofront. Unter
dem Kommando von Oberst Forbes, dem 1 800 reguläre Soldaten
und 5 000 Milizsoldaten unterstellt waren, nahmen die Briten das
Fort Duquesne und eroberten in einem Streifzug die Forts Oswego und Frontenac am Ontariosee. Damit war die Verbindung
Kanadas zu den südlichen französischen Kolonien Nordamerikas
unterbrochen. Im Zentrum der Front hatte Abercrombie mit
10 000 regulären Soldaten und 20 000 Milizen Ticondegora einzunehmen, um von dort aus Montreal und Quebec im Rücken zu bedrohen. Doch dieser Vorstoß mißlang völlig. Am 8. Juli schlug
Montcalm mit weit unterlegenen Kräften die Briten und warf sie
auf ihre Ausgangspositionen zurück. Trotzdem hatte sich die
Lage der französischen Kolonien entscheidend verschlechtert.
Die Außenwerke Kanadas waren gefallen und ein geregelter Verkehr zum Mutterland war unmöglich gemacht.

5. Die Kampfhandlungen 1759 bis 1760

Vorbereitung des Feldzugs 1759

Aus den Feldzügen des Jahres 1758 war die preußische Armee
schwer geschwächt hervorgegangen. Eine vordringliche Aufgabe
bestand deshalb darin, die Lücken in der Armee zu schließen und
die zur Kriegführung notwendigen Mittel aufzubringen.
    Friedrich II. gelang es zwar, die Regimenter durch neue Wer-
bungen und Aushebungen relativ schnell zu ergänzen, aber die
eingestellten Rekruten bildeten keinen vollwertigen Ersatz für die
alten Mannschaften. Bei den von den preußischen Werbern ange-
wandten Methoden konnte diese Entwicklung auch nicht ausblei-
ben; denn noch rücksichtsloser als in den vergangenen Jahren
streiften preußische Kommandos unter der Führung des berüch-
tigten Abenteurers Johann Franz von Colignon, dem ein preußischer Obristenrang verliehen wurde, durch Deutschland und trie-

ben durch einen gewissenlosen Menschenfang der Armee Rekruten zu. Colignon verteilte an die Angeworbenen freigebig Leutnants- und Hauptmannspatente der preußischen Armee, und die solcherart Geworbenen begaben sich freiwillig nach Magdeburg. Dort aber nahm man sie als gemeine Rekruten in Empfang und steckte sie mit Gewalt in die Regimenter. Wer dagegen rebellierte, gegen den wurde der Stock so lange gebraucht, bis er sich völlig unterwarf. Colignon verschaffte Friedrich auf diese und andere Weise 60 000 Rekruten während des Krieges.

Neben der Werbung im Reich mußten Sachsen und Mecklenburg einen hohen Blutzoll entrichten. Im Frühjahr 1759 unternahm das Korps Dohna einen regelrechten Feldzug in Mecklenburg, um Rekruten und Kontributionen einzutreiben. Die Folge war eine wahre Landflucht, so daß die preußischen Generale zu berichten wußten, sie hätten in den Dörfern nur noch Greise und Kinder angetroffen. Ebenso verfuhren die Preußen in Sachsen. Um eine Desertion der solcherart gepreßten Soldaten zu erschweren, wurden jetzt planmäßig die sächsischen Rekruten zum Korps Dohna nach Vorpommern entsandt und die mecklenburgischen in die Reihen der Armee Prinz Heinrichs in Sachsen gesteckt.

Daneben wurden russische, österreichische, schwedische und französische Kriegsgefangene, soweit man sie nicht austauschte, unter die Regimenter verteilt. Auch die Bildung neuer Freikorps und -bataillone, die sich in der Regel aus den minderwertigsten Rekruten zusammensetzten, wurde verstärkt.

Durch die Besetzung Ostpreußens durch die Russen und Kleves durch die Franzosen verringerten sich die Einnahmen des preußischen Staates, während die Kriegskosten von Jahr zu Jahr anstiegen.

Friedrich suchte einen Ausweg zu finden, indem er die Kriegslasten Sachsens und Mecklenburgs ständig erhöhte, Streifzüge zur Eintreibung von Kontributionen nach Süddeutschland unternehmen ließ und die Münzverschlechterung fortsetzte.

Auch die 670 000 Pfund Sterling englische Subsidien für 1759 ließ Friedrich nach verschlechtertem Münzfuß ausprägen. Auf diese Weise gewann er aus den Einnahmen, der Münzverschlechterung und aus den Subsidien 12 Millionen Taler. Außerdem er-

Tabelle 39: Gliederung des preußischen Feldheeres
im Frühjahr 1759

Gruppe	Mann	schwere Kanonen	Raum
Hauptarmee (Friedrich II.)	50 000	143	Schweidnitz
Korps Fouqué	13 000	36	Oberschlesien/ Leobschütz
Korps Prinz Heinrich	28 000	63	Dresden
Korps Dohna	28 000	56	Landsberg
Abteilung Kleist	5 000	–	Stralsund

Tabelle 40: Gliederung der englisch-deuschen Armee
im April 1759

Kontingent	In-fanterie	Ka-vallerie	Ar-tillerie	Miliz	leichte Truppen	Gesamt-stärke
Hannover	25 640	6 094	1 361	–	2 998	36 093
Hessen	9 276	2 772	715	2 800	515	16 078
Braunschweig	5 810	–	272	–	–	6 082
Bückeburg	798	–	109	–	100	1 007
England	6 200	2 480	170	–	–	8 850
Preußen	659	2 960	–	–	–	3 619
Gesamtstärke	48 383	14 306	2 627	2 800	3 613	71 729

hielt er 6 Millionen Taler Kontributionsgelder. Diesen Einnahmen von 18 Millionen Talern standen jedoch Kriegskosten in Höhe von 27,8 Millionen Talern gegenüber. Der preußische König sann daher Ende 1759 auf die Erschließung neuer Einnahmequellen, um den Krieg fortsetzen zu können.

Trotz aller dieser Maßnahmen war die Stärke des Heeres von 1758, die 166 000 Mann betragen hatte, nicht mehr zu erreichen, wenn auch die Zahl der Feldtruppen erhöht wurde, so daß Preußen Anfang 1759 nur 36 000 Mann Garnisontruppen und Provinzmilizen sowie 127 000 Mann des Feldheeres mit insgesamt 536 Kanonen zu Verfügung standen.

Die Gesamtstärke des verbündeten Feldheeres betrug im Frühjahr 1759 demnach 195 729 Mann. Es war somit den alliierten Streitkräften um fast 140 000 Mann unterlegen.

Die österreichische Führung bemühte sich, diese Kräfteüberlegenheit zur völligen Niederwerfung Preußens auszunutzen und damit ihre politische Geltung in Mitteleuropa zu erhöhen. Sie schlug deshalb vor, daß sich die österreichische Hauptarmee mit starken russischen Kräften in Schlesien vereinigte, während eine zweite russische Armee und die schwedischen Truppen das Korps Dohna und die Abteilung Kleist binden sollten. Die Armee Prinz Heinrichs war durch die Reichsarmee, die Mainarmee und das Korps Hadik anzugreifen. Auf diese Weise hoffte die österreichische Führung auf allen Kriegsschauplätzen die zahlenmäßige Überlegenheit zu besitzen und Friedrich II. derart in die Enge zu treiben, daß er sich überall nur unter den ungünstigsten Bedingungen schlagen könne, was schließlich zur Vernichtung seiner Armee führen müsse.

Die russische Führung verweigerte diesem Plan ihre Zustimmung, weil er ihre Anstrengungen völlig den politischen Zielen Habsburgs unterordnen würde. Überdies war eine Vereinigung mit dem österreichischen Heer in Schlesien mit gewaltigen Schwierigkeiten verbunden, solange nicht die rückwärtigen Verbindungen des russischen Heeres gesichert waren. Dies erforderte die Besetzung Pommerns sowie die Einnahme der für die Versorgung hochwichtigen Ostseehäfen Kolberg und Stettin. Die russische Führung orientierte sich aus diesem Grund darauf, den Schwerpunkt ihrer Operationen nach Norden zu legen; sie sagte dem Wiener Hof nur zu, daß bis Ende Mai die russische Armee in Posen versammelt sei und daß man von dort aus die österreichischen Operationen nachdrücklich unterstützen wolle.

Der französische Kriegsminister lehnte den Wiener Plan rundweg ab, weil dieser das Ziel Frankreichs in Nordwestdeutschland gefährdete, nämlich Hannover zu okkupieren, um beim Friedensschluß einen Austausch dieser Provinz gegen die Verluste in den Kolonien vornehmen zu können. Gegenüber Österreich aber erklärte Belle-Isle, bei einer Entsendung der Mainarmee nach Sachsen wären die französischen Streitkräfte zu schwach, um die verbündete Armee zu bezwingen.

Tabelle 41: Stärke der alliierten Streitkräfte
im Frühjahr 1759

Kontingent	Stärke	schwere Kanonen	Raum
Österreich			
Hauptarmee (Daun)	42 000	94	Königgrätz
Korps de Ville	28 000	14	Troppau
Korps von Beck	7 000	4	Braunau
Korps Harsch	19 000	22	Nachod
Korps Laudon	10 000	6	Trautenau
Korps Vehla	5 000	–	Gabel
Korps Gemmingen	10 000	12	Eger
Korps Hadik	19 000	20	Franken–Thüringen
Reichsarmee	17 600	24	Franken–Thüringen
Rußland			
Hauptarmee (Fermor)	70 000	201	Königsberg
Schweden			
Hauptarmee	12 000	?	Stralsund
Frankreich			
Rheinarmee (Contades)	66 000	120	Köln
Mainarmee (Broglie)	31 000		Frankfurt/Main
Gesamtstärke	336 600	517	

In der strategischen Planung der einzelnen antipreußischen Mächte war damit wiederum keine Übereinstimmung erzielt worden, eine Tatsache, die sich auf den Verlauf des Feldzugs verhängnisvoll auswirken sollte.

Friedrich II. stellte sich für 1759 keine offensiven Aufgaben. Die schweren Ausfälle im vergangenen Jahr veranlaßten ihn, sein Heil in der strategischen Defensive zu suchen. Dabei erkannte er richtig, daß Schlesien das Hauptziel der österreichisch-russischen Anstrengungen sein werde; er konzentrierte deshalb seine Hauptkräfte in diesem Raum und wollte dem Angriff Dauns durch aktive Verteidigung begegnen. Die Verteidigung Schlesiens gegenüber einem Vorstoß von Mähren und Böhmen wurde durch das vom Isergebirge bis zum Altvater reichende Hochgebirge auf natürliche Weise unterstützt. Die engen, steilen und während des Winters schier unwegsamen Gebirgspässe stellten im 18. Jahrhundert schwer zu bezwingende natürliche Hindernisse dar, die insbesonders die Verpflegungstransporte erschwerten. Einen Einbruch in die schlesische Ebene erschwerten überdies die Festungen Schweidnitz, Glatz und Neiße. Erst deren zumeist langwierige Belagerung und Einnahme garantierte ein sicheres Operieren in Schlesien. Der zur Habsburger Monarchie hin gerichtete festungsartige Gebirgswall erleichterte Friedrich II. in der defensiven Phase seiner Kriegführung die Verteidigung der eroberten schlesischen Provinz. Um eine Vereinigung der russischen Streitkräfte mit den Österreichern zu verhindern, befahl der König Dohna, die russischen Magazine in Polen zu zerstören und damit die Eröffnung des Feldzugs durch die Russen so weit hinauszuzögern, daß sie keine entscheidenden Ergebnisse mehr erzielen konnten.

Außenpolitisch versuchte Friedrich, England doch noch zu veranlassen, ein Geschwader in die Ostsee zu entsenden. Pitt lehnte jedoch diesen Vorschlag wie 1758 ab. Auch die Anstrengungen des preußischen Gesandten Karl Adolf von Rexin, die Türkei in einen Krieg mit Österreich zu verwickeln, mißlangen. Trotz beträchtlicher Bestechungssummen, die 700 000 Taler überschritten, weigerte sich die Pforte, ein Bündnis mit Preußen zu schließen oder gar in den Krieg einzutreten.

Kay und Kunersdorf

Entsprechend dem allgemeinen Plan wartete das preußische Heer im Frühjahr 1759 den Angriff der Alliierten ab. Es unternahm lediglich einige kleinere Operationen gegen die Magazine der Reichsarmee in Franken und Thüringen, gegen die österreichischen Magazine in Böhmen und die russischen in Polen.

Ende Juni setzte sich die österreichische Armee unter Daun schließlich in Bewegung. Mit der Absicht, in naher Zukunft Verbindung zur russischen Armee aufzunehmen, drang sie in Schlesien ein. Friedrich verlegte Daun den Weg und bezog bei Schmottseifen Lager.

Daun war dieser Umstand keineswegs unangenehm, sondern er kam seinen Absichten entgegen, die darin bestanden, die königliche Armee zu binden und gleichzeitig ein Korps unter Laudon in Stärke von etwa 20 000 Mann der russischen Armee entgegenzusenden und sich mit ihr zu vereinigen.

Die russische Armee, zu deren Oberbefehlshaber im Juni 1759 Pjotr Saltykow ernannt worden war, hatte sich Mitte Juli im Raum Posen versammelt und marschierte in südöstlicher Richtung der Armee Dauns entgegen. Dem Korps Dohna war es nicht gelungen, ihren Vormarsch zu behindern, weshalb Friedrich den Kommandeur absetzte und an seiner Stelle am 22. Juli den jungen Generalleutnant Wedel ernannte. Aber auch Wedel konnte seine Aufgabe nicht lösen. Angespornt von den Befehlen des Königs, warf er sich zwar der russischen Armee am 23. Juli bei Kay in den Weg, wurde aber, wie angesichts des Kräfteverhältnisses und der ungünstigen Bedingungen, unter denen die Preußen angriffen, nicht anders zu erwarten war, geschlagen. Dabei büßten die Preußen 6 800 Mann an Toten, Verwundeten und Gefangenen ein, die Russen dagegen nur 4 800 Mann.

Tabelle 42: Kräfteverhältnis in der Schlacht bei Kay
(23. 7. 1759)

	Infanterie	Kavallerie	Schwere Kanonen	Gesamtstärke
Preußen	19 600	7 800	56	27 400
Russen	28 000	12 000	188	40 000

Laudon nutzte die günstige Lage aus, umging die preußischen Stellungen und nahm am 29. Juli mit seinem Korps Verbindung zur russischen Armee auf, die mit Rücksicht auf ihre Verpflegungslage von Kay aus auf Frankfurt/Oder vorging.

Friedrich II. befahl daraufhin Prinz Heinrich nach Schlesien zu ziehen, und übergab ihm den Oberbefehl gegen die Truppen Dauns. Sachsen war damit von preußischen Soldaten entblößt.

Mit den verbliebenen Kräften rückte der preußische König Wedel entgegen, mit dem er sich am 6. August bei Müllrose vereinigte. Am 11. August ging die preußische Armee über die Oder und stieß am folgenden Tag gegen das verschanzte Lager der russisch-österreichischen Truppen bei Kunersdorf vor.

Tabelle 43: Kräfteverhältnis in der Schlacht bei Kunersdorf
(12. 8. 1759)

	Infanterie	Kavallerie	Schwere Kanonen	Gesamtstärke
Preußen	36 900	13 000	160	49 900
Russen/Österreicher	62 400	16 600	211	79 000

Die Absicht Friedrichs bestand darin, ähnlich wie bei Leuthen einen Flügel der alliierten Armee mit überlegenen Kräften anzugreifen und auf diese Weise die Front aufzurollen. Die unvollkommene Erkundung der russisch-österreichischen Stellung durch den König selbst zwang ihn, seine Truppen am Morgen der Schlacht in den Wäldern bei Kunersdorf umzugruppieren. Dadurch ging das Überraschungsmoment verloren. Als die preußischen Abteilungen den linken Flügel der Russen auf dem Mühlberg angriffen, gelang es ihnen zwar, den Mühlberg in kurzer Frist zu erobern, ein weiteres Vordringen verhinderten jedoch inzwischen herangeführte russische Reserven.

Es entspann sich ein stundenlanger Kampf um den Kuhgrund, in dessen Verlauf die preußischen Bataillone verbluteten und durch die russische Artillerie dezimiert wurden. Auch die preußische Kavallerie kam wegen des ungünstigen Geländes nicht zur Entfaltung. Seydlitz bemerkte resigniert auf das unsinnige Verlangen Friedrichs, die Befestigungen der Alliierten anzureiten, ob man je gehört habe, daß bloße Reiterei Festungswerke erstürme. Eine gewaltige Kavallerieattacke der verbündeten Reiterei entschied schließlich den Kampf zugunsten der Alliierten.

Die preußische Armee wurde völlig geschlagen und flutete in die Wälder zurück. Friedrich schrieb am Abend an Minister Graf Karl Wilhelm Finck von Finckenstein: «Unser Verlust ist sehr

Schlacht bei Kunersdorf (12. 8. 1759)

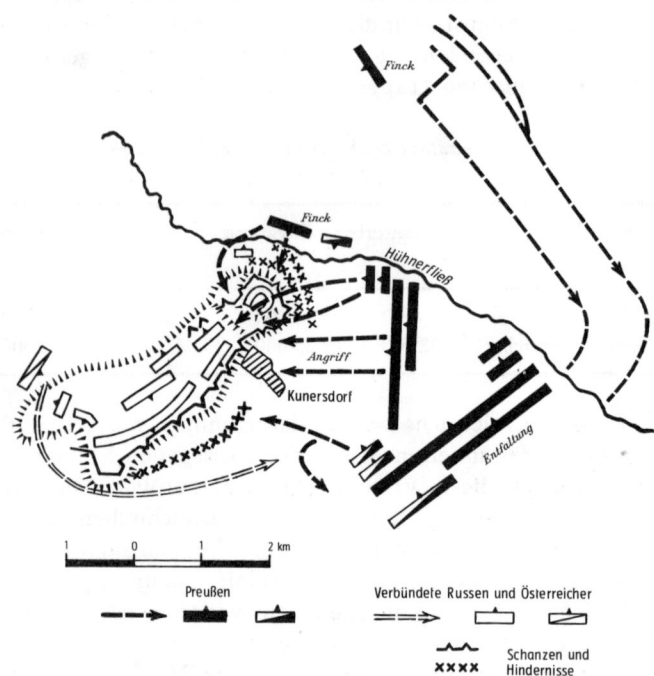

groß. Von 48000 Mann vor der Schlacht verfüge ich gegenwärtig nur noch über 3000. Alles flieht, und ich bin nicht mehr Herr meiner Leute … Ich habe keine Hilfsmittel mehr, und ich muß gestehen, daß ich alles für verloren halte. Den Untergang meines Staates vermag ich nicht zu überleben. Adieu für immer.»

Das königliche Hasardspiel war diesmal eklatant gescheitert. Doch Friedrich II. zog nicht die Konsequenzen, von denen er so oft gesprochen hatte. Er beging weder Selbstmord, noch entsagte er der Krone. Vielmehr strebte er danach, sich der Verantwortung für die Niederlage zu entziehen. Zum ersten legte er das Oberkommando nieder und übergab es General Friedrich August von Finck. Die Schuld an der Niederlage suchte er nicht in seinen verfehlten Angriffsdispositionen und auch nicht in seinem hartnäckigen Eigensinn, die Schlacht auch dann noch fortzusetzen, als die

Erfolgschancen bereits entschwunden waren, sondern für den Verlust der Schlacht machte er in erster Linie seine Truppen und seine Unterführer verantwortlich.

Da sie das Unmögliche nicht vollbracht hatten, waren sie in seinen Augen ein «Haufe von Feiglingen», die kein «Ehrgefühl» besaßen. Für ihn war es belanglos zu fragen, worauf sich denn das Ehrgefühl der zerprügelten preußischen Musketiere gründen sollte. Hatte er doch schon nach der Schlacht bei Zorndorf, als er ähnlich unzufrieden mit seiner Infanterie gewesen war, in einem Brief an seinen Bruder Heinrich an das alte Rezept appelliert: «Lehren Sie Ihre Infanterie den Stock respektieren.» Die zynische Menschenverachtung Friedrichs, die ihn von seinem eigenen Volk als einer Nation sprechen ließ, die faul, plump und unwillig sei, stand im schroffen Gegensatz zu den Opfern, die die geschmähte Armee bei Kunersdorf gebracht hatte. Nicht weniger als 19 000 Mann – nahezu zwei Fünftel der Gefechtsstärke der Armee – bedeckten tot oder verwundet das Schlachtfeld. Die russische Armee hatte zudem fast die gesamte preußische Artillerie – genau 172 schwere Kanonen – erbeutet.

Hätten Daun oder Laudon, ein russischer, französischer, schwedischer oder gar ein preußischer General eine ähnliche Niederlage erlitten, so wäre seine militärische Karriere jäh unterbrochen worden. Der französische Hof entließ zum Beispiel Marschall Soubise nach der Schlacht bei Roßbach, das Wiener Kabinett Prinz Karl nach der Schlacht bei Leuthen; und wie es preußischen Generalen erging, die es wagten, eine Schlacht zu verlieren oder gar nur unglücklich zu operieren, bezeugen das Schicksal des Prinzen August Wilhelm, den sein eigener Bruder Friedrich in den Tod trieb, und die Ungnade, mit der Generale wie Lehwaldt, Wedel und später Schmettau und Finck verfolgt wurden. Nur für Friedrich selbst galt dieser Grundsatz nicht, weil er sich nicht für seine vernichtenden Niederlagen zu verantworten brauchte.

Obwohl die Truppenführung nach der Schlacht beinahe völlig verlorenging, konnte in den Tagen danach doch noch eine beträchtliche Zahl Soldaten gesammelt werden, da Friedrich die Oderübergänge bei Gröditz sperren ließ. Am Abend des 13. August war die Armee bereits wieder 12 000 Mann stark. Sie erhielt Befehl, nach Fürstenwalde abzurücken und dort zu versuchen, den erwarteten Vormarsch der russischen und der österreichischen Armee gegen Berlin aufzuhalten.

Doch die Zeit verstrich, ohne daß die Alliierten dem preußischen Staat den Todesstoß versetzten. Ihr Zögern hatte mehrere Ursachen. Saltykow lehnte einen sofortigen Vormarsch ab, weil die russische Armee bei Kunersdorf ebenfalls hohe Verluste (13 600 Mann) erlitten hatte. Entscheidend war aber, daß Saltykow Rücksicht auf die propreußische Gesinnung des künftigen Zaren Peter nahm und sich die russische Armee nicht zum Werkzeug österreichischer Interessen machen lassen wollte. Der russische Oberbefehlshaber erklärte, daß es nach zwei blutigen Schlachten für Daun an der Zeit sei, den durch die russischen Siege eingeleiteten Erfolg auszunutzen. Er lehnte es ab, daß die russische Armee allein die Hauptlast der Opfer trüge, während sich die österreichische Hauptarmee weitab vom Gegner hielte.

Eine der Hauptsorgen der russischen Heeresführung bestand überdies darin, nicht von ihren Magazinen in Posen und Bromberg abgeschnitten zu werden. Die Oder wurde als letzte Linie der Anlehnung angesehen, von der man sich bei Strafe des Untergangs nicht zu weit entfernen durfte.

Das Hauptinteresse Österreichs war auf die Wiedergewinnung Schlesiens gerichtet. Daun sah keinen großen Vorteil für sich darin, in die Kurmark vorzustoßen, weil die königliche Armee zwar geschlagen, aber in Schlesien unter Prinz Heinrich noch über beträchtliche Kräfte verfügte. In der schwer gebrandschatzten und ausgesaugten Mark sah er nicht einmal die Chance, Winterquartiere nehmen zu können. Am 15. August trug Daun Saltykow die undankbare Aufgabe an, nach Berlin vorzurücken, zumindest aber die Armee Friedrichs in der Mark zu binden, während er gemeinsam mit der Reichsarmee die Truppen Prinz Heinrichs ausmanövrieren, Sachsen zu besetzen und die preußischen Festungen in Schlesien stürmen wollte. Entsprechend den Maximen des Wiener Hofs kam der russischen Armee damit lediglich der Status einer Hilfsmacht zu, die militärisch die politische Wiedergewinnung Schlesiens für Habsburg sichern helfen sollte.

Die russische Armee war inzwischen am 16. August bei Frankfurt über die Oder gegangen und hatte sich mit dem Korps Hadik vereinigt, das 19 000 Mann zählte. Friedrich, der inzwischen wieder den Oberbefehl übernommen hatte, verfügte bei Fürstenwalde bereits über 33 000 Mann. Trotz zahlenmäßiger Überlegenheit griff Saltykow angesichts der österreichischen Untätigkeit nicht an. Er wollte erst dann vorgehen, wenn Daun herangerückt war. Doch der österreichische Oberbefehlshaber, mehr in Sorge, Prinz Heinrichs Truppen könnten ihn bei einem Nordmarsch von seinen böhmischen Verteidigungslinien trennen, als die Gunst der Stunde zu nutzen, sich mit der russischen Armee zu vereinigen und der Armee Friedrichs II. einen betäubenden, möglicherweise kriegsentscheidenden Schlag zu versetzen, wagte nur Vorausabteilungen zu entsenden, blieb aber mit dem Gros seiner Armee in der Lausitz stehen.

Am 22. August trafen sich Daun und Saltykow in Guben. Daun beschwor den russischen Oberbefehlshaber, noch 10 bis 12 Tage bei Frankfurt stehen zu bleiben, versprach ihm die Versorgung seiner Armee, während die Österreicher die Festung Dresden erobern wollten.

Den zögernden Aktionen Dauns begegneten die preußischen Truppen mit wachsender Aktivität gegen die langgestreckten Versorgungslinien der Alliierten. Ende August rückte die russische Armee aus ihren Stellungen bei Frankfurt ab und marschierte oderaufwärts in Richtung Guben. Friedrich II. schrieb nach Eintreffen dieser Kunde an Prinz Heinrich: «Ich verkündige Ihnen das Mirakel des Hauses Brandenburg. In der Zeit, da der Feind die Oder überschritten hatte und eine zweite Schlacht hätte wagen und den Krieg beendigen können, ist er nach Müllrose und Lieberose marschiert.» Der Hohenzollernstaat war ohne großes eigenes Zutun einer militärischen Katastrophe entronnen.

Von Kunersdorf bis Maxen

Obwohl durch die Uneinigkeit der Alliierten Preußens militärische Niederlage vorerst ausblieb, befand es sich nach Kunersdorf in einer schwierigen Lage. Die Reichsarmee hatte die Räumung Sachsens durch preußische Truppen dazu ausgenutzt, im August Halle, Merseburg, Leipzig, Torgau und Wittenberg zu besetzen. Am 29. August erschien sie vor den Toren Dresdens. Der Kommandant von Dresden, Schmettau, drohte zwar wiederum mit der Einäscherung der Stadt, aber der Befehlshaber der Reichsarmee, Zweibrücken, gab zu verstehen, daß man in diesem Fall mit dem preußischen Halle und Berlin ähnlich verfahren und außerdem die Besatzung über die Klinge springen lassen werde. Trotzdem ließ Schmettau die noch stehenden Vorstädte abbrennen. Friedrich hatte ihm inzwischen geraten, zur Rettung der Garnison, der Magazine und der sächsischen Feldkriegskasse, die 5,6 Millionen Taler enthielt, auf eine ehrenvolle Kapitulation einzugehen. Schmettau übergab daraufhin die Stadt gegen freien Abzug der Garnison und gegen Mitführung der Magazine und Kassen.

Mit dem Fall der Festung Dresden hatten die Alliierten eine Schlüsselposition in Sachsen gewonnen. Zwar hatte der preußische König, der nach dem Abmarsch der russischen Armee neue Hoffnung schöpfte, die Übergabe Dresdens schließlich wieder verboten, aber seine Weisung kam zu spät, die Kapitulationsverhandlungen waren bereits abgeschlossen. Dafür ergoß sich sein ungerechter Zorn über Schmettau, der ohne Kommando blieb und nach dem Krieg schimpflich verabschiedet wurde.

Die Besetzung Sachsens durch die Reichsarmee veranlaßte die preußische Führung, Truppen unter den Generalen Finck und Johann Jakob von Wunsch dorthin zu entsenden, die zum Korps Prinz Heinrich stießen und mit 35 000 Mann Leipzig wieder besetzten. Die Reichsarmee vereinigte sich währenddessen mit der österreichischen Hauptarmee bei Dresden.

Am 13. November erschien auch Friedrich II. mit 18 Bataillonen und 30 Eskadronen in Sachsen, nachdem die russische Armee, die oderaufwärts in Richtung Schlesien vorgegangen war, vergeblich versucht hatte, sich der Festung Glogau zu bemächtigen. Am 26. Oktober war die russische Armee an die Weichsel zurückgegangen, um dort Winterquartier zu nehmen.

Der preußische König beabsichtigte, unter allen Umständen die österreichischen Truppen aus Sachsen zu vertreiben. Dazu bewogen ihn vor allem politische Interessen. Er war in den Besitz von Nachrichten gekommen, daß Frankreich und England Friedensverhandlungen aufnehmen wollten. Für einen eventuellen Friedenskongreß beabsichtigte er, Sachsen als politisches Faustpfand und Austauschobjekt zu benutzen. Allerdings traute Friedrich seinen Truppen keine Schlacht mehr zu und plante deshalb, Daun durch Unterbrechung seiner Verbindungslinien aus Sachsen her- auszumanövrieren. Zu diesem Zweck entsandte er General Finck mit relativ geringen Kräften in die Flanke Dauns.

Die Operation des preußischen Königs, die er gegen den Rat seines Bruders und Fincks unternahm, waren aber so ungeschickt angelegt – Napoleon spricht von dem unverzeihlichsten Fehler, den Friedrich je begangen hat –, daß Daun die Möglichkeit er- hielt, das preußische Korps bei Maxen einzuschließen und am 21. November zur Kapitulation zu zwingen. 14 000 Soldaten, dar- unter 9 Generale, sowie 70 Kanonen, 96 Fahnen und 24 Standar- ten fielen in österreichische Hand. Der ohnehin geschwächten preußischen Armee war eine empfindliche Niederlage bereitet worden. Im österreichischen Lager sprach man vom fröhlichen «Finckenfang» bei Maxen. Friedrich war durch diesen Vorfall höchst empört. Aber wiederum suchte er die Schuld nicht bei sich selbst, sondern machte Finck für die Niederlage allein verantwort- lich. Er wurde nach dem Krieg vor Gericht gestellt, aus der Armee ausgestoßen und zu einjähriger Festungshaft verurteilt. Prinz Heinrich urteilte über die Führung seines Bruders nicht zu Un- recht: «Von dem Tage an, da er zu meiner Armee gekommen ist, hat er Unordnung und Unglück verbreitet, all meine Mühe in die- sem Feldzug und das Glück, das mich begünstigt hat, alles ist ver- loren durch Friedrich.»

Trotzdem versuchte der Preußenkönig, Daun mit völlig unzu- reichenden Mitteln zum Rückzug zu zwingen. Er setzte den Feld- zug bis in den Winter hinein fort. Die Folge war ein Massensterben in der preußischen Armee. Erfrorene und Verhungerte wurden nach Aussage eines Zeitgenossen scharenweise zu Grabe getragen. Dieser erfolglose Feldzug, der sich auf untätiges Gegen- überliegen der Truppen beschränkte, kostete die Armee nach Meinung dieses Augenzeugen mehr Menschen als zwei große Schlachten. Schließlich, im Februar des Jahres 1760, mußte sich Friedrich von der völligen Nutzlosigkeit seiner Anstrengungen überzeugen. Die Armee bezog wie die Österreicher in Sachsen Winterquartier.

Die Kampfhandlungen in Westdeutschland

Der Oberbefehlshaber der verbündeten Truppen in Westdeutschland, Ferdinand von Braunschweig, hatte sich im Frühjahr entschlossen, den Vorsprung, den er in der Wiederherstellung seiner Armee gewonnen hatte, dazu auszunutzen, das in zwei Gruppen aufgesplitterte französische Heer einzeln anzugreifen und zu schlagen. Er konnte dazu im April 1759 über 71 800 Mann Feld- und 7 100 Mann Garnisontruppen verfügen. Die französische Armee dagegen zählte Ende März 97 000 Mann, darunter die 66 000 Soldaten starke Hauptarmee, die unter dem Oberbefehl von Contades stand und den Rhein entlang Winterquartiere genommen hatte, sowie die 31 000 Mann starke Mainarmee, die Broglie befehligte. Der französischen Armee flossen aber ständig Verstärkung zu.

Tabelle 44: Kräfteverhältnis in der Schlacht bei Bergen
(13. 4. 1759)

	Mann	Kanonen
Verbündete	24 000	67
Franzosen	30 000	111

Am 24. März eröffnete Ferdinand die Operationen und brach mit 29 000 Mann und 71 Geschützen nach Fulda auf. Anfang April stieß er nordöstlich von Frankfurt am Main auf die Broglie unterstehende Armee. Am 13. April prallten die beiden Armeen bei Bergen aufeinander.

Die französischen Truppen, die eine starke natürliche Stellung eingenommen hatten, wehrten alle Angriffe und Umgehungsversuche der Verbündeten ab und zwangen Ferdinand am Abend, das Schlachtfeld zu räumen. Unter dem Verlust von 2 373 Mann scheiterte damit der Angriffsplan der Verbündeten. Obwohl die französischen Verluste mit fast 4 000 Mann weitaus schwerer waren, hatten sich zum erstenmal im Siebenjährigen Krieg französische Truppen allein erfolgreich behauptet.

Auf die Nachricht vom glücklichen Ausgang der Schlacht bei

Bergen hin befahl Marschall Contades die allgemeine Offensive. Er beabsichtigte, sich mit der Mainarmee zu vereinigen, Hessen zu besetzen und durch die Bedrohung von Hannover Ferdinand zu veranlassen, Westfalen zu räumen.

Am 3. Juni vereinigten sich die Franzosen bei Gießen und nahmen im Juli die Festung Minden im Handstreich. Ferdinand war entschlossen, eine französische Besetzung Hannovers unter allen Umständen zu verhindern. Trotz der großen Überlegenheit der französischen Streitkräfte stellte er sich am 1. August 1759 bei Minden zur Schlacht.

Tabelle 45: Kräfteverhältnis in der Schlacht bei Minden
(1. 8. 1759)

	Infanterie	Kavallerie	Kanonen	Gesamtstärke
Verbündete	34 000	7 000	170	41 000
Franzosen	51 000	10 000	162	61 000

Obwohl die Verbündeten auf dem Schlachtfeld nicht reibungslos zusammenwirkten, gelang es ihnen, das französische Zentrum auseinanderzusprengen und Contades zum Rückzug hinter die Weser zu zwingen. Die französische Armee wich infolge ihrer schweren Verluste, die 5 000 Mann überschritten, während die Verbündeten nur 3 800 Mann verloren, nach Kassel zurück. Ferdinands Absicht, der französischen Armee scharf nachzusetzen und sie nachhaltig zu schwächen, scheiterte, weil er im Herbst 13 Bataillone an den preußischen König abgeben mußte. Er konnte noch von Glück sagen, daß es ihm gelang, die daraufhin von den Franzosen eingeleitete Gegenoffensive durch das Gefecht von Fulda (30. November) im Keim zu ersticken. Anfang Januar schließlich bezogen beide Armeen Winterquartier. Wie im vergangenen Jahr hatten die Verbündeten Hannover, Westfalen und Hessen erfolgreich und unter relativ niedrigen Opfern verteidigt. Friedrich II. konnte ein weiteres Jahr darauf rechnen, Rückenfreiheit im Westen zu haben.

Die Kämpfe zwischen England und Frankreich in Übersee standen im Zeichen einer wachsenden britischen Überlegenheit. Einzig in Indien gelang es den Franzosen, dem englischen Vordringen vorübergehend Einhalt zu gebieten und durch die Einnahme von Madras ihre Verteidigungsstellung zu verstärken. Doch die Niederlage bei Wandewash erschütterte die französische Position in Indien.

In Westindien besetzte General Hopson die französischen Stützpunkte Guadeloupe und Martinique und brachte damit den französischen Handel mit den mittelamerikanischen Kolonien Spaniens fast völlig zum Erliegen.

In Nordamerika schritt die Eroberung Kanadas durch die Briten weiter voran. Das englische Oberkommando stellte General Amherst, der Abercrombie abgelöst hatte, die Aufgabe, durch zwei Vorstöße die kanadische Zentralstellung der Franzosen zum Einsturz zu bringen. Dazu erhielt General Wolfe den Auftrag, mit 9 000 Mann Quebec einzunehmen, während Amherst selbst den Vorstoß über Ticondegora nach Montreal erneuern und im Rücken Quebecs erscheinen sollte. Amherst gelang es zwar, am 26. Juli Ticondegora zu erreichen, zu einem weiteren Vorstoß fühlte er sich jedoch außerstande. Wolfe mußte somit, ohne auf einen Entlastungsangriff rechnen zu können, Quebec angreifen. Am 9. Juni war seine Landungsflotte im Lorenzstrom erschienen. Der französische Oberbefehlshaber Montcalm verhinderte jedoch mit seinen 10 000 unzureichend bewaffneten und ausgebildeten Soldaten den Beginn der Belagerung, indem er den Engländern in gut verschanzten Stellungen den Weg verlegte.

Im September 1759 umging Wolfe jedoch das französische Lager und drohte Quebec zu überrumpeln. Am 13. September kam es vor den Toren Quebecs zur Schlacht, in der die britischen Truppen mit maßgeblicher Unterstützung der Milizen die Franzosen schlugen. General Wolfe und Montcalm fielen. Am 18. September kapitulierte die Besatzung von Quebec. Für das nächste Jahr blieb noch die Einnahme von Montreal, doch war dies nur eine Frage der Zeit. An eine Wende im Kriegsverlauf in Kanada war nicht mehr zu denken.

Um dem Krieg noch eine Wende verleihen zu können, plante der französische Hof eine Landung in dem von Truppen entblößten England, wobei die Truppen gleichzeitig an der Westküste Schottlands und in die Themsemündung eindringen sollten. Zur Sicherung dieses Unternehmens sollte die französische Flotte im Kanal zusammengezogen werden.

Am 5. August lief das Mittelmeergeschwader unter Admiral de la Clue aus Toulon aus, um sich in Brest mit den Hauptkräften der Flotte, die Admiral Hubert de Brienne Conflans befehligte, zu vereinen. Als die Franzosen am 16./17. August die Meerenge von Gibraltar passierten, wurden sie von einem englischen Flottenverband unter Admiral Edward Boscawen entdeckt, gestellt und angegriffen. Es gelang ihm auch, den französischen Flottenverband, zu dem 12 Linienschiffe und 4 Fregatten gehörten, auseinanderzusprengen. Die Hälfte der Flotte fand in Cadiz Unterschlupf. Die restlichen 8 Schiffe gerieten mit 14 britischen ins Gefecht; 4 wurden versenkt, 2 gekapert, und 2 gelang es, zu entkommen. Trotz dieses Fehlschlags gab die französische Führung den Invasionsplan nicht auf. Am 14. November lief Conflans mit 21 Linienschiffen erneut aus Brest aus. Sein Ziel war die Bucht von Morbihan, wo 17 000 Mann zur Landung bereitstanden.

Wiederum wurden die Franzosen entdeckt und von der englischen Flotte unter Admiral Edward Hawke mit 30 Linienschiffen angegriffen. Die Franzosen flüchteten, aber am 20. November mußten sie sich vor der Einfahrt in die Bucht von Quiberon zum Kampf stellen und erlitten eine vernichtende Niederlage. 6 französische Schiffe sanken, zahlreiche erreichten schwerbeschädigt die Mündung der Vilaine und Charente, wo sie strandeten und über Jahre hinaus bewegungsunfähig lagen. Nur 2 britische Schiffe gingen verloren. Die Schlacht von Quiberon entschied den Seekrieg zugunsten Englands. Angesichts der unbestrittenen englischen Seeherrschaft mußten alle Landungspläne aufgegeben werden, und auch der endgültige Ausgang des Kolonialkrieges wurde damit vorherbestimmt, weil Frankreich, in seinen Häfen blockiert, jede Verbindung zu seinen Kolonien verlor.

Die schweren Niederlagen der preußischen Armee bei Kunersdorf und Maxen hatten Friedrich II. veranlaßt, bei Georg II. von
England vorstellig zu werden, ob es nicht möglich wäre, die Koalition auf diplomatischem Wege zu sprengen, indem man Friedensverhandlungen anzuknüpfen suchte. In England traf dieses Ersuchen um so mehr auf ein wohlwollendes Entgegenkommen, als
die herrschenden Kreise Englands ihre Hauptziele im Kolonial-
und im Seekrieg verwirklicht sahen. Hinzu kam, daß in England
selbst die Opposition gegen den Kriegskurs der Regierung Pitt an
Einfluß gewann. Am 25. November 1759 übergaben England und
Preußen den Vertretern Frankreichs, Österreichs und Rußlands in
Ryswyk eine Einladung zu einem Friedenskongreß.

Der französische Hof sprach sich zwar für eine Annahme der
Einladung aus, der Kongreß scheiterte aber am Einspruch Österreichs und Rußlands, die die errungenen Schlachtenerfolge des
Jahres 1759 als eine sichere Garantie für die endgültige Niederwerfung Preußens im kommenden Jahr ansahen. Auch die Versuche Preußens, doch noch hinter dem Rücken Englands zu einem
Übereinkommen mit Frankreich zu gelangen, scheiterten. Die
letzte Möglichkeit, von der sich Friedrich eine Entlastung versprach, war der Kriegseintritt der Türkei gegen Österreich. Trotz
reichlicher Bestechungssummen, die in die Taschen hoher osma-
nischer Würdenträger flossen, konnte der Sultan nicht bewegt
werden, den Krieg zu eröffnen.

So sah sich Preußen gezwungen, erneut einen Feldzug vorzubereiten. Die schweren Verluste des Vorjahres konnten nicht mehr
gedeckt werden. Vor allem fehlte es an Soldaten. Der Gefangenen-
austausch hatte völlig aufgehört. Die Rekrutenaushebungen in den
preußischen Stammlanden wurden deshalb wesentlich verschärft
und entwickelten sich zu wahren Menschenjagden. Besonders die
von Preußen okkupierten Gebiete hatten wiederum einen hohen
Blutzoll zu entrichten, allein Sachsen mußte 6 000 Rekruten stellen.
Aber auch diese Quellen reichten nicht mehr aus, um die Verluste
zu ersetzen. So wurden trotz der schlechten Erfahrungen mit der
sächsischen Armee Kriegsgefangene in erheblichem Umfang in die
preußischen Regimenter eingereiht.

Neben dem Mangel an Rekruten wirkte sich die Verknappung der Finanzmittel nachteilig auf die Ausrüstng der Armee aus. Pferdematerial, Bekleidung und Verpflegung wurden schlechter und entsprachen kaum den bescheidensten Ansprüchen. Es gelang zwar, Einnahmen und Ausgaben in Übereinstimmung zu bringen, aber diese Bilanz war das Ergebnis einer weiteren Münzverschlechterung und der verschärften Eintreibung von Kontributionen. Während Friedrichs Hofjuwelier und gleichzeitig dessen Hauptmünzunternehmer Nathan Veitel Ephraim übergebene Prägung 1759 6,5 Millionen Taler gebracht hatte, wurden von Februar bis November 1760 aus der gleichen Menge Gold nicht weniger als 9 Millionen noch minderwertigere Taler ausgeprägt, die – an die königliche Kasse abgeführt – von ihr vorwiegend als angeblich polnisches Geld in Umlauf gesetzt wurden.

Um diese Münzverschlechterung zu verbergen, prägte man die Münzen als sächsisches Geld, die die Jahreszahl 1753 trugen. Den königlichen Steuerbehörden war es allerdings strikt verboten, diese in Zahlung zu nehmen. Friedrich verlangte, in gutem Geld bezahlt zu werden. Die Lasten der Münzverfälschungen hatten vor allem die preußischen Untertanen sowie die deutsche und die polnische Bevölkerung zu tragen. Auch aus den Subsidienzahlungen Englands erzielte man 1760 einen höheren Gewinn. Hatte deren Ausmünzung 1759 5,3 Millionen Taler betragen, so ergab sie 1760 6,3 Millionen Taler! Die Kontributionen wurden ebenfalls erhöht. Von Sachsen, das 1759 6 Millionen aufgebracht hatte, wurden 1760 12,5 Millionen Taler gefordert.

Tabelle 46: Gliederung der preußischen Armee im Mai/Juni 1760

Gruppe	Mann	Standort
Hauptarmee (Friedrich II.)	40 000	Sachsen
Korps Prinz Heinrich	35 000	Sagan (an der Oder)
Korps Fouqué	16 000	Landeshut (Schlesien)
Korps Stutterheim	6 250	Pommern
Armee Ferdinands	3 500	Westdeutschland
Gesamtstärke	100 750	

Nur mit diesen Methoden gelang es, für 1760 eine halbwegs den Ansprüchen genügende Armee ins Feld stellen zu können. Die geplante Stärke von 140 000 Mann Feldtruppen und 30 000 Mann Garnisontruppen wurde jedoch nicht erreicht.

An Artillerie verfügte das preußische Heer 1760 über 265 Bataillonskanonen und 248 Stück schwerer Artillerie. In Reserve befanden sich in Berlin und Breslau je 40 Geschütze.

Während die Stärke der preußischen Armee wesentlich sank, verstärkte sich die Armee Ferdinands von Braunschweig durch eine Erhöhung der englischen Kontingente erheblich. Insgesamt zählte die preußisch-deutsch-englische Armee 194 440 Mann.

Friedrich II. war angesichts seiner zahlenmäßigen Unterlegenheit entschlossen, defensiv zu operieren. Sein Hauptziel war es, sich im Besitz der noch verbliebenen Provinzen zu halten und im günstigsten Fall die österreichische Hauptarmee aus Sachsen herauszumanövrieren.

Von den Mythologen des Friedrichskultes ist besonderer Nachdruck darauf gelegt worden, wie achtunggebietend doch die ungebrochene Standhaftigkeit des Königs gewesen sei. Nur den Preis für diese Unnachgiebigkeit hatte die Bevölkerung Preußens zu zahlen. Und das Ergebnis dieser Opfer bestand doch letzten Endes nur darin, den kulturfeindlichen preußischen Militarismus zu stärken und die preußische Junkerherrschaft für weitere Dezennien zu konservieren.

Der Petersburger und der Wiener Hof wollten den Hauptschlag gegen Schlesien führen. Dort sollten Daun und Alexander Buturlin zusammenwirken und die Provinz als Faustpfand für künftige Friedensverhandlungen einnehmen. Es war vorgesehen, durch Vorstöße nach Vorpommern und Sachsen die preußischen Streitkräfte über die Hauptstoßrichtung zu täuschen und zu binden.

Die Kampfhandlungen im Jahre 1760

Die Operationen im Jahre 1760 begannen erst im Juni, weil Friedrich noch immer auf einen Kriegseintritt der Türkei hoffte und die österreichische Führung den Anmarsch der russischen Armee zur Oder abwarten wollte. Der Vormarsch der russischen

Kontingente	Mann	Standort
Englisch-deutsche Kräfte		
Hannover	37 000	
Hessen	23 200	
Braunschweig	9 300	
Schaumburg-Lippe	1 190	
englisches Hilfskorps	23 000	
Gesamtstärke (mit 146 schweren Kanonen)	93 690	
Alliierte		
Österreich		
Hauptarmee (Daun)	78 400	Dresden–Freiberg
Korps Laudon	40 000	Frankenstein
Korps Draskovich	8 000	Oberschlesien
Stärke (mit 548 Kanonen)	126 400	
Reichsarmee		
(Prinz von Zweibrücken)	22 600	Bayern
Rußland		
Hauptarmee (Buturlin)	80 000	Ostpreußen
Frankreich		
Hauptarmee (Broglie)	100 000	Pfalz
Rheinarmee (Ritter du Muy)	30 000	Köln
Schweden		
Hauptarmee	10 000	Vorpommern
Gesamtstärke	369 000	

Armee zur Oder veranlaßte Prinz Heinrich, ihr entgegen in die Neumark zu ziehen. Damit war das Korps Fouqué in Schlesien völlig isoliert. Laudon nutzte diesen Umstand aus und brach mit 38 000 Mann in Schlesien ein. Am 23. Juni griff er mit seinen Truppen das preußische Korps, das etwa 11 500 Mann zählte, bei Landeshut an, schlug es vernichtend und nahm den größten Teil der preußischen Truppen gefangen. Nur 1 700 Mann konnten sich unter Verlust von 68 Kanonen und 34 Fahnen nach Breslau flüchten. Die österreichischen Ausfälle betrugen etwa 3 000 Mann. Laudon bezog daraufhin Stellung bei Liegnitz, ließ Glatz belagern, das am 26. Juli kapitulierte, und rückte dann vor Breslau. Auf diese Nachricht hin eilte Prinz Heinrich mit seinen Truppen nach Schlesien zurück, wo er am 8. August eintraf.

Friedrich II. hatte indessen vergeblich die Festung Dresden belagert. Trotz eines barbarischen Bombardements, dem die Kreuzkirche und große Teile der Innenstadt zum Opfer fielen, hielt die Garnison bis zum Eintreffen Dauns aus.

Die russische Armee hatte sich inzwischen der schlesischen Grenze genähert und drohte im Zusammenwirken mit Laudon, dem Korps Prinz Heinrich ein zweites Maxen zu bereiten. Der preußische König marschierte deshalb Anfang August nach Schlesien ab, wobei ihm die österreichische Hauptarmee unter Daun folgte. Bei Liegnitz verlegte Daun, der sich mit Laudon vereinigt hatte, der preußischen Armee den Weg nach Breslau, in dessen Nähe das Korps Prinz Heinrich stand, das gleichzeitig überlegene russische Kräfte bedrohten. Obwohl der König seinen durch lange Märsche ermatteten und durch zahlreiche Desertionen gelichteten Truppen keine Schlacht zutraute, sah er sich schließlich gezwungen, die ihn im Halbkreis umlagernde österreichische Armee handstreichartig anzugreifen.

Tabelle 48: Kräfteverhältnis in der Schlacht bei Liegnitz
(15. 8. 1760)

	Mann
Preußen	30 000
Österreicher	90 000 (davon Korps Laudon 24 000 Mann)

Daun hatte nicht untätig bleiben wollen. Er beabsichtigte, die preußische Armee zu überfallen, einzuschließen und zu vernichten. Doch vorher ordnete er an, den Halbkreis um die preußischen Truppen zu schließen. Das Korps Beck erhielt den Auftrag, die preußischen Regimenter frontal zu binden, während Daun und Laudon das Umgehungsmanöver durchführten. Der Stoß Dauns traf jedoch ins Leere, weil die preußische Armee in der Nacht ihr Lager verlassen hatte, auf das Korps Laudon getroffen war und dieses überrannt hatte. Ehe Daun herankam, waren die Truppen Laudons unter Verlust von 1400 Toten, 2600 Verwundeten, 4700 Gefangenen und Deserteuren sowie von 80 Geschützen hinter die Katzbach zurückgewichen. Die preußischen Ausfälle betrugen über 3000 Mann.

Mit der Schlacht bei Liegnitz hatte sich Friedrich die Verbindung zu Prinz Heinrich erkämpft, dem es dadurch gelang, die russischen Truppen nach Polen abzudrängen.

Die preußische Armee war aber zu schwach, um auf allen Kriegsschauplätzen ihren Gegnern gewachsen sein zu können. Während sie in Schlesien im August/September die Lage mit großer Mühe wiederherstellen konnte, besetzte die Reichsarmee Sachsen und gingen 20000 Russen unter den Generalen Grigori Tschernyschew und Eduard Totleben sowie 15000 Österreicher unter Feldmarschall Franz Moritz von Lacy gegen Berlin vor. Prinz Eugen von Württemberg, der an Stelle von Joachim Friedrich von Stutterheim im Norden befehligte, konnte mit seinen schwachen Verbänden die Einnahme Berlins nicht verhindern. Friedrich II. brach deshalb am 7. Oktober selbst gegen Berlin auf. Daun, der Laudon mit 30000 Mann gegen 12000 preußische Soldaten in Schlesien zurückließ, folgte dem König. Auf die Nachricht vom Anmarsch preußischer Truppen hin räumten Russen und Österreicher Berlin, wo sie das Zeughaus geplündert, die Münze zerstört, die Pulvermühlen gesprengt, über 5000 Gefangene gemacht und sämtliche Kriegsvorräte abtransportiert hatten.

Am 26. Oktober vereinigte sich Friedrich bei Dessau mit den Truppen Eugens. Er verfügte nun über 50000 Mann mit 288 Ge-

Tabelle 49: Kräfteverhältnis in der Schlacht bei Torgau
(3. 11. 1760)

	Infanterie	Kavallerie	Kanonen	Gesamtstärke
Preußen	35000	13500	256	48500
Österreicher	42000	10000	275	52000

Schlacht bei Torgau (3. 11. 1760)

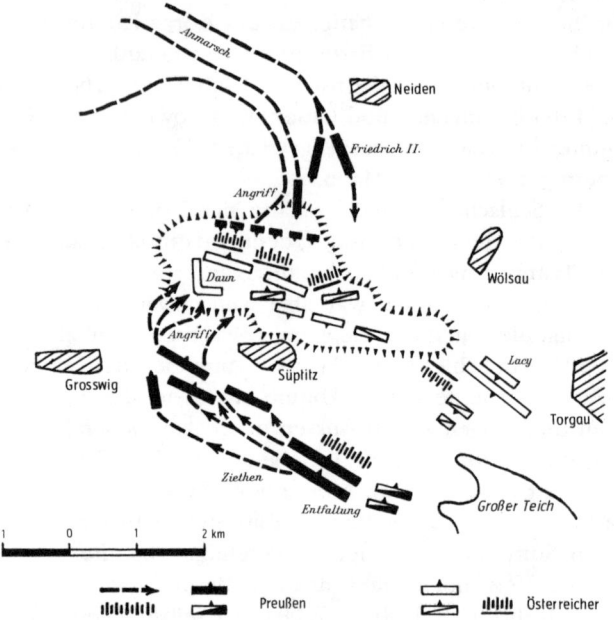

Neiden

Anmarsch

Friedrich II.

Angriff

Daun

Wölsau

Angriff

Grosswig

Süptitz

Lacy

Torgau

Ziethen

Entfaltung

Großer Teich

1   0   1   2 km

Preußen   Österreicher

schützen. Ihm gegenüber stand Daun mit 52 000 Mann und 275 Geschützen. Um die Österreicher aus Sachsen zu werfen, entschloß sich der König, das kaiserliche Heer auf den Anhöhen bei Torgau anzugreifen.

Bei diesen Angriff teilte Friedrich II. erstmals seine Truppen auf. Sein Plan bestand im folgenden: Die Hauptkräfte hatten die österreichische Stellung zu umgehen und diese im Rücken anzugreifen, während das Korps Ziethen mit 15 000 Mann den Gegner frontal beschäftigen sollte. Der ursprüngliche Plan mißlang jedoch, da Daun die Bewegungen der preußischen Hauptkräfte aufgeklärt hatte und seine Truppen entsprechend disponierte. So gerieten die Hauptkräfte zuerst in den Kampf, wo sich ihre Angriffswucht bald an den österreichischen Verschanzungen brach. Nur das für die Österreicher überraschende Auftauchen des Korps Ziethen in ihrem Rücken entschied die Schlacht zugunsten der Preußen. Es war ein Pyrrhussieg. Die preußische Armee verlor 16 751 Mann (also 41 Prozent der Gesamtstärke), die auf dem Schlachtfeld geschlagenen Österreicher dagegen nur 15 200 Mann (oder 31 Prozent der Gesamtstärke). Die völlig erschöpfte preußische Armee konnte nicht im entferntesten daran denken, die Österreicher durch eine hartnäckige Verfolgung zum Abzug aus Sachsen zu veranlassen. Daun behauptete sich erneut in Sachsen, und auch Laudon nahm im österreichischen Teil Schlesiens wiederum Winterquartier.

Der Feldzug hatte für die Alliierten zu keinem entscheidenden Ergebnis geführt. Die völlige Wiedergewinnung Schlesiens war mißlungen. Friedrich II. hatte sich zwar in der Defensive behauptet, Preußen mußte dafür aber teuer bezahlen. Fast die Hälfte der Provinzen war verloren, die andere Hälfte schwer verwüstet. Hohe Bevölkerungverluste, Hunger, Teuerung und wirtschaftliche Depression kennzeichneten das Leben des Landes. Dessenungeachtet bürdete ihm Friedrich neue, fast unerschwingliche Lasten auf, um den Krieg fortsetzen zu können.

Die Kämpfe in Westdeutschland
und im See- und Kolonialkrieg

Die französische Armee war im Mai 1760 in zwei Heeressäulen erneut zum Marsch über den Rhein aufgebrochen. Ferdinand, der eine Vereinigung beider Armeen verhindern wollte, griff die Rheinarmee am 10. Juli bei Korbach an, wurde aber zurückgeschlagen. Die bei Fitzlar vereinigte französische Armee bemächtigte sich wiederum Hessens, obwohl es den Verbündeten gelang, in den Gefechten bei Emsdorf (16. Juli) und bei Warburg (31. Juli) den Franzosen beträchtliche Verluste zuzufügen. Nachdem auch Kassel hatte aufgegeben werden müssen, plante Ferdinand, die französische Armee durch einen Stoß in den Rücken zum Abmarsch zu zwingen. Doch auch diese Operation, die mit dem Rheinübergang bei Wesel eröffnet wurde, mißlang, als am 16. Oktober die Verbündeten bei Kloster Kamp geschlagen wurden. Im Dezember gingen die Truppen beider Seiten in die Winterquartiere; die Franzosen hatten sich zum erstenmal fest im Rechtsrheinischen behauptet, in Hessen bis nach Thüringen hinein.

Der Kolonialkrieg zwischen England und Frankreich neigte sich 1760 seinem Ende zu. England unterhielt 1760 45 000 Mann in England, 22 000 Mann in Nordamerika, 5 000 Mann auf Gibraltar, 4 500 in Westindien, 1 000 in Afrika, 3 100 in Indien und 23 000 in Deutschland.

In Kanada hatte sich Frankreich zu einer letzten Anstrengung aufgerafft. Unter dem Oberbefehl von General Levis rückten 5 000 Mann gegen Quebec vor, um diese entscheidende Feste wiederzugewinnen. Sie schlugen auch die englischen Truppen unter Murray am 28. April vor Quebec, worauf Levis zur Belagerung schritt. Aber der Ausgang des Krieges in Kanada wurde nicht zu Lande, sondern zur See entschieden. Die englische Flotte, im Besitz der Seeherrschaft, vereitelte jeden Durchbruch der französischen Geschwader nach Kanada. Am 16. Mai stellte sie ein französisches Geschwader, das Verstärkung nach Quebec bringen sollte, im Lorenzstrom und vernichtete es. Levis mußte am selben Tag die Belagerung von Quebec aufheben und nach Montreal zurückgehen. Dort waren inzwischen von Ticondegora und Oswego aufgebrochene starke englische Streitkräfte unter Amherst eingetroffen, denen sich die französischen Truppen in Montreal am 8. September ergaben. Die Besetzung von Detroit und Michillimackinac im selben Jahr setzte der französischen Herrschaft in Nordamerika ein Ende.

Auch in Ostindien war das Schicksal der französischen Herrschaft besiegelt. Unter der Führung von Oberst Coote eroberten die Briten einen französischen Stützpunkt nach dem anderen. Im Oktober 1760 schließlich schlossen sie den letzten bedeutenden Stützpunkt, Pondichery, ein. Am 16. Januar 1761 streckte die Besatzung die Waffen. Damit war der französische Absolutismus auch aus Indien – bis auf einige unbedeutende Handelsplätze – vorerst vertrieben worden.

6. Ausgang und Ergebnis des Krieges

Rüstungen und Operationspläne 1761

Die Wiederherstellung der preußischen Armee für den kommenden Feldzug stieß nach den blutigen Schlachten von Liegnitz und Torgau auf die allergrößten Schwierigkeiten. Die Aufbringung der für den Krieg notwendigen Finanzmittel wurde immer komplizierter. Einen Ausweg bildeten die unerhörte Aussaugung Sachsens, das 19,5 Millionen Taler aufbringen mußte, und die Fortsetzung der Münzverschlechterung, die 6 Millionen Taler einbrachte.

Die preußischen Provinzen waren mehr und mehr von waffenfähigen Männern entblößt worden, ja man schreckte nicht davor zurück, vierzehn- bis fünfzehnjährige Kantonisten in die Armee zu pressen. Zur Wiederherstellung seiner Armee in Sachsen zum Beispiel reihte Friedrich 6000 Kantonisten, 1179 Sachsen, 943 Rudolstädter und 1795 Mecklenburger in die Regimenter ein.

Allerdings wurde der Ersatz immer minderwertiger, so daß man es nicht wagte, einen großen Teil der angeworbenen oder gepreßten Rekruten in die regulären Regimenter einzureihen. Dies kam von 1760 zu 1761 in der Erhöhung der Zahl der Freibataillone von 11 auf 25 zum Ausdruck. Diese bestanden aber aus dem Abhub der feudalen Gesellschaft. Selbst Friedrich schätzte ihren militärischen Wert gering ein und sprach von ihnen nur als vom «execrablen Geschmeiß».

Ihre Aufstellung entsprang der Notlage des Hohenzollernstaats. Sie waren dazu bestimmt, in der Schlacht als Avantgarde das Feuer auf sich zu ziehen. Hinter den Freibatallionen sollten stets reguläre Regimenter stehen, die sie «durch die Furcht vor dem Bajonett zu einer hitzigen und nachdrücklichen Attaque» zwangen, ordnete Friedrich an. Als Kanonenfutter sollten diese Truppen in die Schlacht getrieben werden, die Verluste der regulären Einheiten zu vermindern. Mit diesen Mitteln gelang es, die zahlenmäßige Stärke der preußischen Armee gegenüber dem Vorjahr nicht nur wieder zu erreichen, sondern sogar zu überschreiten. Dafür sank allerdings die Zahl der regulären Bataillone.

Die Stärke der Armee Ferdinands von Braunschweig war auf

etwa 70 000 Mann gesunken; somit betrug die Zahl der Gesamtstreitkräfte der anglo-preußischen Verbündeten annähernd 190 000 Mann.

Demgegenüber verfügten die Alliierten für 1761 wiederum über eine beträchtliche Überlegenheit.

Der Plan des alliierten Oberkommandos sah vor, mit vereinigten Kräften in Schlesien einzufallen. Außerdem sollten die Preußen aus Sachsen und aus Pommern vertrieben werden.

*Tabelle 50: Gliederung und Stärke der kämpfenden Seiten
im Frühjahr 1761*

	Mann	Raum
Preußische Kräfte		
Armee Friedrichs	30 000	Görlitz
Korps Prinz Heinrich	35 000	Meißen
Korps Prinz Württemberg	13 700	Kolberg
Korps Goltz	29 000	Schweidnitz
Korps Belling	9 700	Stralsund
in Westdeutschland	2 500	
Gesamtstärke (mit 284 Regimentskanonen) und 248 Stück schwerer Artillerie)	119 900	
Alliierte		
Österreich		
Hauptarmee (Daun)	55 000	Dresden
Korps Laudon	72 000	Königgrätz
Reichsarmee (Serbelloni)	19 000	Hof
Schweden		
Korps Ehrensvärd	13 500	Stralsund
Rußland		
Hauptarmee (Buturlin)	62 000	Westpreußen
Korps Rumjanzew	25 000	Westpreußen
Frankreich		
Korps Broglie	60 000	Hessen
Rheinarmee (Soubise)	80 000	Westfalen
Gesamtstärke	386 500	

Das Korps Laudon eröffnete den Feldzug, indem es im Juli nach Schlesien eindrang. Friedrich II. verließ daraufhin Sachsen und zog mit seiner Armee ebenfalls nach Schlesien, wo er sich mit den dort befindlichen Truppen vereinigte. Gegenüber den über Posen nach Schlesien vorrückenden russischen Truppen postierte er 20 000 Mann unter Goltz. Trotz aller Anstrengungen gelang es dem König jedoch nicht, eine Vereinigung der Alliierten bei Hohenfriedberg zu verhindern. Von Breslau abgeschnitten, bezog die preußische Armee bei Bunzelwitz, in der Nähe von Schweidnitz, ein Lager, das durch Gräben, Palisaden und Wolfsgruppen verschanzt wurde.

Buturlin und Laudon konnten sich trotz bedeutender zahlenmäßiger Überlegenheit nicht zum Angriff entschließen. Vielmehr litten sie je länger desto stärker unter Versorgungsschwierigkeiten, während Friedrich seine Armee aus den reichen Magazinen von Schweidnitz verproviantieren lassen konnte. Am 9. September schließlich marschierten die russischen Truppen nach Polen ab, ließen aber ein 20 000 Mann starkes Korps zurück. Friedrich, der glaubte, der Feldzug wäre damit beendet, unternahm daraufhin einen risikoreichen Vorstoß nach Neiße, der die Verbindungslinien der Österreicher nach Böhmen bedrohen sollte. Laudon nutze diesen Fehler aus, um die Festung Schweidnitz im Handstreich zu erstürmen. Darauf fiel ganz Oberschlesien wieder in österreichische Hand.

Auch in Pommern hatte sich die militärische Lage für Preußen verschlechtert. Nachdem die Festung Kolberg 1758 und 1760 einer russischen Belagerung widerstanden hatte, gelang es Pjotr Rumjanzew, nicht zuletzt durch Verstärkungen, die er vom abmarschierenden Korps Buturlin erhalten hatte, die preußischen Truppen in zahlreichen örtlichen Gefechten entscheidend zu schwächen. Das preußische Korps mußte Kolberg im Stich lassen und wurde durch Massendesertionen so dezimiert, daß auch ein Entsatzversuch im Keim erstickt wurde. Die Preußen verloren bei diesen Operationen 18 000 Soldaten. Am 16. Dezember 1761 wurde Kolberg an die russischen Truppen übergeben, die damit einen entscheidenden Stützpunkt in Hinterpommern gewannen, von dem aus sie die Verbindung mit Ostpreußen und mit dem Baltikum herstellen konnten. Von nun an waren sie in der Lage, jederzeit in die Mark einzubrechen.

Dagegen gelang es Oberst Wilhelm Sebastian von Belling, in Vorpommern größere Erfolge und Fortschritte der Schweden zu vereiteln. Recht erfolglos operierten auch die österreichische Hauptarmee unter Daun und die Reichsarmee gegen das Korps Prinz Heinrich. Außer geringfügigem Landgewinn, der allerdings die Unterkunftsmöglichkeiten für die Truppen erweiterte, verhielt sich die österreichische Heeresleitung passiv.

Die militärische Lage Preußens hatte sich so gegen Ende des Jahres 1761 entscheidend verschlechtert. Zwar war keine Schlacht verlorengegangen, jedoch drohten die überlegenen Kräfte der Alliierten das preußische Staatsgebilde zu ersticken. Halb Schlesien, ganz Hinterpommern und Teile Sachsens mußten 1761 aufgegeben werden. Damit verringerten sich die militärischen und wirtschaftlichen Ressourcen Preußens weiter. Hätten nicht Intrigen und Hausmachtpolitik die Kräfte der Alliierten gelähmt, so wäre Preußen spätestens 1761 der Todesstoß versetzt worden. Hinzu kam, daß Frankreich durch den Verlust der Kolonien, durch die hohen Verschuldungen sowie durch große wirtschaftliche Schwierigkeiten des Krieges längst überdrüssig geworden war und den Feldzug in Westdeutschland nur noch mit halber Kraft fortsetzte. Nach dem überraschenden Angriff Ferdinands im Februar/März 1761 fand das französische Oberkommando zwar noch einmal den Elan zur Gegenoffensive, der aber nach dem Gefecht bei Vellinghausen (15./16. Juli) bald verlorenging. Die Uneinigkeit der französischen Führung trug dazu bei, daß die Operationen während des ganzen restlichen Jahres nahezu zum Stillstand kamen.

Der Feldzug im Jahre 1762

Ebenso wie die militärische Lage hatte sich gegen Ende 1761 auch die politische Situation ungünstig für Preußen entwickelt. Das englische Bürgertum hatte seine Kriegsziele im wesentlichen verwirklicht und sah nicht ein, daß es, allein um Preußens Eroberungsgelüste gegenüber Schlesien zu befriedigen, verpflichtet wäre, den

Krieg an seiner Seite fortzusetzen. Im Dezember 1761 erneuerte es nach dem Sturz Pitts den preußisch-englischen Subsidienvertrag nicht mehr, womit beträchtliche Summen, auf die Friedrich II. fest gerechnet hatte, für die Fortsetzung des Krieges wegfielen. Dieses Loch in seinen Einnahmen suchte er durch eine noch stärkere Ausplünderung Sachsens wettzumachen, indem er ihm 1762/63 Kontributionen in Höhe von 14,9 Millionen Talern auferlegte.

Die Situation Preußens war katastrophal. Es lag, wie Friedrich II. selbst eingestehen mußte, «in der Agonie und erwartete die letzte Ölung». Weder die Verluste an Soldaten noch die an Ausrüstungen konnten ausreichend ersetzt werden.

Den preußischen Staat rettete schließlich ein radikaler Umschwung in der russischen Außenpolitik vor seiner völligen Vernichtung. Am 5. Januar 1762 starb Zarin Elisabeth. Ihr Nachfolger, Peter III., im Geiste der holsteinischen Junker aufgezogen und begeisterter Bewunderer des Preußenkönigs, ließ sofort die Kampfhandlungen gegen Preußen einstellen, und am 5. Mai 1762 wurde zwischen Rußland und Preußen Frieden geschlossen. Rußland gab ohne Entschädigung alle seine Eroberungen in Deutschland auf. Ferner wurde vereinbart, ein Bündnis zwischen Rußland und Preußen herzustellen, mit dem Peter III. seine dynastischen Ziele in Holstein mit preußischer Unterstützung durchsetzen wollte. Friedrich stimmte bedenkenlos zu und versprach, dafür 20 000 Mann zur Verfügung zu stellen.

Der Friedensschluß zwischen Preußen und Rußland beschleunigte auch die Friedensverhandlungen zwischen Preußen und Schweden, das nun fürchtete, zwischen zwei Feuer zu geraten, und dessen Finanzen ebenfalls in heilloser Unordnung waren. Am 22. Mai 1762 schlossen beide Mächte auf der Grundlage der Vorkriegsverhältnisse in Hamburg Frieden.

Um diese günstige Situation noch stärker auszubauen, drängte Friedrich in Konstantinopel weiter auf einen Einfall der Türken in Ungarn und versprach dem Sultan Teile des Habsburger Reiches als Beute. Die Türkei lehnte jedoch wiederum ab.

Durch die Entlassung der preußischen Kriegsgefangenen aus Rußland und Schweden, der nun möglichen Werbung in Ostpreußen und Pommern konnte die preußische Armee wieder beinahe aufgefüllt werden.

Tabelle 51: Gliederung der preußischen Armee
im Mai 1762

Verband	Mann	Raum
Hauptarmee (Friedrich II.)	77 500	Brieg–Ohlau
Korps Prinz Heinrich	35 000	Triebsch
Abteilung Belling	2 500	Vorpommern
in Westfalen	3 000	
Gesamtstärke (mit 299 Bataillons- und 363 schweren Kanonen)	118 000	

Obwohl die Armee ihre Stärke von 1761 annähernd wieder erreichte, sank ihr innerer Wert weiter ab. Das Offizierskorps war entweder jung und unerfahren oder setzte sich häufig aus Abenteurern aller Länder zusammen. Die Disziplin war mangelhaft, Nachlässigkeit und Trägheit im Dienst waren die Regel. Der Kommandeur des Regiments Garde, Oberst Wichard von Möllendorff, schrieb am 16. Januar 1762: «Der Soldat kann nicht leben, das Notwendigste fehlt ihm. So kommt es zu Räubereien, und ein Räuber ist ehrlos, und ein Ehrloser ist feige. Dadurch sinkt auch die Manneszucht. Der Offizier ist in der gleichen Lage. Er raubt das Land aus und betrügt schließlich den König. Der Hauptmann muß das Doppelte für die Kleidung der Soldaten zahlen, der König gibt nicht mehr her. Woher es also nehmen? Natürlich auf unerlaubte Weise, der keine Schranken zu ziehen sind. Und so wird es denn von Tag zu Tag ärger.» Die preußische Armee ähnelte immer mehr einer organisierten gewaltigen Räuberbande; Plünderungen, Diebstähle, Unterschlagungen griffen immer mehr um sich. Dazu trugen die Brandbefehle Friedrichs nicht wenig bei, der seinen Truppen Brandschatzungen und Ausschreitungen nachsah und selbst die Plünderung des Schlosses Hubertusburg befahl.

Für die letzten Jahre des Siebenjährigen Krieges war es typisch, daß der Krieg zunehmend rücksichtsloser und zügelloser geführt wurde. Daran waren zwar alle Mächte gleichermaßen beteiligt. So blieben für die Einwohner Preußens die schrecklichen Verwüstungen unvergessen, die ihnen russische, österreichische und französische Truppen zugefügt hatten. Dabei muß aber berücksichtigt werden, daß diese Kriegsgreuel vor allem auf Kosten der irregulären österreichischen Kroaten und Panduren wie der russischen Kosaken gingen. Für die preußische Kriegführung am Ausgang dieses Krieges war dagegen charakteristisch, daß Friedrich selbst bewußt die schonungslose Brandschatzung und Ausplünderung der von seinen Tuppen besetzten Gebiete anordnete.

Was zu Beginn des Krieges noch als Ausnahme galt – so zum Beispiel 1757 die Zerstörung der Besitzungen des Friedrich verhaßten sächsischen Ministers Brühl –, wurde jetzt die Regel. Die schweren Zerstörungen, die Dresden 1760 bei der preußischen Belagerung erlitt, waren weniger von Kriegsnotwendigkeiten als von dem barbarischen Vernichtungswillen Friedrichs bestimmt. Den Beschuß der Dresdener Altstadt mit glühenden Kugeln und Brandgranaten hatte der König erst angeordnet, nachdem er von der Ankunft der österreichischen Armee erfahren hatte. Ebenso sinnlos waren die Einäscherung der vorher geplünderten Friedrichstadt und die Verwüstungen im Großen Garten, wo die Baumalleen abgehauen und alle Marmorstandbilder zertrümmert wurden. Was sich 1760 andeutete, kam in den folgenden Jahren verstärkt zum Ausdruck. Insbesondere auf Sachsen und darunter namentlich auf Leipzig lastete schwer die brutale Herrschaft der preußischen Militärs. Für den Feldzug des Jahres 1762 beorderte Friedrich II. den General Johann Paul von Werner, einen Streifzug an die Donau zu unternehmen, wo er sich mit dem erwarteten Tartarenkorps vereinigen sollte. Sein Hauptzweck hatte aber darin zu bestehen, Angst und Schrecken zu verbreiten, Kontributionen und Pferde beizutreiben und Herrenhöfe zu verbrennen, «damit sie die Flammen davon in Wien sehen».

Man kann sich bei dieser Art der Kriegführung, deren sich die preußische Armee nun befleißigte, nicht des Eindrucks erwehren, als ob Friedrich – sich seines Untergangs bewußt – nicht abtreten wollte, ohne den Siegern ein Chaos zu hinterlassen, das den Wiederaufbau auf Jahrzehnte hinaus verzögern mußte. Die Truppen hungerten und froren, weil infolge der Münzverschlechterung die Preise stiegen, die Bezüge der Offiziere und Soldaten aber auf dem Vorkriegsstand beharrten. Seuchen, Krankheiten und Massendesertionen lichteten ständig die Reihen der Armee.

Ferdinand von Braunschweig konnte 1762 wiederum über 70 000 Mann verfügen. Einschließlich eines russischen Hilfskorps in Stärke von 20 000 Soldaten verfügte Friedrich II. damit über rund 210 000 Mann für den kommenden Feldzug.

Tabelle 52. *Gliederung der österreichischen Armee im Frühjahr 1762*

Verband	Mann	Raum
Hauptarmee (Daun)	90 000	Glatz–Schweidnitz
Korps Serbelloni	45 000	Dresden
Reichsarmee (Prinz Stolberg)	19 000	Chemnitz
Gesamtstärke	154 000	

Durch das Ausscheiden Schwedens und Rußlands hatte sich das Kräfteverhältnis für Österreich ungünstig entwickelt; denn seine Truppen waren denen Preußens seit Jahren ohnehin nur geringfügig überlegen gewesen. Obendrein vermochte es sie nur unter größten Schwierigkeiten zusammenzubringen.

Frankreich verstärkte sein Heer unter gewaltigen Anstrengungen noch einmal auf 125 000 Mann unter dem Kommando der Marschälle d'Estrées und Soubise. Somit wahrten die Alliierten mit 279 000 Mann noch immer die zahlenmäßige Überlegenheit.

Friedrich II. beabsichtigte, auf Grund des für ihn relativ günstigen Kräfteverhältnisses die Initiative zu ergreifen. Sein Hauptziel bestand darin, die österreichischen Armeen aus Schlesien und Sachsen zu vertreiben. Mit 80 000 Mann wollte er Schweidnitz rückerobern und dann nach Mähren eindringen. Prinz Heinrich sollte Dresden belagern und nach dem Fall der Stadt geradewegs nach Prag vorstoßen. Spät, erst am 1. Juli, brach das preußische Heer gegen die österreichische Hauptarmee auf, um sie von Schweidnitz abzudrängen. Daun bezog daraufhin bei Burkersdorf und Leutmannsdorf Stellung und wahrte damit die Verbindung nach Schweidnitz. Um die Österreicher von ihren Magazinen und von Schweidnitz zu trennen, schwärmten leichte preußische Truppen gemeinsam mit Kosaken bis vor Prag.

Doch am 18. Juli traf die Nachricht vom Sturz Peters III. im preußischen Hauptquartier ein. Das russische Hilfskorps erhielt von der Zarin, Katharina II., Befehl, sofort abzumarschieren. Katharina war aber klug genug, am Frieden festzuhalten, da bei der ungewissen inneren Situation die Wiederaufnahme des Krieges ihre Herrschaft gefährden konnte. Unter dem Vorwand, daß zunächst Lebensmittel bereitgestellt werden müßten, gelang es dem preußischen König, den russischen Oberbefehlshaber und sein Korps noch zum Bleiben zu bewegen, ein Umstand, den Friedrich nutzte, um am 21. Juli die Stellungen Dauns bei Burkersdorf anzugreifen. In diesem Gefecht wurden die Österreicher geschlagen und zum Abzug genötigt. Die Kämpfe bei Burkersdorf waren für die Entwicklung der Lineartaktik insofern bedeutungsvoll, als die preußische Armee auch hier, wie schon bei Krefeld und Torgau, von der geschlossenen Linienformation abging und in drei großen unabhängigen Kolonnen operierte, die selbständig taktische Aufgaben zu lösen hatten.

Unter dem Schutz eines starken Heeres, das die Bewegungen der geschlagenen österreichischen Truppen beobachtete, wurde General Bogislav Friedrich von Tauentzien mit der Belagerung von Schweidnitz betraut. Doch die tapfer verteidigte Festung fiel erst am 9. Oktober. Das österreichische Oberkommando, dessen Entsatzversuch bei Reichenbach (16. August) gescheitert war, zog seine Truppen endgültig in die Grafschaft Glatz zurück. Bereits Mitte Oktober bezogen beide Armeen Winterquartiere, nachdem sie jeweils starke Truppenteile nach Sachsen entsandt hatte. Dort hatte Prinz Heinrich anfangs erfolgreich gegen die Reichsarmee operiert, war aber durch die Niederlage Seydlitz' bei Teplitz (2. August) in eine schwierige Lage geraten und drohte einen großen Teil Sachsens zu verlieren. Friedrich II. bestand aber darauf, daß weite Gebiete Sachsens in preußischer Hand blieben, weil er sie als Austauschobjekte für den künftigen Friedenskongreß benutzen wollte. Prinz Heinrich beugte sich und griff am 29. Oktober mit 22 000 Mann die 27 000 Soldaten zählende Reichsarmee bei Freiberg an. Die schlecht geführten preußischen Truppen schlugen die noch schlechter geführte Reichsarmee, die sich nahezu auflöste. 7 400 Mann, darunter über 4 000 Gefangene, fielen in die Hände der Preußen, die nur etwa 1 400 Mann einbüßten. Damit war in Sachsen gleichfalls der Feldzug beendet.

Auch in Westdeutschland ging der Krieg rasch seinem Ende zu. Dem zögernden Vormarsch der französischen Armeen, die sich in diesem Feldzug eine günstige Ausgangsposition für den Friedenskongreß schaffen wollten, traten die verbündeten Truppen erfolgreich entgegen. Sowohl in der Schlacht bei Wilhelmsthal (24.Juni) als auch im Gefecht bei Lutternberg (23.Juli) erlitten die französischen Streitkräfte eine Niederlage und mußten aus Hessen fliehen. Im Dezember gingen beide Armeen in die Winterquartiere; wenige Wochen darauf wurde das verbündete Heer aufgelöst.

Die letzten Kampfhandlungen des Siebenjährigen Krieges bestanden aus einem Raubzug der Abteilung Kleist nach Franken und Böhmen, wo sie Brüx und Saaz brandschatzten und von Bamberg und Nürnberg hohe Kontributionen erhoben.

Die Friedensschlüsse zu Paris und Hubertusburg

Der Siebenjährige Krieg starb an einer allgemeinen Erschöpfung aller kriegführenden Parteien. Frankreich, seit 1761 mit Spanien verbündet, hatte vergeblich versucht, dem Krieg in Übersse doch noch eine Wende zu geben. Der Verlust der Inseln St.John und Martinique, die Eroberung Havannas durch britische Truppen, der für Frankreich unglücklich verlaufende Feldzug in Portugal besiegelten jedoch die Niederlage Frankreichs und Spaniens. Am 3. November 1762 wurden zu Fontainebleau die Friedenspräliminarien abgeschlossen, die später der Pariser Friedensvertrag vom 10. Februar 1763 bestätigte. Frankreich trat darin seine Kolonie Kanada und seine afrikanischen Besitzungen außer Goreé an England ab. Dafür erhielt es seine indischen Kolonien in den Grenzen von 1749 zurück. Spanien mußte England Florida übergeben, wofür es Frankreich mit Louisiana zu entschädigen hatte.

Mit dem Siebenjährigen Krieg gelangte England zu einer Großmachtstellung als vorherrschende Seemacht. In ihm schuf es auch die Grundlagen für seine spätere Kolonialmacht, während der französische Absolutismus eine schwere Niederlage erlitt und seine Stellung als bedeutende See- und Kolonialmacht, sein politisches Übergewicht und sein moralisches Ansehen in Europa verlor. Die Niederlage Frankreichs im Siebenjährigen Krieg ver-

Aufteilung der Welt 1763

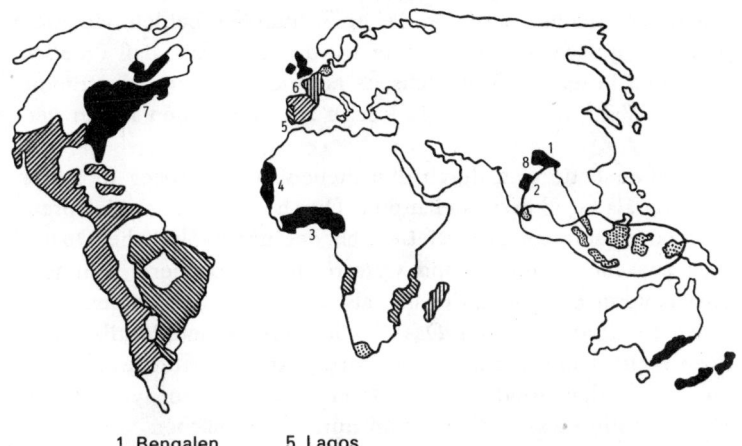

1 Bengalen	5 Lagos
2 Pondichery	6 Quiberon
3 Goldküste	7 Quebec
4 Gambia	8 Plassey

Schwarzflächige Gebiete	– britisch
Rechtsgeneigt schraffierte Gebiete	– spanisch
Linksgeneigt schraffierte Gebiete	– portugiesisch
Senkrecht schraffierte Gebiete	– französisch
Punktiertflächige Gebiete	– holländisch

schärfte die Krise des absolutistischen Regimes, verstärkte die Kritik der antifeudalen Opposition an den bestehenden Zuständen und war somit ein wesentliches Ferment zur Vorbereitung der Großen Französischen Revolution von 1789.

Obwohl von Preußen und Österreich in den Friedenspräliminarien keine Rede war und der Wiener Hof anfangs entschlossen war, mit materieller Hilfe Frankreichs den Krieg fortzusetzen, was für Friedrich Anlaß war, dem ausgeplünderten Sachsen noch einmal hohe Geldsummen abzupressen und Rekrutenaushebungen vorzunehmen, zwang die allgemeine Erschöpfung auch Österreich dazu, in Friedensverhandlungen mit Preußen zu treten. Mit sächsischer Vermittlung begannen die Unterhandlungen im Dezember 1762 und führten nach langwierigen Erörterungen am 15. Februar 1763 zur Unterzeichnung der Friedensurkunden auf dem 1761 von preußischen Truppen geplünderten Schloß Hubertusburg. Darin wurden die Bestimmungen des Breslauer und des Aachener Friedens bestätigt, das heißt, Preußen behielt Schlesien und die Grafschaft Glatz. Ferner wurde vereinbart, daß Preußen den noch besetzten Teil Sachsens räumte und seine Kurstimme für die Wahl des Erzherzogs Joseph zum deutschen Kaiser vergab.

Preußen hatte sich durch den Siebenjährigen Krieg in seiner Stellung als Großmacht behauptet. Durch die Stärkung des preußischen Absolutismus vertiefte sich der unversöhnliche Dualismus zwischen Preußen und Österreich. Es existierte nunmehr eine Konkurrenzmacht, die sich als Schirmherr der kleinen deutschen Territorien aufwarf. Das Ziel der preußischen Politik war jedoch nicht darauf gerichtet, die partikulare Struktur des Reiches zu überwinden, sondern sie vielmehr den eigenen dynastischen Hausmachtinteressen dienst- und nutzbar zu machen.

Das neue Kräfteverhältnis zwischen Hohenzollern und Habsburgern im Reich begünstigte die Entwicklung Preußens. Die Eroberung Schlesiens bedeutete einen Zuwachs an Produktivkräften, der nach Überwindung der schweren Kriegsfolgen den ökonomischen Aufschwung begünstigen sollte.

Der Sieg Englands und Preußens war um den Preis hoher Menschenverluste errungen worden. Nach Berechnungen des sowjetischen Historikers Urlanis beliefen sie sich allein auf 550 000 Soldaten, darunter 180 000 Preußen, 140 000 Österreicher, 120 000 Russen, 70 000 Franzosen. England, die deutschen Staaten (außer Preußen), Schweden und Portugal verloren 40 000 Mann.

Die Verluste unter der Zivilbevölkerung, die infolge der Kriegswirren, Geburtenausfälle, von Hungersnot und Seuchen eintraten, müssen noch höher gelegen haben. Sachsen berechnete zum Beispiel seinen Verlust auf 90 000 Menschen. Die Provinzen Preußens hatten ebenfalls hohe Bevölkerungsverluste erlitten.

Die Gesamtverluste der preußischen Bevölkerung müssen auf mindestens 500 000 Menschen geschätzt werden.

Die ungeheuren Menschenverluste des Siebenjährigen Krieges, die prozentual höher lagen als die Bevölkerungsverluste Deutschlands im ersten und zweiten Weltkrieg, nehmen bürgerlichen

Tabelle 53
Bevölkerungsrückgang in einigen preußischen Provinzen

Provinz	Einwohnerzahl 1756	1763	Rückgang um
Kurmark	576 324	519 331	56 993
Neumark	213 467	156 439	57 028
Pommern	369 634	297 418	72 216
Schlesien	1 162 355	1 116 267	46 088

Historikern, wie Gerhard Ritter, jedes Recht, die blutigen Kriege des 18. Jahrhunderts als idyllisch und harmlos hinzustellen, um so das Wesen des altpreußischen Militarismus zu verniedlichen. Die absolutistische Kriegführung war weit entfernt von der Idee einer «gebändigten Bellona».

Auch die Finanzlage der kriegführenden Parteien war 1763 sehr angespannt. In Frankreich hatte der Krieg 677 Millionen Livres verschlungen, wobei die jährlichen Staatseinnahmen 307 Millionen Livres betrugen. In Österreich war die Staatsschuld schon 1761 bei einer Jahreseinnahme von nur 24 Millionen auf 136 Millionen Gulden gestiegen. Großbritannien hatte 1755 Staatsschulden in Höhe von 72 289 673 Pfund Sterling, sie wuchsen durch den Krieg auf 146 861 182 Pfund an. Preußen hatte der Krieg 139 Millionen Taler gekostet. Die Zusammensetzung dieser Summe geht aus Tabelle 54 hervor.

Ohne die Kontributionen aus Sachsen und ohne die Münzverfälschungen hätte der Hohenzollernstaat diesen Krieg nicht finanzieren können. Dabei sind die Summen über die Kontributionen noch unvollständig. Leipzig zum Beispiel hatte während des Siebenjährigen Krieges 6,6 Millionen Taler eigentliche Kontributionen zu leisten; 3,6 Millionen Taler mußte es aber noch an Nebenabgaben zahlen, die ebenfalls in die königlich-preußischen Kassen beziehungsweise in die Taschen der preußischen Generalität flossen!

Preußen hatte neben Sachsen am stärksten unter dem Krieg gelitten. Friedrich II. selbst schilderte den Zustand seiner Provinzen am Ende des Krieges: «Um eine Vorstellung zu gewinnen von

Tabelle 54
Preußens Kriegskosten im Siebenjährigen Krieg

Position	Betrag in Talern
Staatsschatz und Anleihen	17 300 000
Englische Subsidien	27 000 000
Steuern, Einnahmen aus den Domänen usw.	25 000 000
Steuern aus Schlesien	18 000 000
Kontributionen aus Sachsen	48 000 000
aus Mecklenburg, Schwedisch-Vorpommern	4 950 000
Gewinne aus den Münzverschlechterungen	29 000 000
Summe	169 250 000
Kosten des Krieges	139 000 000
Verblieben 1763	30 250 000

dem allgemeinen Umsturz und wie groß die Verwüstung und Entmutigung war, muß man sich Länder denken, die vollständig verheert, in welchen selbst die Spuren der alten Wohnungen kaum zu entdecken waren – 13 000 Häuser, von welchen jede Spur verschwunden war. Kein Feld in Saaten, kein Korn zur Ernährung der Einwohner: 60 000 Pferde erforderlich, wenn die Arbeit des Pfluges besorgt werden sollte ... Adel und Bauern waren von so vielen verschiedenen Armeen geplündert, ausgesaugt, ausgegessen; nichts war ihnen geblieben als das Leben und elende Lumpen.»

Um die schweren Folgen des Krieges zu überwinden und um den preußischen Junkerstaat zu stärken, ging man in allen vom Krieg betroffenen Provinzen an den Wiederaufbau, das sogenannte Retablissement. Friedrich verwandte einen bedeutenden Teil seines «Kriegsüberschusses» zur Behebung der größten Not. Aus dieser Tatsache leiteten bürgerliche Historiker die Legende vom «sozialen Königtum» ab. Bei einer Bewertung der Finanzpolitik Friedrichs II. muß jedoch zweierlei beachtet werden:

1. Welches Verhältnis bestand zwischen Heereskosten und den für die Beseitigung der Kriegsschäden ausgegebenen Mitteln?
2. Wem kamen diese Mittel in erster Linie zugute?

Nach den Berechnungen Franz Mehrings betrugen die Staatseinkünfte Preußens nach 1763 etwa 21 700 000 Taler jährlich. Davon wurden mindestens 13 Millionen Taler für das Heer, fast 800 000 für die Regieverwaltung, 1 700 000 für die Staatsverwaltung und rund 500 000 für die Hofstaatskasse aufgewandt. Es blieb ein Überschuß von 5,7 Millionen Talern, davon wurden regelmäßig mindestens 2 Millionen in den Kriegsschatz abgeführt. Es blieben demnach 3,7 Millionen Taler für außergewöhnliche Ausgaben, für 20 Jahre also 74 Millionen Taler. Aber auch diese Beträge wurden nicht für die Wiederherstellung des Landes ausgegeben, sondern davon finanzierte Friedrich noch den Bau von Festungen (8 Millionen Taler), den Bayerischen Erbfolgekrieg (29 Millionen Taler), den Bau des Neuen Palais in Potsdam und anderer Bauten (10,5 Millionen), zahlte er 3 Millionen Taler Subsidien an Rußland und verschwendete 1,5 Millionen Taler an mit Brillanten besetzte Schnupftabaksdosen! Von den 74 Millionen blieben so nur 22 übrig, die zur Behebung der Kriegsschäden aufgewandt werden konnten oder, anders ausgedrückt, gerade 4 Prozent der gesamten Staatseinnahmen Preußens, während der Anteil des Heeres über 60 Prozent betrug!

Bei der Verteilung dieser Summen wurde das preußische Junkertum einseitig bevorzugt. Im Kreis Lebus zum Beispiel erhielten alle Bauern, Kossäten und Spinner zusammen 22 000 Taler aus der königlichen Kasse, während einem Dutzend Adligen allein 39 000 Taler zugeteilt wurden! Das im Krieg schwer verwüstete Frankfurt/Oder bekam 100 000 Taler, der pommersche und neumärkische Adel allerdings dafür gleich 2,5 Millionen Taler!

Die Lasten des Siebenjährigen Krieges wurden einseitig auf die ärmsten und elendsten Schichten der preußischen Bevölkerung abgewälzt. Ihre Lebenslage hatte sich entschieden verschlechtert. Lebensmittel, an denen es sowieso mangelte, waren für viele unerschwinglich teuer geworden. Am Ende des Krieges lebte ein Drittel der Berliner Bevölkerung von der kärglichen Armenhilfe.

Neben den preußischen Junkern profitierten bestimmte Schichten des preußischen Bürgertums am Krieg. Heereslieferanten, Bankiers und Unternehmer wie David Splitgerber und Gottfried Daum, Heinrich Schimmelmann und Franz Brenckenhoff, Schütze und Johann Gotzkowsky verdienten wie nie zuvor. Ihnen bot die preußische Eroberungspolitik Gelegenheit, sich schamlos zu bereichern, Kapital anzuhäufen und sich noch enger mit dem feudalabsolutistischen Staat verbunden zu fühlen.

Die außen- und innenpolitischen Ergebnisse und Auswirkungen des Siebenjährigen Krieges kamen aber in erster Linie dem preußischen Feudaladel zugute. Der Krieg stärkte Preußen in seiner Stellung als Bastion des Militarismus.

DRITTES KAPITEL

Das Kriegswesen Preußens unter Friedrich II.

1. Ausrüstung und Bewaffnung

Das Instrument, mit dem der Hohenzollernstaat Schlesien eroberte und im Siebenjährigen Krieg behauptete, war das preußische Heer. Es zählte nach Meinung der Zeitgenossen zu den besten Armeen des absolutistischen Europas. In seinen Schwächen wie in seinen Vorzügen war es ein getreues Spiegelbild des preußischen Militärstaats, in dem der Rhythmus und die Anforderungen der Militärmaschinerie das gesamte Leben bestimmten. Das höchste Staatsinteresse in Preußen galt stets der Armee. Sie war das Mittel des niedergehenden Feudaladels, seine Machtstellung im Innern und gegenüber der Außenwelt zu behaupten und auszudehnen.

Trotz der unermüdlichen Sorge des Staates um das Heer waren ihm in seiner Ausrüstung und Bewaffnung jedoch Grenzen gesteckt, die in den feudalen ökonomischen Verhältnissen Preußens begründet lagen. Obwohl der Rüstungsindustrie in den Kriegen des 18. Jahrhunderts noch keine entscheidende Bedeutung zukam, war sie doch bereits ein wichtiges Element der Kriegführung, vor allem angesichts der wachsenden Stärke des Heeres und der steigenden Bedeutung der Feuerwaffen.

Friedrich trug diesem Umstand insofern Rechnung, als er die Befugnisse, der unter Leitung von General Hans Georg von Massow stehenden Kanzlei, die für Bekleidung, Ausrüstung und Remontierung verantwortlich war, ständig erweiterte und sie zu einer Art Versorgungsstab ausbaute. Ein wichtiger Schritt zur Zentralisierung aller Militärangelegenheiten im preußischen Staat war das am 25. Februar 1746 errichtete VI. oder Militärdepartement im Generaldirektorium, das als Vorläufer eines Kriegsministeriums anzusehen ist.

Die Hauptschwächen der preußischen Rüstungsindustrie unter Friedrich II. bestanden in der mangelhaften Entwicklung eines kapitalkräftigen Industriebürgertums und in dem Fehlen qualifizierter Fach- und Lohnarbeiter. Ihre Ausbildung wurde durch die herrschende feudale Produktionsweise und durch die bürokratische Administration der Wirtschaft behindert. Beim Regierungsantritt Friedrichs II. gab es in Preußen lediglich eine Stückgießerei und eine Pulverfabrik in Berlin, eine Gewehrfabrik in Spandau, einige Eisenhüttenwerke in der Kurmark sowie ein Messingwerk in Eberswalde. Die meisten dieser zentralisierten Manufakturen gehörten dem Staat. Ihre Produktion reichte aber nicht aus, obwohl die Ansprüche der Armee damals noch gering waren. Deshalb führte Preußen metallene Kanonen aus Holland, eiserne Geschütze aus Schweden, Flinten aus Lüttich und Handfeuerwaffen aus Solingen und Suhl ein. Fertiges Schießpulver sowie Rohmaterialien bezog es ebenfalls aus Holland. Die Einfuhr vermittelte das Berliner Handelshaus Splitgerber und Daum. Da Friedrich Wilhelm I. und Friedrich II. entsprechend ihren merkantilistischen Wirtschaftsgrundsätzen den Geldabfluß ins Ausland möglichst niedrig zu halten suchten, statteten sie diese Firma mit weitgehenden Vollmachten zum Auf- und Ausbau einer leistungsfähigen Grundstoff- und Rüstungsindustrie aus. Dementsprechend kauften beziehungsweise pachteten diese zahlreiche Eisenhütten-, Kupfer- und Messingwerke und waren bald die alleinigen Träger der preußischen Metallindustrie. Zur Verarbeitung der Rohstoffe ließ Friedrich 1741 in Breslau ein zweites Gießhaus errichten, das aber ständig am Fehlen qualifizierter Facharbeiter litt. Von 1741 bis 1762 wurden in Preußen 1 500 Kanonenrohre gegossen (1 200 in Berlin und 300 in Breslau). Die Rohstoffe für diese Bronzekanonen kamen aus Rothenburg an der Saale (Kupfer) und aus England (Zinn). Die Weiterverarbeitung erfolgte in der Kurmark. Eiserne Geschütze wurden weiterhin aus Schweden eingeführt.

Die Gewehrproduktion war in Spandau und später auch in Potsdam konzentriert. Unter der Leitung von Splitgerber und Daum lieferte die von Lütticher Arbeitern betriebene Gewehrmanufaktur 300 Gewehre je Woche. 1747 waren in der Manufaktur 86 Meister und 111 Gesellen beschäftigt, doch fast ein Drittel von ihnen mußte in der Folgezeit entlassen werden, weil der preußische Staat nicht über die Mittel verfügte, die laufende Produktion aufzukaufen, und er sie auch nicht zu benötigen meinte. Das erwies sich bald als ein teurer Irrtum und trug mit dazu bei, daß die preußischen Manufakturen die hohen Verluste an Ausrüstungsgegenständen während des Siebenjährigen Krieges nicht ersetzen konnten. Friedrich II. war dadurch gezwungen, von 1757 bis 1762 allein aus Suhl 20 000 Gewehre zu beziehen. Aus Holland wurden 1761 ebenfalls 12 000 Gewehre importiert.

Die Herstellung der Eisenmunition war bis 1752 eine Domäne der Eisenhütte in Zehdenick und der Fabrik zu Schadow an der Oberspree. Die schlesische Hüttenindustrie, namentlich bei Malapane und Kreuzburg, sowie weitere Hütten in Gottow, Torgelow und Vietz kamen erst 1752 bis 1755, also in den letzten Jahren vor dem Siebenjährigen Krieg, in Schwung. Sie lieferten in den ersten Kriegsjahren einen beträchtlichen Teil der Artilleriemunition. Später sank ihre Leistungsfähigkeit infolge von Zerstörungen durch russische und österreichische Truppen.

Die Berliner Pulvermühle, ab 1717 in der Jungfernheide, hatte ihre Kapazität bis 1746 von 1 600 auf 4 000 Zentner pro Jahr gesteigert. 1 300 Zentner davon verbrauchte die Armee jährlich, während 2 700 zur Ausstattung der Festungen und als Kriegsvorrat dienten. Bei Ausbruch des Krieges erhöhte sich die Produktion auf 5 000 Zentner, doch in seinem Verlauf verbrauchte die preußische Armee 68 228 Zentner, so daß die Mühle den Bedarf nur zum Teil decken konnte. Vor allem nach ihrer Sprengung durch russische Truppen im Jahre 1760 mußte Preußen beträchtliche Mengen aus Holland und England einführen. Vorher schon hatte die Sicherstellung der Salpeter- und Schwefelimporte beträchtliche Summen und Mühen gekostet; denn die primitiv betriebene Salpetergewinnung im Magdeburgischen und in der Neumark fiel kaum ins Gewicht.

Die Woll- und Tuchproduktion war in Preußen ausreichend entwickelt, um die Bekleidung der Armee sicherzustellen. Aber auch hier versuchte der preußische Junkerstaat Mittel einzusparen, um die Armee weiter ausbauen zu können. Das drückte sich nicht nur in der weiteren Verknappung des Uniformschnitts aus, sondern auch in der Tatsache, daß bei Ausbruch des Siebenjährigen Krieges für die Garnisonregimenter keine Uniformen, sondern nur blaue Kittel vorhanden waren. Für zahlreiche Ersatzregimenter gab es während des Krieges nicht einmal diese, sondern nur zerschlissene graue Kittel.

Bekleidung

Bei der Bekleidung der preußischen Armee unterschied man Groß- und Kleinbekleidungsstücke. Zu ersteren gehörten Rock, Hose, Weste und Hut, zu den letzteren Ober- und Unterhemden, Leinwandhosen, Halsbinden, Stiefeletten und Schuhe. Während die Infanterie einheitlich einen blauen Tuchrock trug, war die Kavallerie in farbenbuntere Uniformen gekleidet. Auffallend ist, daß für die Infanterie Mäntel fehlten, nur für die Schildwachen gab es sogenannte Roquelors, die die auf Posten stehenden Soldaten nacheinander trugen. Stiefel waren für die Infanteristen ebenfalls nicht vorgesehen, sie trugen im Sommer weißleinene und im Herbst und Winter schwarze Zwillichstiefeletten, die besonders bei schlechtem Wetter sehr unpraktisch waren. Stoff und Schnitt der Uniform waren unter Friedrich II. anfangs noch ausreichend. Nach dem Siebenjährigen Krieg wurde unter dem Einfluß der weiter verschlechterten Kompaniewirtschaft und der übertriebenen Sparsamkeit Friedrichs der Schnitt der Uniformen immer knapper, der Stoff schlechter und gröber.

Bewaffnung

Die Hauptwaffe der Infanterie war das Steinschloßbajonettgewehr. Die Länge des Laufes betrug 1,1 Meter, das Kaliber 20,4 Millimeter und das Gewicht 5,4 Kilogramm. An dieser Waffe waren im Laufe der ersten Hälfte des 18. Jahrhunderts eine Reihe von kleinen Verbesserungen vorgenommen worden. Das betraf die Schäftung, die Einführung konischer Zündlöcher zum Aufschütten des Pulvers auf die Pfanne sowie die Einführung des eisernen Ladestocks statt des hölzernen. Dadurch gelang es, die Feuergeschwindigkeit zu erhöhen. Durch strengen Drill wurde erreicht, daß der Soldat im Kampf 2 bis 3 Schuß in der Minute abgeben konnte. Die Reichweite des Gewehrs war gering: Auf 400 Schritt gab es kaum noch Treffer. Die höchste Feuerwirkung lag zwischen 300 und 200 Schritt (225 bis 150 Meter).

Die Schußleistungen der Gewehre waren äußerst mangelhaft. Die Kugel mit ihrem geringeren Kaliber – man rechnete mit einem Spielraum von 1,83 bis 2,62 Millimetern – als dem des Laufes schlotterte beim Schuß im Lauf, wodurch die Geschoßbahn in der Luft höchst unregelmäßig verlief. Der Gebrauch der Rollkugel mit ihrem geringeren Kaliber ergab sich aus dem niedrigen Stand der Technik, da die in Handarbeit hergestellten Stücke erheblich voneinander abwichen, und war notwendig, da die Verbrennungsrückstände des Schwarzpulvers den Lauf stark verkrusteten, wodurch er sich nach mehreren Schüssen beträchtlich verengte. Eine Kugel, deren Kaliber mit dem des Laufes übereinstimmte, hätte es notwendig gemacht, das Gewehr bereits nach wenigen Schüssen zu reinigen, was im Gefecht untragbar war. Die Kugel wog 30 g. Die Pulverladung war mit etwa 15 g ungewöhnlich hoch und verursachte beim Schuß einen gewaltigen Rückstoß, verbunden mit einer mächtigen grauweißen Qualmwolke, die für geraume Zeit jede Sicht nahm.

Die Hauptfeuerwaffe der Kavallerie war der Karabiner. Sämtliche Regimenter waren damit ausgerüstet. Daneben führte jeder preußische Reiter zwei Pistolen und als blanke Waffe einen zweischneidigen Pallasch, die Husaren einen gebogenen Säbel.

Den größten Einfluß übte die technische Entwicklung auf die Organisation der Artillerie aus. Sie wurde zu einem organischen Bestandteil der Armee. Aus einer Hilfswaffe, wie sie sich zu Beginn der schlesischen Kriege darstellte, wurde sie neben Infanterie und Kavallerie zu einer der drei Hauptwaffen der absolutistischen Heere. Verfügte Friedrich II. 1740 bei Regierungsbeginn über 2 425 Kanonen, 252 Mörser und 54 Haubitzen, insgesamt also 2 731 Artilleriestücke, so gebot die preußische Armee in seinem Todesjahr (1786) über 6 224 Kanonen, nämlich über 1 860 Feld-, 4 113 Festungs- und 251 Belagerungsgeschütze.

Von ihrer Organisation her unterschied man bei der preußischen Artillerie zwischen jenen Geschützen, die mit der Armee ins Feld rückten, der stationären Festungsartillerie und den von Fall zu Fall für Belagerungen herangezogenen schweren Geschützen. Den wichtigsten Teil der Artillerie, bei dem auch die meisten technischen Fortschritte gemacht wurden, bildeten die Feldbatterien, die zwei Kategorien umfaßte: die Bataillonskanonen und die schweren Batterien.

Tabelle 55: Übersicht über die 1740 in der preußischen Armee verwendeten Haupttypen von Kanonen

	Rohr-kaliber	Ge-schoß-ge-wicht	Rohr-länge	Rohr-ge-wicht	Schuß-weite Kern-schuß horizontal	in Schritt Bogen-schuß
	cm	kg	m	kg		
Dreipfünder (Bronzeguß)	7,9	1,4	1,73	386	550	−45 °
Sechspfünder (Bronzeguß)	9,5	2,8	2,34	746	600−650	3 600
Zwölfpfünder (Bronzeguß)	12,1	5,6	2,74	1440	800	4 400
Zwölfpfünder (Eisenguß)	12,1	5,6	2,73	1600	800	4 400
Vierundzwanzigpfünder (Bronzeguß)	14,9	11,2	3,24	3057	900−1 000	5 070
Achtzehnpfündige Haubitze	20,5	19,6	1,57	473		
Fünfzigpfünder (Mörser)	29	56,6	0,49	923		

Zu den Bataillonskanonen zählten die Drei- und Sechspfünder, die in der Schlacht den Bewegungen der Infanterie querfeldein, auch über Äcker, folgten. In der Gefechtsaufstellung wurden sie mindestens 20 Schritt vor den Zwischenräumen der Bataillone und Regimenter postiert. Beim Avancieren gingen die mit Menschenkraft gezogenen Kanonen stetig vor, eröffneten auf 1 200 Schritt das Feuer. Bei Annäherung bis auf 400 Schritt an das gegnerische Treffen bezogen sie Stellung in den Zwischenräumen und eröffneten das Feuer mit Kartätschen. Traten die Bataillone zum Bajonettangriff an, stellten sie das Feuer ein. Ein Überschießen der eigenen Truppen wurde nicht gewagt.

Die schwere Artillerie, ab 1756 vom Zwölfpfünder an aufwärts, spielte aufgrund ihrer großen Abhängigkeit von festen Straßen in den beiden ersten Schlesischen Kriegen keine nennenswerte Rolle in der preußischen Armee. Sie war 1740 in vier Brigaden zu je drei Zwölfpfünder und acht Sechspfünder zusammengefaßt.

Das hohe Gewicht der Bataillonskanonen veranlaßte Friedrich II., ab 1754 neue Drei- und Sechspfünder in die Bewaffnung einführen zu lassen. Sie wogen nur noch 207 bzw. 250 kg. Auch einige gewichtserleichterte Zwölfpfünder wurden noch vor dem Siebenjährigen Krieg in die Batterien eingestellt, die statt 1440 bis 1600 kg nur noch 375 kg wogen.

Das Ladungsverhältnis bei den Kanonen war sehr groß und betrug ein Viertel, ein Drittel und die Hälfte des Kugelgewichts. Als Munition waren folgende Geschosse im Gebrauch:

Vollkugeln für Kanonen, die bei Belagerungen glühend gemacht werden konnten;

Hohlkugeln zur Verringerung des Gewichts;

Kartätschen, die mit dreilötigen bleiernen Kugeln gefüllt waren;

Bomben und Granaten, die mit Sprengstoff gefüllt waren, und Brandgranaten.

Neben der Feldartillerie gab es schwere Belagerungsgeschütze, 24pfündige, 18pfündige und 12pfündige Geschütze sowie Haubitzen und Mortiers. Ihr Standort war in Berlin. Für ihren Transport bevorzugte man die Wasserwege, weil sie auf dem Landweg allzu schwerfällig zu bewegen waren.

Eine bedeutende Neuerung, die Preußen von der russischen Armee übernahm, war 1759 die Einführung der reitenden Artillerie. Dabei entwickelte man das russische Vorbild weiter, indem Preußen sie zu einem selbständigen Truppenteil machte und sie statt mit kleineren 3pfündigen Regimentskanonen mit 6pfündigen Kanonen ausrüstete. Technisch gingen die Hauptanstrengungen bei der Artillerie dahin, zähe und feste Buntmetallegierungen zu entwickeln, die dem Rohr eine ausreichende Stärke verliehen. Außerdem war man bestrebt, ein günstiges Verhältnis zwischen Rohrlänge, Geschoßgewicht und Treibladung zu bestimmen, wo-

167

bei es um eine generelle Gewichtsminderung der Kanonen ging, um sie zu einem integrierenden, jederzeit beweglichen Bestandteil der Feldarmee zu machen.

Organisation und Kampfweise

Organisation und Kampfweise der feudalabsolutistischen Armeen wurden von der Gesamtheit der sozialökonomischen Verhältnisse bestimmt. Sie waren nicht nur vom Stand der Produktion, der Technik und der Ausrüstung abhängig, sondern auch von der Qualität und Quantität der Menschen, also von den zur Verfügung stehenden Soldaten und den Methoden ihrer Rekrutierung.

Die Streitkräfte Preußens waren ein Instrument der herrschenden Feudalaristokratie, die Bevölkerung niederzuhalten, und ein Mittel, das zersplitterte Territorium des Junkerstaates zu sichern und zu erweitern. Diese Grundaufgabe aller Armeen der feudalabsolutistischen Staaten erhielt in Preußen eine spezifische Note. Der Charakter Brandenburg-Preußens als Militärkolonie, als Sammelpunkt der aggressivsten und räuberischsten Elemente des Adels, die ökonomische und politische Schwäche des Bürgertums in Ostelbien führten zu einer unumschränkten Herrschaft des Feudaladels im Lande.

Die preußische Armee bildete – im Gegensatz zu anderen feudalen Staaten – die eiserne Klammer, die die weit verstreuten preußischen Lande zusammenhielt. Der Drill auf den Kasernenhöfen war die wichtigste Gemeinsamkeit, die allen preußischen Untertanen zuteil werden konnte. Aus dem Bestreben, die notwendigen Geldbeträge aus dem Land zu ziehen, um den Unterhalt des stehenden Heeres zu gewährleisten, erwuchs auch die zentrale Staatsverwaltung, die straff militärisch organisiert war. Die gesamte Verwaltung hatte den einzigen Zweck, die Armee zu erhalten und zu vermehren. So wurden die finanziellen Bedürfnisse des Heeres zum Schwungrad des gesamten ökonomischen und politischen Lebens in Preußen. Die Armee bestimmte die Daseinsweise des preußischen Staates, er wurde zu ihrem Diener. In dieser maßlosen Übersteigerung des Militärischen liegen die Ursachen dafür, daß Preußen zum Militärstaat par excellence wurde.

Unter Friedrich II. war jene Politik der ständigen Heeresvermehrungen ausgeprägt, die von der Idee ausging, die schwache ökonomische und finanzielle Basis des preußischen Militärstaats durch Annexionen zu verbessern, und die eben diese Zunahme an Bevölkerung und Gebiet zum Anlaß nahm, die Heereszahl weiter zu erhöhen.

Die Lasten dieser Politik trug vor allem die nichtadlige Bevölkerung Preußens, besonders die Bauernschaft. Aus der bäuerlichen Bevölkerung wurden nicht nur durch eine Vielzahl von Abgaben und Leistungen – in Form von Kontributionen, Fouragelieferungen für die Kavallerie, Fuhrdiensten usw. – die finanziellen Mittel zum Unterhalt der Armee herausgepreßt, sondern sie hatte auch die Mehrzahl der Rekruten zu stellen. Während die städtische Bevölkerung mittels der Akzise, einer Verbrauchersteuer, ihren unfreiwilligen Beitrag zur Finanzierung der Armee leistete, blieb sie doch von der Rekrutierung weitgehend verschont. Die Ursachen dafür lagen ausschließlich in den fiskalischen Überlegungen Friedrichs. Sollte der Adel die Offiziere, der freie Bauer die Unteroffiziere und der leibeigene Bauer die Soldaten stellen, so sollte das Bürgertum das dafür notwendige Geld aufbringen. Friedrich II. verbot deshalb die Werbung in Berlin, Potsdam, Brandenburg, Breslau, Reichenstein und Silberberg. Ferner untersagte er die Rekrutierung in den westlichen Provinzen Preußens, den Industriegebieten Geldern, Cleve und Mark und in den sechs schlesischen Gebirgskreisen, wo die Weberei zu Hause war. Nach dem Siebenjährigen Krieg dehnte er die Befreiung vom Militärdienst noch weiter aus, und zwar blieben alle Handwerker, Künstler, Söhne höherer Beamter, Kaufleute, Fabrikanten, Bergarbeiter, Kolonisten, landwirtschaftlichen Fachkräfte von ihm verschont.

In der Praxis bedeutete dies, daß die überwiegende Mehrheit der einheimischen Rekruten vom Lande gestellt werden mußte. Zu diesem Zweck war Preußen seit 1733 in Kantone aufgeteilt und jedem Regiment ein bestimmter Bezirk übergeben worden, in dem es seinen Bedarf ergänzen konnte. Die Aufteilung erfolgte nach der Zahl der Feuerstellen. Auf ein Infanterieregiment entfielen 5 000 bis 7 900, auf ein Kavallerieregiment 1 800 bis 3 900 und auf ein Dragonerregiment 1 400 bis 3 500 Feuerstellen. Hinzu kamen die nach Zahl und Umfang verschiedenen Städte innerhalb des Werbekantons. Das Regiment wiederum teilte das ihm zugewiesene Gebiet in zehn gleiche Teile auf die einzelnen Kompanien beziehungsweise Eskadronen auf. Die Hauptleute der jeweiligen Kompanien waren verpflichtet, für eine bestimmte Mannschaftsstärke durch Aushebung im In- und durch Werbung im Ausland zu sorgen. Der preußische König überließ den Regimentskommandeuren die Werbung in eigener Regie und zahlte Jahr für Jahr die Monatslöhnung von drei Talern und fünf Groschen je Mann der Kompanie. Der Kompaniechef jedoch behielt die einheimischen Rekruten nur während der zwei- bis dreimonatigen Exerzierzeit und während der Manöver unter der Fahne. Für den Rest der Jahre beurlaubte er sie, das heißt, sie arbeiteten auf den Gütern der Junker. Der Soldat erhielt dann nur halben Sold, trug aber Uniform und war ein willfähriger Arbeiter, da er weiterhin der strengen Militärgerichtsbarkeit unterstellt blieb. Um sich den notwendigen Ersatz für die Armee zu sichern, wurde darüber hinaus die männliche Jugend, soweit sie tauglich erschien, von 10 Jahren ab in Listen erfaßt oder, wie es im damaligen Sprachgebrauch hieß, enrolliert.

Der Enrollierung unterlag die gesamte dienstpflichtige Bevölkerung Preußens von 10 bis 40 Jahren. Große Teile der Landbevölkerung waren damit einer Doppelbeanspruchung als Soldat und Tagelöhner ausgesetzt. Die hohe Anspannung der Volkskräfte in Preußen für die Armee, die bei einer weiteren Verschärfung zu schweren Schädigungen des Wirtschaftslebens führen mußte, zwang die Hohenzollern aber dazu, der Aushebung der eigenen Bevölkerung Grenzen zu setzen und dafür verstärkt Ausländer zu werben. Friedrich II. forderte 1742, daß sich nur ein Drittel der Armee aus Inländern zusammensetzen sollte. Zehn Jahre später mußte er seine Auffassung revidieren und strebte ein gleiches Verhältnis von In- und Ausländern an. Doch selbst dieses Ziel wurde kaum erreicht. Im Prinzip überwogen die Inländer stets, und gegen Ende des Siebenjährigen Krieges zählte die Armee fast ausschließlich preußische Untertanen in ihren Reihen.

Friedrich II. scheiterte jedoch in seinem Bemühen, das Verhältnis zwischen Inländern und Ausländern zu verbessern, am Widerstand der Junker. Für ihre wirtschaftlichen Interessen war es nämlich weitaus günstiger, die eigenen Bauern formal in die Armee einzustellen. Sie sparten dabei die Werbekosten und das Handgeld; die Rekruten konnten viel schwerer desertieren, und überdies bereicherten sich die Junker noch dadurch, indem sie den Soldaten nur halbe Löhnung zu zahlen brauchten. Die preußischen Könige kämpften gegen dieses raffinierte System der Ausbeutung, mit welchem die Schlagkraft der Armee vermindert wurde, vergeblich an.

Dabei war der Begriff «Ausländer» ein Ausdruck des feudalabsolutistischen Partikularismus, denn die überwiegende Mehrheit der «Ausländer» war deutscher Herkunft.

Tabelle 56: Anteil der ausländischen Soldaten
in den Infanterieregimentern Fürst Moritz
(Standort Dessau) und Alt-Stutterheim (Standort Königsberg)

Zusammensetzung	Fürst Moritz (1747)	Alt-Stutterheim (1777)
Gesamtstärke	1653	1909
davon Preußen	1182	928
davon Ausländer	471	981
darunter aus Sachsen	122	28
den österreichischen Erblanden	67	17
Schwaben	36	40
Franken	26	
Bayern		21
Elsaß		13
Tirol		3
Böhmen		9
Siebenbürgen		2
Kurland		15
Brabant	9	
Holland	5	
Frankreich	3	20
Polen	70	281
Ungarn	5	7
England	2	
Italien	4	
Schweiz		10
Schweden		4

Grundsätzlich kann gesagt werden, daß die Zahl der Soldaten deutscher Herkunft im allgemeinen überwog. An Ausländern stellten die Polen den höchsten Anteil. Das Verhältnis zwischen den einzelnen Nationen hing entscheidend vom Standort des jeweiligen Regiments ab. In den westlichen und südöstlichen Provinzen Preußens erbrachten Deutsche den größten Anteil, so waren zum Beispiel von den 552 Ausländern des Infanterieregiments Knobloch (1751), das in Bielefeld lag, 526 Deutsche. In Pommern und in den nördlichen Teilen der Mark hielt sich das Verhältnis die Waage. Das Regiment Belling (Standort Stolp) zählte 1782 331 Ausländer und 312 Deutsche aus nichtpreußischen Provinzen. In Schlesien und Ostpreußen dagegen überwog der Anteil der Ausländer. Dabei muß berücksichtigt werden, daß die Ausländer auch einen Teil der Führungsposten in der Armee innehatten. In dem erwähnten Regiment Alt-Stutterheim waren 10 der 50 Offiziere und 29 der 118 Unteroffiziere Ausländer. Erwähnenswert ist auch die Tatsache, daß bei dem lebenslänglichen Dienst in der Armee das Durchschnittsalter relativ hoch war, da die Soldaten mindestens 25 Jahre gedient haben mußten, ehe sie invalide erklärt wurden. Beim Tode Friedrichs II. zählte die preußische Armee 110 000 Inländer und 80 000 Ausländer.

Tabelle 57: Altersstruktur des Regiments Alt-Stutterheim

Altersgruppe	Mann
unter 20 Jahren	33
zwischen 20 und 30 Jahren	925
zwischen 30 und 40 Jahren	667
zwischen 40 und 50 Jahren	123
zwischen 50 und 60 Jahren	11

Die Anwerbung der Ausländer vollzog sich durch Werbekommandos, die alle Nachbarstaaten Preußens durchstreiften und vor keiner List, keinem Betrug und keiner Gewalt zurückschreckten, um sich in den Besitz hochgewachsener Rekruten zu setzen. Gegen den systematischen Menschenraub und -handel in denjenigen Staaten Deutschlands, deren Fürsten schwächer waren als der

König von Preußen, versuchten sich die Regierungen zur Wehr zu setzen, indem sie die preußischen Werbeoffiziere als Straßen- und Menschenräuber behandelten. Da die preußischen Werber selbst häufig die «Auslese» des Offizierskorps darstellten und vom König und ihren Regimentern beständig gedrängt wurden, Rekruten in ausreichender Zahl zu gewinnen, wandten sie die schmutzigsten Methoden an.

Die Folge dieser Sklavenjagden war, daß sich die «geworbenen» Rekruten kaum aus freiwilligen Söldnern, sondern in der Mehrzahl aus betrogenen und übervorteilten Menschen der verschiedensten Berufe zusammensetzten. Auch die Anzahl aus fremden Diensten desertierter Soldaten muß in der preußischen Armee relativ hoch gewesen sein. Vom Garnisonregiment Rettberg wird berichtet, daß 1744 von zwei Kompanien über die Hälfte der Leute bereits anderen Herren gedient hatten. Um diese häufig gepreßten Soldaten, gleichgültig, ob es In- oder Ausländer waren, überhaupt ins Gefecht führen zu können, wurden sie der schärfsten Disziplin unterworfen, wurden die geforderten militärischen Eigenschaften in sie hineingeprügelt. Der Exerzierdienst wurde zum Mittel, die widerwillige Mannschaft in die Hand der Offiziere zu bringen. Der Gleichschritt, die Gewehrgriffe, der Parademarsch, der Wachdienst, das Salvenschießen, die Grußvorschriften dienten dazu, aus der bunten Masse der Geworbenen und Gepreßten einen gehorsamen taktischen Körper zu formen, bei dem es nicht auf den guten Willen des Rekruten oder auf seine moralischen Qualitäten ankam, sondern den ausschließlich die Furcht vor dem Stock des Offiziers regierte. Das unmenschliche Prügeln auf dem Exerzierplatz prägte die Ausbildung des preußischen Soldaten. Die geringsten Vergehen wurden mit harten Strafen belegt. Schon für eine Anzugsunordnung konnte der Soldat mit 50 Stockhieben bestraft werden. Für Räsonieren unter dem Gewehr oder Trunkenheit im Dienst konnte Gassenlaufen verhängt werden, das häufig einem Todesurteil gleichkam. Wiedereingefangene Deserteure wurden grundsätzlich zum Spießrutenlaufen verurteilt, wenn sie nicht gehängt, gerädert, erschossen oder sogar lebendig verbrannt wurden. Für andere Verfehlungen gab es Krummschließen, Eselreiten, Zuchthaus, Stockhaus oder Karreschieben auf der Festung.

Der brutale Zwang hatte zur Folge, daß wohl in keiner Armee die Desertion stärker verbreitet war als in der preußischen. Durch eine scharfe Überwachung, besonders der ausländischen Rekruten, durch harte Strafandrohungen und durch zahlreiche Sicher-

heitsvorkehrungen wurde versucht, dieser Gefahr zu begegnen. So war es im Frieden nicht leicht, sich dem Dienst durch Flucht zu entziehen. Im Kriege jedoch entwichen die preußischen Soldaten scharenweise. Friedrich II. erließ allein zwischen 1740 und 1746 fünfmal Generalpardon für alle Deserteure, wenn sie freiwillig zurückkehren würden. Durchschnittlich begingen acht von zwanzig preußischen Soldaten Fahnenflucht. Nach vorsichtigen Schätzungen desertierten im Siebenjährigen Krieg von der österreichischen Armee 62 000, von der französischen 70 000 und von der preußischen 80 000 Soldaten. Den Hauptanteil der Deserteure stellten die Nichtpreußen. Preußische Untertanen dagegen desertierten nicht so häufig, weil sie es relativ schwer hatten, im Ausland Fuß zu fassen, weil sie Repressalien gegen ihre Angehörigen fürchteten und Friedrich II. zahlreiche Auslieferungsverträge mit seinen Nachbarn geschlossen hatte.

Trotz der erheblichen Desertionsgefahr von seiten der ausländischen Rekruten wurden ihre Fluchtmöglichkeiten begünstigt durch das Ausbeutungssystem der Kompaniechefs. Nicht nur, daß sie die meisten einheimischen Rekruten auf ihre Güter entließen, auch ein Teil der Ausländer wurde für die größte Zeit des Jahres als sogenannte Freiwächter beurlaubt. Sie suchten sich als Handwerker oder Arbeiter in der Garnison ihr Brot zu verdienen, während der Kompaniechef ihren Sold einstrich.

2. Taktik und Strategie

Auf die Taktik der stehenden Söldnerarmeen übte die technische Weiterentwicklung der Feuerwaffen einen großen Einfluß aus. Die Infanterie wurde einheitlich mit dem Steinschloßbajonettgewehr ausgerüstet. Der Umgang damit erforderte weniger Raum als der mit dem alten Luntenschloßgewehr. Die einstige offene Ordnung verschwand, und die Reihen schlossen sich enger zusammen. Da sich jedoch die ballistischen Leistungen der Gewehre keineswegs verbessert hatten, suchte man die fehlende Treffgenauigkeit durch Steigerung der Feuergeschwindigkeit und durch den Masseneinsatz von möglichst vielen Gewehren auszugleichen. Zur Erhöhung der Feuerkraft wurde deshalb die Tiefe der Gefechtsaufstellung verringert. Statt einer sechsgliedrigen ging man zur viergliedrigen und in Preußen sogar zur dreigliedrigen Aufstellung über.

Was für die einzelne Einheit galt, wurde auf die ganze Armee übertragen. Um möglichst viele Gewehre in der Front zu haben, löste man die Tiefengliederung der Haufen in langgestreckte dünne Linien auf. Je dünner aber das erste Treffen wurde, desto leichter konnte es durchbrochen werden. Deshalb erhielt es eine Rückenstärkung durch ein zweites Treffen, das sich im Abstand von 150 bis 500 Schritt vom ersten entfaltete. Mit der Ausdehnung der Front in die Breite gewannen die Flügel eine erhebliche Bedeutung, weil sie die schwächsten Stellen der Schlachtordnung waren. Zu ihrem Schutz postierte man in der Regel die Kavallerie auf beide Flügel. Damit war die klassische Schlachtordnung entstanden, der wir in dieser oder jener Form in fast allen großen Schlachten und Gefechten der Schlesischen Kriege begegnen.

Die Hauptschwierigkeiten bestanden darin, diese großen, ungefügen Massen schnell von der Marsch- zur Schlachtordnung übergehen zu lassen. Die Niederlage der französischen und der Reichsarmee bei Roßbach zum Beispiel war hauptsächlich dem Umstand zuzuschreiben, daß es ihnen nicht gelang, sich rasch zur Schlachtordnung zu formieren. Hatten die Truppen einmal Aufstellung genommen, so war es sehr kompliziert, noch Änderungen in der Schlachtordnung vorzunehmen. Gerade diese Schwerfälligkeit führte bei Leuthen zur Niederlage der österreichischen Armee.

Die langgestreckten Treffen auf dem Schlachtfeld ausgerichtet und unzerrissen vorwärts zu bringen kostete ebenfalls gewaltige Mühen. Gehörte dazu schon auf ebenem und übersichtlichem Gelände eine hohe Kunstfertigkeit, so war dies auf schwierigem Gelände und unter Gefechtsbedingungen nahezu undurchführbar. Um den Zusammenhalt der Schlachtordnung überhaupt zu wahren, marschierten die in Bataillone zu je acht Pelotons gegliederten Einheiten in langsamem Schritt auf den Gegner zu. Doch selbst bei Manövern wurde es als außerordentlich bezeichnet, wenn es gelang, 20 Bataillone in einer Linie einige tausend Schritt vorwärts zu bewegen, ohne daß sie Richtung und Fühlung verloren. Wie wandelnde Schießmaschinen, schreibt Franz Mehring, «Schulter an Schulter, in gleichmäßigem Tritt, rechts und links die Pelotonführer, hinten die schließenden Offiziere, die jeden weichenden Soldaten niederschossen oder niederstachen, so wurde vorgerückt».

Das schwierigste Problem beim Angriff war die Verbindung von Feuer und Bewegung. Da den Truppen angesichts ihrer Zusammensetzung jeder moralische Impuls fehlen mußte, war es eine Hauptaufgabe, die Truppen in ständiger Vorwärtsbewegung zu halten. Dies konnte man aber mit dem Ideal, abwechselnd halten und feuern zu lassen, schwerlich in Übereinstimmung bringen, weil die Erfahrung zeigte, daß eine Truppe, die erst einmal zum Stehen gekommen war, nur schwer wieder in Bewegung gebracht werden konnte. Einen Ausweg suchte die preußische Führung durch das «Feuer im Avancieren». Danach rückte die Linie mit klingendem Spiel vor, und auf Befehl trat je ein Peloton rasch drei große Schritte vor die Front. Das erste Glied fiel auf die Knie, das zweite rückte auf, und das dritte trat über. Bis die Salve gefallen war, hatte die im langsamen Schritt bleibende Linie aufgeschlossen, und das nächste Peloton trat hervor. Auf diese Weise sollte die Front in ununterbrochener Bewegung bleiben. Geschossen wurde stets pelotonweise, zum Beispiel in der Reihenfolge 1-3-5-7, 2-4-6-8, und zwar entweder von den beiden Flügeln zur Mitte hin oder von einem Flügel zum anderen. Damit sollte ein fortwährendes Feuern gewährleistet und der gegnerischen Kavallerie keine Einbruchsmöglichkeit gegeben werden. Großer Wert wurde auf ein Zusammenbrennen der Salve gelegt, um die moralische Wirkung zu erhöhen. Dabei zu zielen wurde ausdrücklich verboten. Auf dem Schlachtfeld jedoch gelang es nie, die Salven vorschriftsmäßig abzugeben. Höchstens die erste Salve wurde nach Kommando gefeuert, dann folgte ein unregelmäßiges Plakkerfeuer. Auch das Feuern im Avancieren konnte meist auf dem Schlachtfeld nicht durchgeführt werden, weil die Linie trotz aller Anstrengungen zerriß und die Feuerleitung durch Verluste oder durch den Kampflärm verlorenging. Diese Erfahrungen hatten Friedrich II. veranlaßt, während der Schlacht überhaupt auf das Infanteriefeuer zu verzichten. Das Experiment schlug aber fehl. Nach dem überaus verlustreichen Angriff der preußischen Infanterie bei Prag (1757), den sie auf diese Weise unternahm, nahm er das Verbot schnell zurück.

Der heftige Feuerkampf drängte zwangsläufig zum Bajonettgefecht, weil die zusammengepferchten Massen darin die größte Chance erblickten, überhaupt am Leben zu bleiben. Da es kein Zurück gab, entlud sich in der Regel die aufgespeicherte Furcht in einem blinden Vorwärtsstürzen. Zu einem Bajonettgefecht kam es jedoch sehr selten, da die eine oder andere Seite bereits vor dem Zusammenprall wich. In der Lineartaktik hatten die stehenden Söldnerheere die ihnen entsprechende Kampfweise gefunden, in der eine hohe Feuerwirkung erreicht wurde, ein Höchstmaß der Überwachung der mechanisch abgerichteten Soldaten gegeben war und die einheitliche Führung der relativ kleinen Armee durch einen Oberbefehlshaber ermöglicht wurde.

Die preußische Armee war den Streitkräften anderer feudalabsolutistischer Staaten insofern überlegen, als bei ihr das System der Abrichtung der Soldaten zu willenlosen Schießmaschinen perfektioniert gehandhabt wurde. Die scharfe Zucht, die strenge Exerzierdisziplin, die bedingungslose Unterwerfung des einzelnen gaben der preußischen Führung ein Instrument in die Hand, mit dem alle taktischen Manöver rascher ausgeführt werden konnten und das eine höhere Feuergeschwindigkeit hatte.

Das, was Preußen in die Waagschale eines Krieges werfen konnte – die größere Effizienz seiner Streitkräfte –, rührte aus dem inneren Bewegungsgesetz dieses Gemeinwesens her, alles und jedes dem höheren Interesse eines auf Ausdehnung sinnenden Militärstaates unterzuordnen. Die rigorose Nachordnung aller anderen gesellschaftlichen Bedürfnisse hatte zur Folge, daß Preußen sich mit dem geringen finanziellen und ökonomischen Aufwand eines territorialen Zwergstaates die Kriegführung einer Großmacht leisten konnte.

Die preußische Behördenorganisation leitete ihren Ursprung aus den militärischen Anforderungen des junkerlichen Staates ab. Die für die österreichische Kriegführung charakteristischen Kabalen zwischen Hofkriegsrat und Hofkammer, die in Frankreich zur Ruinierung der Armee beitragenden Reibungsverluste ziviler und militärischer Ämter konnten in dem militärisch straff organisierten Preußen kaum auftreten. Regimenter und Soldaten, die jahrelang ohne Löhnung blieben, konnte sich im Gegensatz zu Österreich oder Frankreich der preußische Disziplinstaat nicht leisten. Zeitiger als in anderen absolutistischen Staaten Europas war in Preußen der totale Machtanspruch des absoluten Herrschers im Heer mit allen seinen Konsequenzen auch für die Rekrutierung, Verwendung und Beförderung des Offizierkorps durchgesetzt worden. Dagegen bedurfte Maria Theresia langwieriger Umwege, um die Kriegstüchtigkeit der Armee durch Beseitigung der krebswuchernden Geschwüre der Kriegsunternehmer zu heben, und in Frankreich war das absolutistische Heerwesen bereits derart verlottert, daß die Kriegführung zur sommerlichen Spielerei eines karrieremachenden Hofschranzentums verkommen war.

Offizier wurde in Frankreich, wer am meisten bot. Das hatte zur Folge, daß die französische Armee 1758 ein schmarotzendes Offizierskorps, ohne Pflichten und Funktionen, mit 16 Marschällen, 747 Generalen und über 900 Obristen unterhielt, in einer Armee, die über 163 Regimenter gebot. Auf 11 französische Soldaten kam ein Offizier, in Preußen auf jeden 29.

Um beim Vergleich zwischen Preußen und Frankreich zu bleiben. Die französischen Potentaten verausgabten 106 000 000 Livres, um ein Heer von 140 000 Mann stehen zu haben. In Österreich genügten 62 000 000 Livres für ein Heer von 180 000 Mann, in Preußen 56 000 000 Livres für die gleiche Heeresstärke. Einer der bedeutendsten zeitgenössischen Militärtheoretiker, der Franzose Jacques-Antoine Guibert, berechnete, daß Frankreich 500 Livres für den Unterhalt eines Soldaten ausgab, Preußen dagegen nur 300.

Das Los der Soldaten im 18. Jahrhundert war in allen feudalen Armeen gleichermaßen unerträglich, jedoch jene Maschinerie von Staats wegen, die bei geringstem Einsatz das meiste aus jenen armseligen Kreaturen herausholte, war ganz ohne Zweifel die preußische.

Hinzu kam noch ein anderer Umstand, der das Gewicht der preußischen Armee im Felde ausmachte: Politik und Kriegführung lagen in Preußen – im Gegensatz zu allen anderen Mächten – in einer Hand. Ob Friedrich II. ein so überlegener Feldherr gewesen ist, als den ihn die bürgerliche Militärgeschichte hinstellt, mag hier gar nicht zur Diskussion stehen, kein Zweifel kann allerdings darüber bestehen, daß er aus seiner Rolle als Kriegskönig beträchtliche Vorteile gegenüber seinen Kontrahenten zog. Risiken, die Österreichs Oberbefehlshaber Daun niemals eingehen konnte, Entschlüsse, die russische oder französische Generale ohne Zustimmung ihres Hofes niemals fassen durften, konnte Friedrich II. als absoluter Monarch wagen. Militärtheoretisch hochbegabt, fast allen seinen Gegnern durch jahrzehntelange Kriegs- und Schlachtenerfahrungen überlegen, auf die Dauer des Krieges mit dem Nimbus des kaum zu Bezwingenden und Unberechenbaren versehen, drückte er in den drei Schlesischen Kriegen der preußischen Kriegführung seinen Stempel auf. Er konnte kühnere, verwegenere und gefährlichere Unternehmungen wagen, bei denen er sich auf die Überlegenheit seiner Armee, aber auch auf Glück und Zufall verließ, Fehler, die er seinen eigenen Generälen nie nachgesehen hat, wenn sie erfolglos operierten. Hohenfriedberg, Roßbach und Leuthen stehen auf der Habenseite seiner Bilanz, sie wäre aber unvollständig ohne die desaströsen Niederlagen von Hochkirch, Kolin und Kunersdorf.

Nur mit dieser Armee war es dem preußischen König möglich, neue Methoden zu erproben. Waren die Schlachten bisher meist als Parallelschlachten angelegt worden, so suchte Friedrich die größere Beweglichkeit seiner Armee dazu auszunutzen, sich an einer Stelle, an den Flügeln, eine Überlegenheit zu schaffen, die zur Zertrümmerung der gegnerischen Front führen mußte. Diesen Gedanken in die Praxis umzusetzen war bisher kaum gelungen. Die Schwierigkeit bestand vor allem darin, bei Wahrung einer zusammenhängenden Front einen Flügel des Gegners zu umfassen und den Angriffsflügel stärker als den gegenüberstehenden gegnerischen zu machen, ohne daß man Gefahr lief, selbst vom Gegner umfaßt zu werden. Die einzig mögliche Methode unter den Bedingungen der Lineartaktik war die schräge Schlachtordnung. Der verstärkte Angriffsflügel zerschlug dabei einen Flügel des Gegners, während das zurückgehaltene Zentrum und der versagte Flügel eine größere Macht des Gegners banden. Der Angriff mußte dabei so schnell erfolgen, daß der Gegner keine Möglichkeit mehr fand, seine Aufstellung zu verändern und den bedrohten Flügel zu verstärken. In klassischer Form gelang dies Friedrich II. nur in der Schlacht bei Leuthen. Bei Kolin und Kunersdorf dagegen schlug diese Methode fehl, weil der Gegner rechtzeitig die Flügel verstärkte.

Zu den Erfolgen der preußischen Armee trug auch die Kavallerie maßgeblich bei. Sie war von Friedrich II. nach den üblen Erfahrungen des Ersten Schlesischen Krieges reorganisiert worden. Statt in der Feuerwaffe das Hauptkampfmittel der Kavallerie zu erblicken, wurde von ihr gefordert, daß sie in vollem Galopp, mit dem Säbel in der Faust die Linien des Gegners überrennen und zersprengen sollte. Wie bei der Infanterie sollte es bei der Kavallerieattacke nicht vom Willen des gemeinen Mannes abhängen. Die Schwadronen sollten eng geschlossen, die Reiter Knie an Knie, ohne jegliche Lücken, anreiten. Seydlitz spottete, die Kavallerie gewinne ihre Gefechte nicht mit dem Säbel, sondern mit der Reitpeitsche. Der geschlossene taktische Körper verschlang den einzelnen Reiter dermaßen, daß die Schwadronen, einmal in Bewegung gesetzt, allemal durchbrechen mußten. Möglich, daß sie zur Hälfte zusammengeschossen, sich Hunderte in ungünstigem Gelände die Hälse brachen, eine Umkehr war unmöglich, wenn Tausende Pferde in dichten Haufen zusammengeklumpt vorwärtsjagten. Mit Hilfe von Generalen wie Seydlitz und Georg Wilhelm von Driesen entwickelte sich die preußische Kavallerie zu einer gefürchteten Waffe, die in der Geschlossenheit beim Angriff und in der taktischen Wendigkeit damals von keiner anderen Reiterei erreicht wurde. Hohenfriedberg und Roßbach waren in erster Linie Erfolge der Kavallerie.

Die taktische Entwicklung der Alliierten stagnierte dagegen anfangs in Preußen. In den Jahren zwischen 1746 und 1756 wurde sie nur unwesentlich reorganisiert und verstärkt. Das sollte sich erst im Verlauf des Siebenjährigen Krieges ändern, als die preußische Armee wiederholt unter hohen Verlusten die Überlegenheit der vorzüglich organisierten und geführten österreichischen, aber auch russischen Artillerie anerkennen mußte. Seit 1758 wurde die preußische Artillerie bedeutend vermehrt. Großen Wert legte man jetzt bei den Schlachtendispositionen auf die Feuervorbereitung und die Massierung des Feuers der schweren Batterien auf die Schwerpunkte des Kampfgeschehens. In der Regel hatten die Batterien die Aufgabe, die feindliche Artillerie niederzukämpfen und den Durchbruch an den Flügeln vorzubereiten. Trotz aller dieser Verbesserungen erreichte die preußische Artillerie jedoch nicht das Niveau ihrer Infanterie und Kavallerie.

Zeigte sich die preußische Armee anderen Heeren stets dort überlegen, wo es auf die rationellste Anwendung der Prinzipien der Lineartaktik ankam, so bewies sie eine bemerkenswerte Hilflosigkeit in all jenen Belangen der Kriegführung, die – gleichsam als Randerscheinung in den Kriegen des 18. Jahrhunderts – weniger die Abrichtung von Exerziermaschinen forderte als die Ausbildung von Soldaten, die selbständig und ohne ständige Aufsicht handelten. Die österreichische Armee verfügte in den Kroaten und Panduren über eine vortreffliche leichte Infanterie, die für Aufklärung und Erkundung, für alle Formen des Kleinkrieges geradezu geschaffen war. In den Kämpfen verwendete man sie außerhalb des Rahmens der Schlachtordnung und setzte sie vor allem dort ein, wo das Gelände ihnen natürlichen Schutz und Deckung bot. Sie umschwärmten die Linienformationen und versuchten dem Gegner durch gezieltes Feuer hohe Verluste zuzufügen. Auch von der eigentlichen Schlachtenkavallerie – den Kürassieren, Dragonern, Karabiniers, Grenadieren zu Pferde – unterschied man die leichte Kavallerie, vor allem die Husaren. Ihre Hauptaufgaben waren Aufklärung, Verschleierung der eigenen Bewegungen, Sicherung der Truppen, Streifzüge, Überfälle usw.

Der preußischen Führung gelang es nie, den österreichischen Verbänden gleichwertige Truppen dieser Art zu schaffen. Wenn auch die preußischen Husaren unter Hans Joachim von Ziethen, bei deren Werbung man das Prinzip der Freiwilligkeit strikt beachtete, einige Bedeutung erlangten, so schlugen bei der leichten Infanterie alle derartigen Versuche angesichts der Preußen zur Verfügung stehenden Rekruten stets fehl. Einzig ein Jägerregiment, das sich vorwiegend aus Söhnen von Förstern und anderen Beamten zusammensetzte, die sich mit ihrem Dienst die Anwartschaft auf eine Versorgung erwarben, kam der leichten österreichischen Infanterie gleich. Ein Regiment allein war zu wenig, um einen Ausgleich herstellen zu können. Dieser Mangel sollte sich wiederholt sehr schmerzlich bemerkbar machen.

Der böhmische Feldzug 1744 und das Unternehmen gegen Olmütz (1758) endeten vor allem deshalb mit einer schweren Niederlage Friedrichs, weil seine leichten Truppen nicht ausreichten und völlig versagt hatten.

Für die militärische Begabung Friedrichs II. spricht, daß er produktiv die militärischen Erfahrungen auszuwerten versuchte und im Rahmen der ihm gebotenen gesellschaftlichen Möglichkeiten nach neuen Methoden der Schlachtentaktik suchte. Die wesentlichsten Veränderungen, die sich während des Siebenjährigen Krieges in der Anlage der Schlachten vollzogen, bestanden darin, daß dem Gelände eine steigende Bedeutung bei der Wahl des Gefechtsfeldes eingeräumt wurde. Die sich verteidigende Armee nahm Stellungen ein, die nahezu unangreifbar ausgebaut und durch starke Artillerie gedeckt wurden. Der Nachteil eines derartigen Verfahrens lag jedoch darin, daß man meist gezwungen war, seine Dispositionen ohne Berücksichtigung der Absichten des Gegners zu treffen und Umgruppierungen – bedingt durch die Starrheit der taktischen Körper – nur schwer vornehmen konnte. Dieser schwache Punkt wurde von Friedrich II. deutlich erkannt und war geradezu Voraussetzung zur Durchführung seines Flügelangriffs in der schrägen Schlachtordnung.

Trotz der errungenen Schlachtenerfolge (wie bei Leuthen) erwies sich die Defensive ab 1758 auf die Dauer vor allem deshalb als stärker, weil – neben den künstlichen Hindernissen – sich die Verteidiger der Artillerie in weit ausgedehnterem Maße bedienen konnten als der Angreifer. Für den Angreifer war die Verwertung der Artillerie noch recht begrenzt, da die wirksamen Kaliber übermäßig schwer und somit auf dem Schlachtfeld kaum manövrierbar waren. Hinzu kam, daß die Kavallerie angesichts der Verlagerung des Kampfes in unübersichtliches, verschanztes Gelände ihrer Funktion als rasch einzusetzender Stoßkeil, der die dünnen Infanterielinien überrannte, beraubt wurde. Von einer Hauptwaffe, die die Entscheidung im Kampf herbeiführen konnte, konnte angesichts des verheerenden Mißerfolges der preußischen Kavallerieattacken gegen die russischen Verschanzungen bei Kunersdorf nicht mehr die Rede sein. Ihr Einsatz verlor sich in Hilfsfunktionen, um den Gegner zu verfolgen oder die eigenen Linien wiederherzustellen.

Die preußische Armee war angesichts dieser Umstände in der zweiten Hälfte des Siebenjährigen Krieges nicht mehr in der Lage, ihre Manövrierfähigkeit und Stoßkraft auf dem Schlachtfeld mit Erfolg auszunutzen. Jeder Angriff drohte im Feuer der Abwehrfront zu ersticken.

Erneut begann die preußische Führung ihre Taktik zu verändern. Wenn man die Schlacht bei Mollwitz (1740) mit der letzten großen Schlacht der Schlesischen Kriege bei Torgau (1760) vergleicht, bleibt die Tatsache unübersehbar, in welchem Maße sich das Gesicht der Schlacht gewandelt hatte: statt der traditionellen Aufstellung in zwei langgestreckte Treffen die gedrungene Formierung mehrerer Treffen; statt der konsequenten Trennung von Kavallerie und Infanterie die Vermischung und das wachsende Zusammenwirken von Artillerie, Infanterie und Kavallerie; statt eines ungestümen Stoßes, der alles entschied, der in Wellen, wiederholt vorgetragene Angriff; statt eines flachen, übersichtlichen Geländes ein waldiges, unübersichtliches, von Anhöhen durchzogenes und von Verschanzungen übersätes Gebiet.

Doch trotz dieser Änderungen hatte sich an den grundlegenden Prinzipien des taktischen Einsatzes nichts geändert, ja könnte man fragen, ob die natürlichen Schwächen der Lineartaktik dadurch nicht nur nicht gemindert, sondern noch mehr gesteigert wurden.

Überschaut man die taktischen Lehren der Schlesischen Kriege, so führten sie in der schrägen Schlachtordnung zur Vollendung der Lineartaktik. Gleichzeitig wurde aber auch sichtbar, daß eine Weiterentwicklung der Kriegskunst unter den bestehenden Bedingungen nicht mehr möglich war. Der Höhe-, aber auch der Endpunkt waren erreicht. Dieser Widerspruch fand militärisch seinen Ausdruck in der Tatsache, daß auf der einen Seite die Taktik der verbundenen Waffen, vor allem das Zusammenwirken zwischen Infanterie und Artillerie, erhebliche Fortschritte gemacht hatte, daß aber alle Ansätze zur Fortentwicklung dieses Systems an den Prinzipien der Lineartaktik scheitern mußten. Da der Schlachtenerfolg nicht mehr von einer einzigen Waffengattung errungen werden konnte, drängte die Entwicklung auf die Schaffung mehrerer selbständiger Korps hin. Das bedeutete jedoch die Auflösung der linearen Schlachtordnung. Sie setzte die Eigenverantwortlichkeit des höheren Offizierskorps voraus, die nur bei einem gewissen Stand der militärisch-wissenschaftlichen Ausbildung der Generalität möglich ist. Gerade im höheren preußischen Offizierskorps war die Bildungsfeindlichkeit jedoch so ausgeprägt, daß sich Friedrich II. selbst bitter darüber beklagte, keinem General ein selbständiges Kommando anvertrauen zu können. In der Tat wurden die preußischen Generale geschlagen, sobald sie selbständig befehligten. Trotzdem wurden während des Siebenjährigen Krieges verschiedene Schlachten so angelegt, daß sie zur Sprengung der einheitlichen Schlachtordnung führten. Die Schlacht Ferdinands bei Krefeld und Friedrichs Angriffe bei Torgau und Burkersdorf sind Beispiele dafür.

Die gewachsene Feuerkraft der Heere drängte aber noch nachhaltiger zur Auflösung der traditionellen taktischen Bindungen. Daß die kriegführenden Parteien gegen Ende des Siebenjährigen Krieges immer stärker das Risiko einer Schlacht scheuten, lag nicht zuletzt daran, daß die Verluste der Truppen in der starren Schlachtordnung, wo niemand seinen Platz wechseln durfte, unerträglich hoch waren. Besonders das gut gezielte Feuer der technisch verbesserten und zahlenmäßig verstärkten Artillerie riß gewaltige Lücken in die Linien. Kam 1740 noch ein Geschütz auf 1000 Mann, so waren es 1760 bereits 6 bis 7 Kanonen.

Beleg für die Technisierung der Kriegführung ist die sprunghaft ansteigende Stärke der österreichischen Feldartillerie. Rückte sie 1756 mit 202 schweren Geschützen ins Feld, betrug ihre Stärke 1757 bereits 362 Stück und 1760 548 Geschütze, so wurde ihr Friedensetat auf nicht weniger als 648 Stück festgelegt.

Die auch organisatorisch fest in den Rahmen der Armee eingefügte Artillerie drohte jeden Angriff schon im Keim blutig zu ersticken. Das kam in erster Linie auf das Konto der schweren Batterien, die im Siebenjährigen Krieg technisch so weit entwickelt waren, daß sie den Bewegungen des Feldheeres eher folgen konnten, besonders wenn dieses in lang vorbereiteten, verschanzten Lagern Stellung bezog. Die schweren Batterien erwiesen sich in der Feldschlacht nunmehr den beiden klassischen Hauptwaffengattungen Infanterie und Kavallerie als ebenbürtig, die durch ihre Massenwirkung eine Schlacht entscheiden konnten. Roßbach war nicht nur ein Sieg der preußischen Kavallerie, sondern auch der günstig placierten schweren Batterien. Die preußische Infanterie und Kavallerie wurden bei Hochkirch und vor allem bei Kunersdorf von einer überlegenen österreichischen und russischen Artillerie zusammenkartätscht. Die weitere Erhöhung der Feuerkraft der Armee, die technisch durchaus möglich war, drängte zum Abgehen von der linearen Taktik; die sozialökonomischen Verhältnisse, vor allem das Fehlen freier Bauern, verhinderten diese Entwicklung, weil die aufgelöste Gefechtsordnung, das Tiraillieren, zur Selbstauflösung der feudalen Heere geführt hätte.

Die Fesseln, zu denen die gesellschaftlichen Verhältnisse geworden waren, bestimmten auch die Strategie der feudalabsolutistischen Heere. Gegen Ende des vorigen Jahrhunderts entwickelte sich unter den bürgerlichen deutschen Militärhistorikern ein lebhafter Streit darüber, ob Friedrich II. seine Kriege nicht bereits in der Art der napoleonischen Strategie geführt hätte. Gegen diese Auffassungen, die insbesondere von der kriegsgeschichtlichen Abteilung des preußischen Generalstabs in falsch verstandener Aktualisierung ihrer irrealen strategischen Doktrinen propagiert wurden, polemisierten eine Reihe bürgerlicher Historiker, vor allem Hans Delbrück, und auch Franz Mehring. Indem Delbrück jedoch die ahistorischen Behauptungen der preußischen Militaristen zurückwies, die einseitig das Prinzip des absoluten Vorrangs der Schlachtentscheidung herausstellten, konstruierte er ein doktrinäres Strategieschema, das nur die beiden Grundformen Ermattungs- und Niederwerfungsstrategie kannte. Im Zeitalter der Schlesischen Kriege herrschte nach Delbrück nur die Ermattungsstrategie.

Wie wir gesehen haben, bestimmten die sozialökonomischen Verhältnisse die grundlegenden Prinzipien der Taktik, doch nicht ohne dabei Platz zu lassen für ihre Weiterentwicklung innerhalb der gesteckten Grenzen. Ähnliches gilt auch für den Bereich der Strategie. Grundsätzlich wurde sie ebenfalls von den ökonomischen Bedingungen diktiert. Neben den rein politischen Momenten, die auf die Strategie einwirkten und die hauptsächlich in den räuberischen Klasseninteressen des herrschenden Feudaladels bestanden, waren die Methoden, mit denen diese Ziele erreicht werden sollten, von den militärischen, ökonomischen und moralischen Möglichkeiten Preußens bestimmt. Für Preußen und alle anderen Feudalstaaten galt dabei der Grundsatz, daß die in jahrelanger Arbeit geschaffene Armee insgesamt nicht zu ersetzen war, weil die Rekrutierungsmöglichkeiten gering waren und die zur Verfügung stehenden Soldaten infolge der Leibeigenschaft und des Fehlens jeglicher demokratischer Freiheiten langwieriger Ausbildungszeit bedurften. Die Armee war der kostbarste Besitz jeder Staatsführung und durfte nicht leichtfertig der Vernichtung preisgegeben werden, weil dies den Untergang des Staates nach sich ziehen konnte.

Die Ziele, die den feudalen Armeen gestellt wurden, mußten ebenfalls beschränkt sein. Da aus finanziellen und ökonomischen Rücksichten die Zahl der Truppen immer in bestimmten Grenzen zu bleiben hatte, vermochte man ihnen nur sehr selten die Aufgabe zu stellen, sich zur Niederwerfung des Gegners völlig seines Territoriums zu bemächtigen. In der Regel konnte man ihnen nur die Eroberung einer Provinz oder eines Landstrichs übertragen.

Die durch scharfe Zucht zusammengehaltenen Söldnerheere waren in ihrer Versorgung darüber hinaus an die Magazinverpflegung gebunden. Um die Truppen streng überwachen zu können – die Verhütung der Desertion war ja ein wesentliches Anliegen der Feldherren –, war jegliches Requirieren der Soldaten streng untersagt. Der Kriegsherr lieferte den Soldaten ihre Nahrung. Bereits in Friedenszeiten wurden deshalb an strategisch wichtigen Punkten, meist in Festungen, Magazine angelegt. Friedrich II. unterhielt so Magazine in Berlin, Spandau, Magdeburg, Stettin, Wesel, Minden, Geldern, Königsberg, Insterburg, Küstrin, Frankfurt/Oder, Krossen, Glogau, Breslau, Brieg, Kosel, Neiße, Glatz und Schweidnitz. Diese Art der Versorgung der Truppen setzte ihre Bewegungsfreiheit wesentlich herab, weil es eine der Hauptaufgaben des Feldherrn sein mußte, sich nicht nur im Besitz der Magazine zu halten, sondern auch die Verbindung zu ihnen ständig zu sichern. Welche schwerwiegende Bedeutung diesem Faktor zukam, beweisen fast alle Feldzüge der Schlesischen Kriege. Die Eroberung eines festen Punktes, der möglichst an einer Wasserstraße lag, war in der Regel die unumgängliche Voraussetzung, Operationen größeren Umfangs im Feindesland eröffnen zu können. Die russischen Operationen zur Eroberung Kolbergs, die Friedrichs zur Einnahme von Prag, Olmütz, Brünn, die österreichischen Anstrengungen, sich fester Plätze in Schlesien zu bemächtigen, und andere liefern dafür anschauliche Beweise. An und für sich sollten die Soldaten für drei Tage den Proviant bei sich führen, die den Regimentern zugeteilten Brotwagen für sechs Tage und für neun die Proviantkolonnen der Armee. Ganz abgesehen davon, daß der dazu erforderliche Troß die Manövrierfähigkeit der Armee wesentlich herabsetzte, wird damit auch der enge Spielraum angedeutet, den die Feldherren des 18. Jahrhunderts hatten, wenn sie ihre Operationen planten. Ihr Aktionsradius mußte stets so bemessen sein, daß er sich innerhalb der Grenzen des Magazinnetzes bewegte. Es wurde als außerordentlich empfunden, wenn Friedrich zum Beispiel im Herbst 1757 von diesen Grundsätzen abwich und ohne Rücksicht auf die Magazinverpflegung mit ausgesuchten Eliteregimentern von Sachsen nach Schlesien eilte und die Truppe mittels Requisitionen versorgen ließ.

Dieser Eilmarsch der preußischen Truppen steht nahezu einzig in der Geschichte der Schlesischen Kriege. Er konnte auch nur im eigenen Lande bewerkstellig werden. Auch für die Kriegführung im 18. Jahrhundert bleibt nämlich charakteristisch, daß die Haltung der Bevölkerung ein wesentlicher Faktor war, der sich günstig oder ungünstig auf die Operationen auswirken konnte. Eine feindselige Haltung der bäuerlichen Bevölkerung gegenüber einem einrückenden Heere hatte gewöhnlich zur Folge, daß die Landleute ihre Höfe verließen und entweder in unwirtliche Teile ihrer Umgebung oder in die Städte flüchteten. Die Möglichkeiten, die Truppe aus dem Lande ernähren oder neue Magazine anlegen zu können, wurden damit außerordentlich gering. Auf die Dauer bedeutete dies, den Rückzug antreten zu müssen.

Ausgelöst wurde die Flucht der Bevölkerung vor allem aus nationalen und religiösen Gründen, aber auch wenn das Heer keine Ordnung hielt. Friedrich II. zum Beispiel mußte stets den Widerstand der tschechischen Bevölkerung in Böhmen und Mähren sowie den der polnischen Bevölkerung in Schlesien, vor allem in Oberschlesien, in Rechnung stellen. 1742, als sich der Widerstand der katholischen tschechischen Bevölkerung bis zum offenen Kampf steigerte, und 1744 trug dieser Umstand maßgeblich zur Niederlage der preußischen Armee bei.

Es ist deshalb sicherlich kein Zufall, daß es der preußischen Armee niemals gelang, dauerhafte Erfolge in diesen Gebieten zu erlangen. Sowohl in den beiden ersten Schlesischen Kriegen wie auch im Siebenjährigen Krieg – besonders 1757 und 1758 – endeten die Feldzüge der Preußen dort mit schweren Mißerfolgen. Gefördert wurde die antipreußische Haltung der Tschechen und Polen noch dadurch, daß die preußische Armeeführung diese Landstriche in der Regel schonungslos ausfouragierte, hohe Kontributionen erhob und nach Rekruten jagte.

Durch den Zwang, die Versorgungslinien zu sichern, war es kaum möglich, eine scharfe Konzentrierung der Truppen in den Hauptstoßrichtungen zu erreichen, weil stets beträchtliche Abzweigungen vom Haupttheer notwendig waren.

Die Rücksichten auf die Verpflegung bedingten unter anderem eine weitere Besonderheit der damaligen Kriegführung. Da es außergewöhnlich kompliziert war, die Kavallerie laufend aus den Magazinen zu versorgen, ruhten die Kämpfe während des Winters. Man nahm sie erst im späten Frühling wieder auf, wenn die Pferde genügend Rauhfutter fanden. Auch das Bestreben der Armeeführungen, hohe Verluste und Abgänge der für den Winterkrieg nicht ausgerüsteten Truppen zu vermeiden, ließ sie die Kämpfe im Winter einstellen. Es war deshalb außergewöhnlich, wenn Friedrich II. 1740 seinen Feldzug im Dezember begann, oder wenn er 1760 den Feldzug bis in den Februar hinein ausdehnte. In der Regel beschränkten sich die Kampfhandlungen in den kalten Monaten auf den Kleinkrieg, wenn nicht sogar förmliche Waffenstillstandsvereinbarungen getroffen wurden. Die Winterpause war auch unumgänglich, um den Ersatz einexerzieren und die Truppen auffüllen zu können.

Auf diese Voraussetzungen hatte jeder Feldherr des 18. Jahrhunderts zu achten, auch Friedrich konnte sie nicht überspringen. Allerdings veranlaßten ihn die typischen Besonderheiten, die den preußischen Militärstaat auszeichneten, nach Aushilfen zu sinnen. Der Grundsatz, daß Preußens Kriege auf Grund seiner ökonomischen Rückständigkeit kurz und rasch sein mußten, bestärkte seine Skepsis gegenüber den vorherrschenden Auffassungen der Manöver- und Kordonstrategen, die fast ausschließlich die Schlacht nur als das letzte Hilfsmittel gelten lassen wollten und die rieten, daß man durch bedächtiges, methodisches Vorgehen – durch kluge Verteidigung eines mehr oder minder zusammenhängenden Festungssystems, durch Zerstörung von Magazinen, durch Einnahme einer Festung, einer Provinz, durch kunstreiche Märsche und Manöver – den Krieg zu seinen Gunsten entscheiden könne. Er verwarf diese Lehren nicht etwa – wir sahen wiederholt, wie nahe Friedrich in seinen Feldzügen und in dem Ausbau der schlesischen Festungen dem Ideal der reinen Manöverstrategie kam –, sondern lehnte es nur ab, aus diesen Grundsätzen ein Dogma für seine Kriegführung zu machen.

Wenn auch die Kordon- und Manöverstrategie am ehesten den Bedingungen der feudalabsolutistischen Heere entsprach, so verboten sie doch nicht grundsätzlich eine Schlacht; denn auch durch diese konnte ein Krieg entschieden werden. Man denke nur an die Wirkung der Schlacht bei Poltawa, die zur Niederlage Schwedens führte. Um aber eine Schlacht entscheidend machen zu können, beschritt Friedrich mit der schrägen Schlachtordnung neue Wege. Endeten die bisherigen Parallelschlachten in der Regel mit einem frontalen Zurückdrängen des Gegners, so strebte er mit seinen neuen Methoden die Zerschlagung der gegnerischen Armee an. Daß dieses Ziel auch mit einer verbesserten Lineartaktik nicht erreicht werden konnte, lag nicht an der Kriegskunst Friedrichs, sondern an den Bedingungen seiner Zeit. Die Unvollkommenheit des militärischen Instruments, dessen er sich bediente und mit dem es unmöglich war, in der Verfolgung die völlige Vernichtung des Gegners zu erreichen, sowie seine eigene Sorge um die Erhaltung der Armee verhinderten stets, daß seine Erfolge «napoleonisch» ausfielen. Schon vor und besonders während des Siebenjährigen Krieges wuchsen deshalb bei ihm die Zweifel, ob mittels einer Schlacht überhaupt eine echte Entscheidung zu erzwingen sei. Seine Strategie mußte sich immer mehr den methodischen Auffassungen seiner Zeit angleichen, wofür der schlachtenlose Bayrische Erbfolgekrieg beredtes Zeugnis ablegt, der ja geradezu als Muster der reinen Manöverstrategie gelten kann.

Das hatte seine Ursachen in der Entwicklung, die die Lineartaktik gegen Ausgang des Siebenjährigen Krieges genommen hatte. Die friderizianische Schlachtentaktik hatte mit den Kämpfen bei Torgau ihre letzte Steigerung gefunden, über die hinaus keine Fortentwicklung mehr möglich war, ohne daß grundsätzliche Änderungen in den gesellschaftlichen Verhältnissen eintraten. Die Schlacht war somit unter den gegebenen Umständen kein vom

Feldherrn anzuwendendes Mittel mehr, weil allein die Waffenwirkung einen Grad erreicht hatte, die das Instrument, die Armee, mit völliger Vernichtung bedrohte. Es war auch mit der Anwendung neuer taktischer Varianten für den Angreifer nicht mehr möglich, den Widerspruch zwischen der gestiegenen Feuerkraft, die durch den technischen Fortschritt ermöglicht wurde, und den traditionellen taktischen Bindungen, die mit den sozialökonomischen Verhältnissen verwurzelt waren, zu lösen.

Die feudale Kriegskunst war dadurch, daß sie sich den technischen Fortschritt zu eigen gemacht hatte, ohne mit ihm gesellschaftlich Schritt halten zu können, in eine Krise geraten. Auf Grund der praktischen Erfahrungen rückte der Gedanke, den Krieg ohne Schlacht zu entscheiden, in den Vordergrund. Das immer größer werdende Risiko einer Schlacht – für Sieger wie Besiegte mit schweren Opfern, hohen Kosten und umfassender Schmälerung der Kampfkraft verbunden – wurde zur Existenzfrage des Staates.

Alle Versuche und bescheidenen Ansätze, die bestehende Taktik zu reformieren, mußten letzten Endes erfolglos bleiben, da sie stets nur Beiwerk der bestehenden Taktik waren und sich eine völlige Umstellung der Armee – etwa auf eine Tirailleurtaktik – angesichts ihrer Zusammensetzung von selbst verbot.

Wie verhängnisvoll sich allerdings diese Anpassung auf die Schlagkraft der preußischen Armee auswirkte, wurde im Krieg 1778, dem vierten Friedrichs II., der gleichzeitig aber auch sein kläglichster Feldzug war, sehr deutlich. 1778 strebte Joseph II., deutscher Kaiser und Sohn Maria Theresias, mit den Wittelsbachern einen Austausch Bayerns gegen die österreichischen Niederlande an. Friedrich, der darin eine gefährliche Vergrößerung des österreichischen Einflusses auf Deutschland sah, der seiner eigenen Machtposition unzuträglich sein konnte, wollte Österreich durch eine militärische Demonstration von der Verwirklichung dieses Projekts abhalten.

Verbündet mit der sächsischen Armee entfaltete Friedrich II. seine 154 000 Mann starken Streitkräfte im Frühjahr 1778 in zwei Armeen. Die erste, von ihm kommandierte, zählte 87 000 Mann, die zweite, von seinem Bruder Prinz Heinrich befehligt, 67 000 preußische und 22 000 sächsische Soldaten. Der preußische Feldzugsplan sah vor, daß die erste Armee von Schlesien aus nach Mähren und die Streitmacht Prinz Heinrichs von Sachsen aus in Böhmen eindringen sollte. Diejenige Armee, welche auf die österreichische Hauptmacht stoßen würde, hatte sich defensiv zu verhalten, während die andere zügig voranmarschieren sollte.

Wer die Instruktionen Friedrichs II. zu diesem Feldzug zur Hand nimmt, dem fällt auf, daß in ihnen von der Feldschlacht nur noch als Ausnahme die Rede ist. Hauptzweck des Feldzuges sollte es sein, durch kunstvolles Manövrieren die Österreicher aus ihren Stellungen zu vertreiben, sie von ihren Magazinverbindungen zu trennen, das Land auszufouragieren und auf Kosten Böhmens und Mährens den Krieg zu nähren. Bereits beim Ausmarsch zeigte die Preußenarmee Schwächen, die es bislang noch nicht gegeben hatte. «Wer den Abmarsch der Artillerie aus Berlin angesehen hat», berichtete ein Artillerieoffizier, «muß gefunden haben, daß die Batterien nicht der Waffe ähnlich sahen, die jeden Augenblick mit dem Feinde zu schlagen bereit sein sollten, sondern daß sie vielmehr einer Karawane glich, die eine Menge Kaufmannsgüter nach irgendeinem Marktplatz zu schaffen hatte.»

Am 5. Juli 1778 schließlich brach die preußische Armee in zwei Heeressäulen nach Böhmen und Mähren ein. Die über Nachod–Skalitz ins Mährische vorgestoßene erste preußische Armee traf bald, im Raum Königinhof–Jaromer–Königgrätz, auf eine starke österreichische Abwehrstellung entlang der Elbe, wo sich 80 000 Soldaten mit 426 schweren Geschützen unter dem Kommando von Joseph II. verschanzt hatten. Den Plan General Laudons, die österreichischen Kräfte zusammenzufassen und über Friedrichs Armee herzufallen, lehnte Joseph II. ab.

Friedrich spornte nun seinen Bruder an, das schwächere, 62 000 Mann und 252 Geschütze zählende österreichische Korps Laudons zu überflügeln und entweder nach Prag durchzubrechen oder Joseph II. zu Detachierungen nach Böhmen zu veranlassen, die ihm weitere Bewegungsfreiheit schaffen würde. Obgleich Laudon zunächst den Kopf verlor, seine Stellungen bei Aussig und Leitmeritz überstürzt räumen ließ, traute aber auch Prinz Heinrich seinen Erfolgen nicht und beschloß, weit vor der Iser seinen Vormarsch einzustellen. Auch vor Prinz Heinrichs Armee verfestigte sich die österreichische Front, und es begann in Böhmen

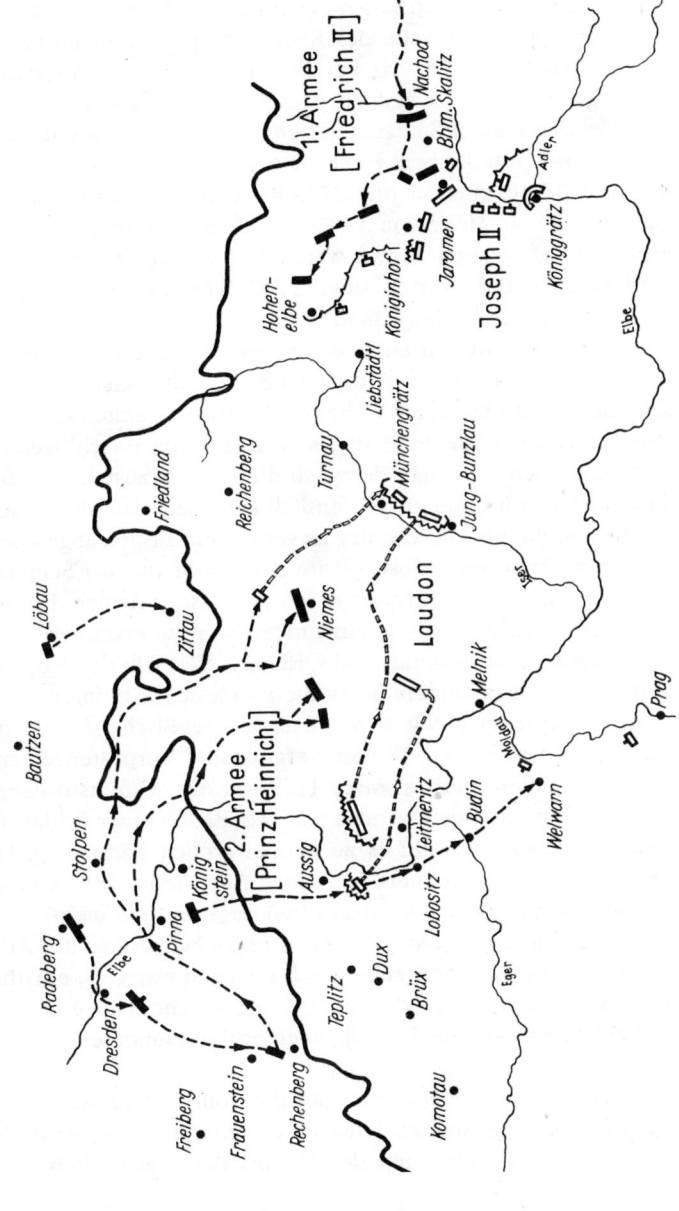

Der Bayrische Erbfolgekrieg 1778/1779

und Mähren ein monatelanger Scharmützel-, Fourage- und Lagerkrieg, in dem keine Seite das Risiko einer Schlacht einzugehen wagte. Friedrich II. bezog bei Burkersdorf Lager. Monatelange Untätigkeit, vor allem jedoch das qualvolle Zusammenpferchen von Zehntausenden Soldaten auf engstem Raum, führten zu Epidemien im preußischen Heer. Die rote Ruhr grassierte. Vom 1. Mai 1778 bis zum 30. Juni 1779 hatte die erste preußische Armee Ausfälle in Höhe von 37 886 Kranken, von denen 5 458 starben. Bei der zweiten Armee waren es 1 472 Mann, und bis September 1778 desertierten über 2 000 Soldaten, eine Zahl, die Friedrich «exzessiv» hoch fand.

Desertion wurde zu einer derartigen Massenerscheinung, daß der preußische König am 1. September 1778 dem General Tauentzien befahl, er solle durch Offiziere die Mär verbreiten lassen, daß die Österreicher alle Tage 10 bis 12 Überläufer totschlügen oder gar aufhängten. «Ihr habt demnach dieses so anzustellen, daß die Offiziere davon unter sich öffentlich sprechen, daß die Burschen solches hören, und sie von der Desertion ein Bisgen abgeschreckt werden.» Das ergebnislose Manövrieren von Juli bis September 1778 entmutigte und schwächte die preußische Armee. Ein Offizier meinte die Armee von einst nicht mehr zu erkennen: «Es ist kein Leben unter Generals und Offiziers, alles läßt den Kopf hängen, und es ist in keinem Stück die mindeste Ordnung.»

Ab 8. September zog sich die erste preußische Armee nach Schlesien zurück. Der Winter verging mit Vorpostengefechten und Plänkeleien, und im März 1779 trat der Waffenstillstand in Kraft. Der preußischen Armee war das Risiko einer Schlacht erspart geblieben. Obwohl es zu keinen großen Kämpfen gekommen war, hatte die preußische Armee Ausfälle in Höhe von über 40 000 Mann erlitten! Der «Kartoffelkrieg», in dem mehr verhandelt als geschossen wurde, ließ die inneren Schwächen der Armee schon sehr klar zutage treten. Doch niemand wagte es, ernsthafte Verbesserungen durchzuführen. Die preußische Armee glich sich vielmehr immer mehr dem allgemeinen Niveau anderer feudaler Armeen an.

Es ist nicht zu übersehen, daß die völlige Anpassung Friedrichs II. an die geltenden Normen der Kriegführung seiner Zeit zu einer Verschlechterung des Wertes der preußischen Armee beitrug. War er bis 1756 unablässig bemüht, die Schlagkraft der Armee zu heben, war er gegenüber Neuerungen aufgeschlossen und ständig bestrebt, die Ausbildung möglichst gefechtsnah zu halten, so bestimmte nach 1763 ein kleinlicher, pedantischer Gamaschendienst und Paradedrill das Leben der Armee.

An der Rekrutierung der Armee wurde zwar grundsätzlich nichts verändert, da aber Friedrich nach Beendigung des Siebenjährigen Krieges die Auslandswerbung den einzelnen Regimentern entzog und in eigene Regie übernahm, verschlechterte sich der Ersatz. Hatten die Kompaniechefs bisher aus den Einnahmen, die sie aus dem Beurlaubungswesen bezogen, auch die Werbung von Ausländern bestritten und dabei darauf gesehen, doch relativ zuverlässige Soldaten zu erhalten, weil eine Desertion auch ihren Profit schmälerte, so gestattete ihnen der König jetzt nur noch, 20 oder 10 Mann auf eigene Rechnung zu beurlauben. Die übrigen Gewinne aus den Beurlaubungen hatten sie an die königliche Kasse abzuführen. Die Folge war unter anderem, daß die Regimenter die verrufensten Menschen als Rekruten erhielten, weil die Werbeoffiziere möglichst billig einzukaufen suchten. Bei dieser Art des Ersatzes mußte die Disziplin noch härter gehandhabt werden. Sie wirkte wiederum demoralisierend auf die besseren Teile der Armee.

Mit der Schmälerung ihrer Einkünfte durch die Krone gaben sich jedoch die junkerlichen Offiziere nicht zufrieden. Sie suchten das ihnen Entzogene auf Umwegen wiederzuerlangen. Die Bekleidungs- und Fouragewirtschaft, das Freiwächterwesen, Erpressung der Bevölkerung boten genügend Möglichkeiten, sich schadlos zu halten. Die Offiziere des preußischen Heeres glichen nach dem Urteil Hermann von Boyens «wuchernden Krämern», die sich bemühten, durch Unterschleife, Betrug und durch andere Gaunereien aus ihren Kompanien Rittergüter herauszuwirtschaften oder mindestens Altersersparnisse anzuhäufen.

Die militärische Tüchtigkeit und Schlagkraft der Armee verringerte sich durch die Gewinngier der Junker erheblich. Der Militärdienst wurde zur schlimmsten und entehrendsten Strafe, die einen preußischen Untertanen treffen konnte. Neben einer wahren Zuchthausdisziplin verschlechterten sich auch die Lebensbedingungen der Soldaten. Das lag sowohl am Profitstreben der Junker als auch daran, daß die Löhnung trotz der verminderten Kaufkraft des Geldes unverändert blieb. Die peinliche Überwachung der Soldaten wurde auch dadurch erleichtert, daß nach dem Siebenjährigen Krieg überall mit dem Bau von Kasernen begonnen wurde, die eine ständige Aufsicht ermöglichten. Die Armee verwandelte sich so immer mehr in einen durch scharfe Grenzen vom übrigen Leben getrennten Fremdkörper innerhalb Preußens. Nur die ärmsten Schichten mußten Dienst leisten, während der Adel fast ausschließlich das Offizierskorps stellte.

Friedrich II. sah es nach 1763 als eine seiner Hauptaufgaben an, die Führung der Armee von allen bürgerlichen Elementen zu säubern. Nur bei der Artillerie und dem Ingenieurkorps, die eine gewisse technische Vorbildung erforderten, wurden sie geduldet. Die bevorzugte Stellung des adligen Offizierskorps im preußischen Staat, wo der letzte Fähnrich mehr galt als der erste Minister, förderten seine dünkelhafte und arrogante Überheblichkeit, die um so anmaßender wurde, je mehr ihre militärische Tüchtigkeit sank.

Der Drang Friedrichs, die Armee ohne große Mehrkosten ständig weiter zu vergrößern, übte ebenfalls einen verhängnisvollen Einfluß auf die Schlagkraft der Streitkräfte aus. Da der König aus finanziellen Erwägungen davor zurückschreckte, überalterte Offiziere zu entlassen, weil er ihnen Pensionen zahlen oder ihnen eine andere Versorgung zuteil werden lassen mußte, und die Versorgungsansprüche invalider Offiziere nach dem Siebenjährigen Krieg überdies zahlreich waren, erteilte er Offizieren nur in Ausnahmefällen den Abschied. Immer mehr nahm daher die Überalterung zu. Nach dem Urteil von Zeitgenossen waren die Hauptleute gegen Ende der Regierungszeit Friedrichs II. in der Regel «veraltete dickbäuchige Figuren», die ihr Dasein genießen wollten. Noch schlimmer stand es um den Altersdurchschnitt der Stabsoffiziere. Sie waren häufig schon so gebrechlich, daß sie nicht mehr reiten konnten. 1786 zählten bei der Infanterie alle Generalleutnants über 70 Jahre, von den 37 Generalmajoren waren 25 zwischen 60 und 78 Jahren, und von den 78 Obersten nur 4 unter 50 Jahre, aber 30 über 60 Jahre. Bei der Kavallerie lagen die Verhältnisse etwas günstiger. Ein General war 86, von 6 Generalleutnants waren 3 über 70 Jahre alt, von 25 Generalmajoren 17 zwischen 60 und 68 Jahren, dagegen zählten von 36 Obersten nur 4 weniger als 50 Jahre.

Die übertriebene Sparsamkeit Friedrichs ruinierte auch die einst von Seydlitz vorbildlich ausgebildete Kavallerie. Die Haferrationen für die Pferde wurden in den Friedensjahren immer stärker herabgesetzt, so daß die Pferde noch mehr geschont werden mußten. Der Dienst zu Pferde wurde immer seltener, und die Kavallerie verlernte das Reiten. Langen Attacken oder den Strapazen eines Feldzugs war sie nicht mehr gewachsen. Bei Manövern imponierte sie zwar ausländischen Besuchern, weil man alle Kraft, die in den Pferden steckte, herausholte, aber danach gewährte man ihnen eine desto längere Ruhezeit. Brach in der Ruhezeit allerdings ein Krieg aus, so fiel die Kavallerie für den Kampf nahezu aus.

Auch die Ausbildung der Infanterie stagnierte; keine wesentlichen taktischen Fortschritte wurden nach 1763 eingeführt. Um die lineare Kampfform aus ihrer Starrheit zu befreien und die Formationen beweglicher zu machen, probierte man zwar eine Unzahl neuer Manöver aus, aber da die Grenzen der Lineartaktik nicht übersprungen werden konnten, entwickelte sich daraus ein geisttötender Schematismus, der sich in allerlei wertlosen taktischen Künsteleien äußerte. Der Exerzierdienst und die gesamte Ausbildung wurden zum Selbstzweck, ohne noch eine reale Beziehung zum wirklichen Kampfgeschehen zu haben. Vielmehr trug der pedantische Exerzierdienst dazu bei, die Tüchtigkeit der Armee zu verringern. Die Gewehre zum Beispiel wurden lediglich als Exerzier- und Paradeobjekte angesehen. Man forderte, daß alle Metallteile der Flinten blank poliert sein mußten, weil dies bei Manövern großen Eindruck machte. Die Folge war, daß an den Gewehren unausgesetzt geputzt und geschmirgelt wurde, so daß bei der Mobilmachung von 1806 Gewehre in der Truppe vorhanden waren, aus denen kein scharfer Schuß abgegeben werden durfte, weil sich die Wandstärke der Läufe durch das dauernde Schmirgeln zu sehr verringert hatte. Der Eifer der Exerzierplatzstrategen führte auch zu einer weiteren Unsitte. Damit die Griffe gut hörbar knackten und knallten, lockerte man bei den Gewehren die Schrauben. Mit diesen so ruinierten Gewehren ließ sich kaum kämpfen.

Strategie und Taktik des friderizianischen Heeres blieben nach dem Siebenjährigen Krieg in starre Fesseln geschlagen, aus denen sie sich bei Fortbestehen der gesellschaftlichen Ordnung nicht befreien konnten. Der Höhepunkt der Lineartaktik war mit dem Siebenjährigen Krieg überschritten worden, und seitdem befand sich das preußische Heer in einem ständigen Niedergang. Keine Fortschritte in der Taktik, ein in der Mehrheit unfähiges, korruptes, überaltertes Offizierskorps und minderwertige Rekruten, Pedanterie und strenge Disziplin, mangelhafte Ausrüstung und unzureichende Bewaffnung kennzeichneten diese Armee gegen Ausgang der Regierungszeit Friedrichs II.

Zwanzig Jahre nach dem Tode Friedrichs II. stellte sich eben diese Armee an einem nebligen Oktobermorgen zwischen Jena und Auerstedt siegesgewiß den Truppen Napoleons.

Das prachtvolle Schauspiel der in langen, schnurgeraden Linien ausgerichteten Regimenter bestärkte die preußischen Führer in ihrer Überzeugung, daß sie das herrlichste Kriegsinstrument der Welt besäßen, an dessen Trefflichkeit Zweifel zu äußern ein fluchwürdiges Verbrechen schien. Aller Tadel mußte verstummen; denn nach einem Wort Friedrich Wilhelms III. war nicht einzusehen, weshalb die schönsten Truppen nicht auch die bravsten sein sollten. Binnen weniger Stunden wurden jedoch die schönsten Truppen der Welt so erbarmungswürdig zusammengeschlagen, wie es zuvor kaum einer Armee geschehen war.

Denn der Schein trog. «Im Zeughause zu Berlin», schrieb Carl von Clausewitz, «wurde die Ausrüstung der Artillerie mit einer Sorgfalt aufbewahrt, daß jeder Strick und jeder Nagel vorrätig waren, aber Strick und Nagel waren gleich unbrauchbar. Die Waffen des Soldaten wurden immer blank gehalten, die Gewehrläufe mit dem Ladestock fleißig poliert, die Schäfte alljährlich gefirnißt, aber die Gewehre waren die schlechtesten in Europa. Der Soldat war niemals im Rückstand mit Sold oder Kleidung, aber der Sold reichte nicht hin, den Hunger zu stillen, die Kleidung deckte nicht seine Blöße.»

Das tonangebende preußische Offizierskorps, das in den schlesischen Eroberungskriegen einem frugalen und harten Mönchsorden geähnelt hatte, war in junkerlichem Hochmut und aristokratischer Verstocktheit verkommen. Es wurde von greisenhaften

Kommandeuren befehligt, deren Weltbild sich in steriler Nachbildung des Alten und Veralteten erschöpfte, deren Bildung einseitig im reaktionären Preußentum verhaftet blieb und die ohne Teilnahme und Aufmerksamkeit für das waren, was sich außerhalb des preußischen Königreiches tat. Der ihnen eigene Dünkel eigener Vortrefflichkeit verbot sogar, die neuesten militärischen Erscheinungen zur Kenntnis zu nehmen, geschweige denn ernsthaft zu prüfen. Die Mehrheit der Gouverneure, Kommandeure und Regimentschefs war weit über die sechzig hinaus. Clausewitz berechnete, daß die 21 preußischen Generale, die vor Napoleons Truppen in Magdeburg ohne einen Schuß kapitulierten, das zusammen biblische Alter von 1300 Jahren zählten. Aber auch Kompanien und Schwadrone wurden von 50 bis 60jährigen befehligt. Doch dafür war das Offizierskorps rein blaublütig: Bei den Kürassieren gab es keinen einzigen bürgerlichen Offizier, bei den Dragonern ganze zwei, bei der Feldinfanterie einige wenige. Geduldet waren sie nur bei der Artillerie und den Ingenieuren, Waffengattungen, deren Kommandeure in Altpreußen niemals die Chance hatten, höhere Kommandoposten einnehmen zu dürfen.

Mit Schmach und Schande bedeckt, löste sich die preußische Armee in kürzester Zeit nahezu auf. Nur die einsichtigsten Beobachter erkannten damals, daß bei Auerstedt und Jena in erster Linie nicht das Heer Friedrich Wilhelms III., sondern das Friedrichs II. geschlagen worden war. Es war ein nachträglicher Urteilsspruch über sein Heer, dessen Zusammenbruch durch all die Mißbräuche und Verfehlungen mit verschuldet war, die unter seiner Regierungszeit ihren Anfang genommen hatten, wie die groteske Hilflosigkeit der Generalität, das unfähige, dünkel- und krämerhafte obere Offizierskorps, die gänzlich am Kriegsausgang desinteressierten, zerprügelten Soldaten, die klägliche Ausrüstung, die für den Paradeplatz, aber nicht für das Schlachtfeld bestimmt war, das erschütternde Versagen der Kavallerie und die anachronistisch anmutenden taktischen Grundsätze, nach denen die Armee kämpfte. Es blieb den bürgerlichen Militärreformern um Gneisenau, Scharnhorst, Boyen, Clausewitz vorbehalten, den Übergang von der feudalabsolutistischen Militärorganisation und Kriegführung zu bürgerlichen Formen einzuleiten und damit eine neue Epoche in der deutschen Militärgeschichte zu eröffnen.

Synchronoptische Übersicht
über die Zeit der Schlesischen Kriege

	Preußische Politik und Kriegführung	Europäische Politik
1740		
		(20.10.) Tod Karls VI. von Österreich
	(16.12.) Einmarsch preußischer Truppen in Schlesien	
1741		
	(10.4.) Schlacht bei Mollwitz	
		(28.5.) Vertrag zu Nymphenburg zwischen Frankreich, Bayern und Spanien
	(4.6.) Vertrag zu Breslau zwischen Preußen und Frankreich	(4.8.) Schwedische Kriegserklärung an Rußland
	(9.10.) Geheimvertrag zu Kleinschnellendorf zwischen Preußen und Österreich	
1742		
		(24.1.) Karl Albrecht von Bayern in Frankfurt zum deutschen Kaiser (Karl VII.) gewählt
		(12.2.) Einnahme Münchens durch die Österreicher
	(17.5.) Schlacht bei Chotusitz	
	(11.6.) Friede zu Breslau zwischen Preußen und Österreich	

Seekrieg und Kolonialpolitik	Kultur	Wirtschaft, Technik und Naturwissenschaft
	Universität in Pennsylvania gegründet	Huntsman legt in England die erste Gußstahlfabrik an Erste Kokshochöfen in England
(April) Seeschlacht bei Cartagena zwischen Spaniern und Briten	Voltaires Drama «Mohammed»	
	Händel komponiert sein Oratorium «Messias» Wiener Burgtheater gegründet	Elbe-Havel-Kanal gebaut Anders Celsius führt die heute gebräuchliche Thermometerskala ein

Preußische Politik und Kriegführung	Europäische Politik
1743	
	(3.2.) Schlacht bei Camposanto
	(27.6.) Schlacht bei Dettingen
	(13.9.) Wormser Bündnis zwischen Österreich, England und Sardinien
1744	
(22.5.) Frankfurter Union zwischen Preußen, Bayern, Hessen-Kassel und Schweden	
(5.6.) Bündnis zu Versailles zwischen Preußen und Frankreich	
(10.8.) Preußische Kriegserklärung an Österreich	
(16.9.) Einnahme Prags durch preußische Truppen	
1745	
	(8.1.) Quadrupelallianz zwischen England, Österreich, Sachsen und Holland
	(22.4.) Friede zu Füssen zwischen Bayern und Österreich
	(11.5.) Schlacht bei Fontenoy
	(18.5.) Leipziger Bündnisvertrag zwischen Sachsen und Österreich
(4.6.) Schlacht bei Hohenfriedberg	
(30.9.) Schlacht bei Soor	
(15.12.) Schlacht bei Kesselsdorf (25.12.) Friede zu Dresden zwischen Preußen, Sachsen und Österreich	

Seekrieg und Kolonialpolitik	Kultur	Wirtschaft, Technik und Naturwissenschaft
	(24.5.) Marat geb. Händels «Samson», «Semele und Joseph» (Oratorium) sowie «Dettinger Tedeum»	Großgewinnung von Zink in England Erste Hufeisenmagnete
(22.2.) Seeschlacht bei den Hyères-Inseln zwischen Briten und Franzosen/Spaniern		Cooke entwirft Dampfheizung für Wohnhäuser Gründung des Eisenkontors in Schweden Erste Baumwollmanufaktur in Berlin
	(25.8.) Herder geb.	
	Gottsched richtet «Deutsche Schaubühne» an den Regeln der Griechen und Römer ein	Technische Lehranstalt in Braunschweig eröffnet
(April/Mai) Briten erobern in Kanada die Insel Breton mit dem Hafen Louisburg		
	(19.10.) Swift gest.	

Preußische Politik und Kriegführung	Europäische Politik
1746	(27.4.) Schlacht bei Culloden
	(2.6.) Österreichisch-russisches Bündnis
	(15.6.) Schlacht bei Piacenza
	(11.10.) Schlacht bei Rocoux
1747	
(29.5.) Preußisch-schwedisches Bündnis	
	(2.7.) Schlacht bei Laveld
1748	
	(24.1.) Frankreich tritt dem preußisch-schwedischen Bündnis bei
	(18.10.) Friede zu Aachen beendet den Österreichischen Erbfolgekrieg
1749	
1750	
1751	
(2.1.) Preußisch französischer Subsidienvertrag	

Seekrieg und Kolonialpolitik	Kultur	Wirtschaft, Technik und Naturwissenschaft
	(30.3.) Goya geb. Händels Oratorium «Judas Makkabäus» Wiedereröffnung der Gemäldegalerie in Dresden	Großherstellung von Schwefelsäure in Bleikammern (Birmingham)
(21.9.) Frankreich erobert Madras		
(14.5.) Seeschlacht bei Kap Finisterre zwischen Briten und Franzosen	Humes Untersuchungen über den menschlichen Verstand	Markgraf entdeckt Zuckergehalt der Runkelrübe Erste landwirtschaftliche Gesellschaft in Zürich Erste Seidenmanufaktur in Berlin Erste Stahlschreibfeder von Janssen
(14.10.) Seeschlacht bei Belle-Isle zwischen Briten und Franzosen	Montesquieus «Der Geist der Gesetze» Lamettries «Der Mensch als Maschine» Lomonossows «Russische Sprachkunde»	
	(28.8.) Goethe geb.	Einführung der Personenpost in Deutschland
	Lessings Schrift «Verteidigung der Herrnhuter» (28.7.) Bach gest.	Börse von Rotterdam gegründet Berliner Porzellanmanufaktur gegründet
(11.11.) Britischer Überfall auf den französischen Handelsplatz Arkot in Indien	Diderot und d'Alembert beginnen mit der Herausgabe der Enzyklopädie Vossische Zeitung erscheint in Berlin École Militaire in Paris gegründet	Chaumette konstruiert Hinterladergewehr

Preußische Politik und Kriegführung	Europäische Politik

1752

1753

Friedrich II. händigt «Generalprinzipien vom Kriege» an seine Generalität
aus

1754

1755

Friedrich II. vollendet «Gedanken und
allgemeine Regeln für den Krieg»

(30.9.) Russisch-englischer Bei-
standspakt

1756

(16.1.) Westminster-Konvention zwischen Preußen und England

(1.5.) Defensivbündnis zwischen Österreich und Frankreich zu Versailles

(29.8.) Einmarsch der preußischen Armee in Sachsen

(1.10.) Schlacht bei Lobositz

(16.10.) Kapitulation der sächsischen
Armee bei Pirna

Seekrieg und Kolonialpolitik	Kultur	Wirtschaft, Technik und Naturwissenschaft
		Benjamin Franklin baut ersten Blitzableiter
	Goldonis Komödie «Mirandolina» Britisches Museum gegründet Rousseaus Werk «Über die Ungleichheit der Menschen»	Wiener Börse gegründet Staroperation durch I. Daviel
(11.10.) Friedensvertrag zwischen der britisch-ostindischen und der französisch-indischen Kompanie Gründung des französischen Forts Duquesne in Nordamerika	Franklin entwirft Verfassung für Nordamerika Columbia-Universität in New York gegründet	Cort baut erstes Eisenwalzwerk in England
(8.6.) Seegefecht zwischen Briten und Franzosen bei Neufundland (9.7.) Schlacht bei Monongahela	Universität Moskau gegründet Morelly fordert in «Kodex der Natur» Abschaffung des Privateigentums Lessins «Miß Sara Sampson»	
	(27.1.) Mozart geb. Casanova flieht aus den Bleikammern Venedigs	Zement hergestellt von John Smeaton
(20.5.) Seeschlacht bei Menorca zwischen Briten und Franzosen (20.7.) England verliert Kalkutta		

Preußische Politik und Kriegführung	Europäische Politik

1757

(11.1.) Rußland tritt dem Versailler Vertrag bei

(22.1.) Russisch-österreichischer Allianzvertrag

(29.1.) Erklärung des Reichskriegs gegen Preußen

(1.5.) Österreichisch-französisches Offensivbündnis zu Versailles

(6.5.) Schlacht bei Prag

(18.6.) Schlacht bei Kolin

(26.7.) Schlacht bei Hastenbeck

(30.8.) Schlacht bei Groß-Jägersdorf

(5.11.) Schlacht bei Roßbach

(10.9.) Vertrag zu Kloster Zeven

(22.11.) Schlacht bei Breslau

(5.12.) Schlacht bei Leuthen

1758

(22.1.) Die ostpreußischen Stände huldigen der Zarin

(11.4.) Englisch-preußischer Subsidienvertrag

(13.4.) Schwedisch-französischer Subsidienvertrag

(5.5.) Beginn der Belagerung von Olmütz

(4.5.) Dänisch-französischer Beistandsvertrag

Seekrieg und Kolonialpolitik	Kultur	Wirtschaft, Technik und Naturwissenschaft
(2.1.) Clive erorbert Kalkutta für England zurück	Russische Akademie der Künste gegründet	China beschränkt fremden Handel auf Kanton
	Gellerts «Geistliche Oden und Lieder»	Farbfehlerfreie Linsen von Dolland
(23.6.) Schlacht bei Plassey		
(9.8.) Fort William Henry von Franzosen in Nordamerika erobert		
	Helvetius vollendet «Über den Geist»	
	Erste Ausgabe der Manessischen Handschrift durch Bodmer und Breitinger	Einführung von Fieberthermometern moderner Form
(28.2.) Seeschlacht bei Kap Gata		
	Gleims «Scherzhafte Lieder» in drei Bde.	
(1.5.) Briten erobern St. Louis in Gambien (5.6.) Britische Landung in St. Malo	(6.5.) Robespierre geb.	

Preußische Politik und Kriegführung	Europäische Politik

1758

(23.6.) Schlacht bei Krefeld

(30.6.) Gefecht bei Domstadtl

(25.8.) Schlacht bei Zorndorf

(14.10.) Schlacht bei Hochkirch

(7.12.) Erneuerung des preußisch-englischen Subsidienvertrags

(30./31.12.) Österreichisch-französischer Beistands- und Subsidienvertrag

1759

(2.1.) Franzosen besetzen Frankfurt/Main

(13.4.) Schlacht bei Bergen

(23.6.) Schlacht bei Kay

(12.8.) Schlacht bei Kunersdorf

(1.8.) Schlacht bei Minden

(4.9.) Kapitulation der preußischen Garnison von Dresden

(21.11.) Kapitulation des Korps Finck bei Maxen

(25.11.) Deklaration von Ryswyk

Seekrieg und Kolonialpolitik	Kultur	Wirtschaft, Technik und Naturwissenschaft
(26.6.) Kapitulation von Louisburg		
(8.8.) Einnahme Cherbourgs durch die Briten		
	Lessings Fabeln (3.Bd. bis 1765) Voltaires «Candide oder der Optimismus»	
(29.12.) Briten erobern Gorée in Gambien		
	Haydns 1.Symphonie	
(23.1.) Briten landen auf Guadeloupe		
	(14.4.) Händel gest.	
(18.8.) Seeschlacht bei Lagos		
(13.9.) Erste Schlacht bei Quebec		
	(10.11.) Schiller geb.	
(20.11.) Seeschlacht bei Quiberon		
(30.11.) Briten erobern in Indien Wandewash		

Preußische Politik und Kriegführung	Europäische Politik

1760

(1.4.) Erneuerung des russisch-österreichischen Bündnisses

(3.4.) Gegendeklaration der Alliierten

(23.6.) Schlacht bei Landeshut

(10.7.) Gefecht bei Korbasch

(16.7.) Gefecht bei Emsdorf

(31.7.) Gefecht bei Warburg

(15.8.) Schlacht bei Liegnitz

(3.10.) Einnahme Berlins durch Russen und Österreicher

(16.10.) Gefecht bei Kloster Kamp

(3.11.) Schlacht bei Torgau

(12.12.) Letzte Erneuerung des preußisch-britischen Subsidienvertrags

1761

(26.3.) Deklaration der Alliierten zur Einberufung eines Friedenskongresses

(2.4.) Preußisch-türkischer Freundschafts- und Handelsvertrag

(2. u. 5.4.) Gefechte bei Saalfeld und Plauen

(15./16.7.) Gefecht bei Vellinghausen

(Juni/Juli) Beginn der englisch-französischen Friedensverhandlungen

(15.8.) Französisch-spanische Konvention zum Krieg gegen England

Seekrieg und Kolonialpolitik	Kultur	Wirtschaft, Technik und Naturwissenschaft
(22.1.) Schlacht bei Wandewash	Diderots «Die Nonne» Lomonossows russische Geschichte	Erste Blitzableiter in Europa (England)
(28.4.) Zweite Schlacht bei Quebec		
(15.5.) Franzosen heben die Belagerung von Quebec auf		
(8.9.) Kapitulation von Montreal		
	(30.11.) Karoline Neuber gest.	
(16.1.) Kapitulation der französischen Festung Pondichery in Indien	Rousseaus «Die neue Heloise»	Gründung der Nymphenburger Porzellanmanufaktur
(25.4.) Landung der Briten auf Belle-Isle		Begründung der pathologischen Anatomie durch Morgagni

Preußische Politik und Kriegführung	Europäische Politik

1761

(20.8.–26.9.) Lager von Bunzelwitz

    (15.10.) Rücktritt Pitts; Nachfolger: Bute

(16.12.) Kapitulation Kolbergs

1762

    (4.1.) England erklärt Spanien den Krieg

    (5.1.) Tod der russischen Zarin Elisabeth; Nachfolger: Peter III.

    (4.2.) Französisch-spanischer Beistandspakt

(5.5.) Friede zu Petersburg zwischen Rußland und Preußen

    (5.5.) Einmarsch spanischer Truppen in Portugal

(22.5.) Friede zu Hamburg zwischen Preußen und Schweden

(19.6.) Preußisch-russischer Allianzvertrag

    (24.6.) Schlacht bei Wilhelmsthal

    (28.6.) Sturz Peters III.; Nachfolger: Katharina II.

(21.7.) Gefecht bei Burkersdorf

    (23.7.) Gefecht bei Lutternberg

(29.10.) Schlacht bei Freiberg

Seekrieg und Kolonialpolitik	Kultur	Wirtschaft, Technik und Naturwissenschaft
	Rousseau schreibt «Gesell-schaftsvertrag» und «Emile»	Erste Tierarzneischule in Lyon
	Glucks Oper «Orpheus und Eurydike»	
	Wielands erste deutsche Prosaübersetzung von Shakespeare	
(13.2.) Kapitulation von Französisch-Martinique		
(7.6.) Landung briti-scher Truppen auf Kuba		
(12.8.) Kapitulation der spanischen Garnison von Havanna		
(24.9.) Landung briti-scher Truppen auf den Philippinen		
(6.10.) Briten erstürmen Manila		

1762

(1.11.) Einnahme Kassels durch die Verbündeten

(3.11.) Friedenspräliminarien zwischen England, Spanien und Frankreich zu Fontainebleau

(15.11.) Waffenstillstand zwischen den Verbündeten und den Franzosen in Westdeutschland

(22.11.) Spanisch-portugiesischer Waffenstillstand

1763

(10.2.) Friede zu Paris zwischen England, Spanien und Frankreich

(15.2.) Friede zu Hubertusburg zwischen Preußen, Österreich und Sachsen

1764

(11.4.) Preußisch-russisches Bündnis

(7.9.) Der russisch-preußische Kandidat Stanislaw Poniatowski wird zum König von Polen gewählt

1765

Seekrieg und Kolonialpolitik	Kultur	Wirtschaft, Technik und Naturwissenschaft
Quebec-Akte verbietet nordamerikanischen Kolonisten das Siedeln jenseits der Alleghaniens	Lessing vollendet «Minna von Barnhelm»	Erste Gewerbeausstellung in Paris
(Okt.) Niederschlagung des bengalischen Aufstands durch die Briten		
Nordamerika verweigert Steuerzahlung an England (Stempelsteuer)	Winckelmanns «Geschichte der Kunst des Altertums»	Hargreaves Spinnmaschine (Spinning Jenny)
Aufstand der Regulatoren in New York		
		Holzpapier von J.C.Schäffer James Watt baut erste Dampfmaschine

Kleines Lexikon der Schlesischen Kriege

Aachen, Friede zu abgeschlossen am 18. 10. 1748 zwischen Frankreich, den Seemächten England und Holland sowie Österreich; beendete den Österreichischen Erbfolgekrieg. Bestimmungen: Die Kolonialmächte geben ihre Eroberungen zurück, Schlesien wird Preußen zugesprochen, die Pragmatische Sanktion für Österreich und die britische Thronfolge für Hannover werden bestätigt.

Anhalt-Dessau, Leopold von geboren 1676, gestorben 1747, preußischer Feldmarschall, genannt «Exerziermeister» des preußischen Heeres; 1741 Oberbefehlshaber des preußischen Observationskorps gegen Sachsen, 1745 als Befehlshaber preußischer Truppen Sieger in der Schlacht bei Kesselsdorf.

Anhalt-Dessau, Moritz von geboren 1712, gestorben 1760, preußischer Marschall; jüngster Sohn Leopolds von Anhalt-Dessau.

Apraxin, Stephan Fjodorowitsch geboren 1702, gestorben 1758, russischer Marschall, 1756/57 Oberbefehlshaber der russischen Truppen in Deutschland.

Arenberg, Carl Leopold von geboren 1721, gestorben 1778, österreichischer Feldmarschall; als Feldzeugmeister beteiligt an den Schlachten bei Hochkirch und Torgau.

August III. geboren 1696, gestorben 1763; seit 1733 Kurfürst von Sachsen (als Friedrich August II.) und König von Polen.

Avancieren Vorwärtsbewegung des Infanteriebataillons in Linie. Es geschah im Avancierschritt (75 Schritt in der Minute) oder im geschwinden Schritt (108 Schritt in der Minute).

219

Bataillon taktische und administrative Formation im preußischen Heer, 700 bis 800 Mann stark; für das Gefecht in zwei Flügel eingeteilt, diese in zwei Divisionen, jede Division in zwei Pelotons. Darüber hinaus wurde das Bataillon zu Verwaltungszwecken in fünf Musketierkompanien und eine Grenadierkompanie gegliedert. Jedes Bataillon führte außerdem zwei 3pfündige Kanonen mit sich.

Batthyány, Karl Josef von gestorben 1772, österreichischer Feldmarschall, Sieger von Pfaffenhofen (1745).

Beck, Philipp Lewin von geboren 1720, gestorben 1768, österreichischer Feldzeugmeister; im Siebenjährigen Krieg wiederholt Kommandeur selbständiger Abteilungen.

Belling, Wilhelm Sebastian von geboren 1719, gestorben 1779, preußischer Husarengeneral; befehligte seit 1761 die preußischen Truppen gegen die schwedische Armee.

Bergen Ort in Hessen; am 13.4.1759 Schlacht zwischen der verbündeten Armee und der französischen Mainarmee. Der Angriff der Verbündeten scheiterte an den gut gewählten französischen Stellungen.

Bestushew-Rjumin, Alexej Petrowitsch geboren 1693, gestorben 1766, russischer Großkanzler und Feldmarschall; 1740 Kabinettsminister, 1744 Reichsvizekanzler; von 1744 bis 1757 Großkanzler und Leiter der russischen Außenpolitik.

Boscawen, Edward geboren 1711, gestorben 1761, englischer Admiral; Sieger in der Seeschlacht bei Lagos.

Braddock, Edward geboren 1695, gestorben 1755, britischer General, ab 1753 Militärgouverneur von Virginien; unterlag in der Schlacht von Monongahela.

Braunschweig-Bevern, August Wilhelm von geboren 1715, gestorben 1781, preußischer General; im Ersten Schlesischen Krieg Regiments-, im Zweiten Brigadekommandeur. 1757 bei Breslau geschlagen und gefangengenommen.

Braunschweig-Lüneburg, Ferdinand von geboren 1721, gestorben 1792, preußischer Generalfeldmarschall; von November 1757 bis Dezember 1762 Oberbefehlshaber der verbündeten Truppen in Westdeutschland.

Breslau am 4. 6. 1741 Vertrag zu B. zwischen Preußen und Frankreich gegen Österreich;
am 11. 6. 1742 Friede zu B. zwischen Österreich und Preußen, beendete den Ersten Schlesischen Krieg;
am 22. 11. 1757 Schlacht bei B., vernichtende Niederlage der Schlesischen Armee Preußens.

Brigade größte taktische Formation im preußischen Heer unter Friedrich II.; im Krieg nur bei der Schlachtordnung oder bei Manövern gebildet; bestand aus zwei bis acht Infanteriebataillonen oder zwei bis vier Kavallerieregimentern unter einem Generalmajor. Mit jeder Neuaufstellung der Schlachtordnung änderten sich auch die Brigadeaufstellungen. Mehrere Brigaden standen in der Schlachtordnung unter dem Kommando eines Generalleutnants, dieser Verband entsprach etwa einer Division.

Broglie, Victor François geboren 1718, gestorben 1804, französischer Marschall; Oktober 1759 bis Anfang 1762 Oberbefehlshaber der französischen Truppen in Deutschland.

Browne, Maximilian Ulysses von geboren 1705, gestorben 1757, österreichischer Feldmarschall; im Österreichischen Erbfolgekrieg maßgeblicher Ratgeber der österreichischen Heeresleitung.

Bunzelwitz Ort in Schlesien; vom 20. 8. bis zum 26. 9. 1761 befestigtes Lager der preußischen Armee bei B., um der vereinigten österreichisch-russischen Armee widerstehen zu können; nach Abzug der russischen Armee aufgehoben.

Burkersdorf Ort in Schlesien; am 21. 7. 1762 bei B. siegreiches Gefecht der preußischen Armee mit österreichischen Truppen.

Buturlin, Alexander Borissowitsch geboren 1704, gestorben 1768, russischer General; von 1760 bis 1763 Oberbefehlshaber der gegen Preußen eingesetzten russischen Streitkräfte.

Cherbourg Hafenstadt in Nordfrankreich; am 8. 8. 1758 von britischen Truppen erobert, am 15. 8. nach Zerstörung aller kriegswichtigen Anlagen wieder geräumt.

Chotusitz Ort in Böhmen; am 17. 5. 1742 Sieg der Preußen in der Schlacht bei Ch. über die österreichischen Truppen.

Clermont, Louis de Bourbon-Condé geboren 1709, gestorben 1771, französischer General; 1758 Oberbefehlshaber der französischen Armee in Deutschland.

Clive, Robert geboren 1725, Selbstmord 1774; 1743 bis 1760 im Dienste der Ostindischen Kompanie stehend, begründete er die englische Kolonialherrschaft in Indien.

Conflans, Hubert de Brienne gestorben 1777, französischer Admiral und Marschall; unterlag in der Seeschlacht bei Quiberon.

Contades, Louis, George Erasme de geboren 1704, gestorben 1793, französischer Marschall; 1758/59 Oberbefehlshaber der französischen Armee in Deutschland.

Cumberland, William Augustus geboren 1721, gestorben 1765; 1756/57 Oberbefehlshaber der Observationsarmee in Westdeutschland.

Daun, Leopold Josef von geboren 1705, gestorben 1766, österreichischer Generalfeldmarschall; 1757 bis 1763 Oberbefehlshaber der österreichischen Streitkräfte.

Dettingen Ort in Hessen; am 27.6.1743 Sieg der Pragmatischen Armee in der Schlacht bei D. über französische Streitkräfte.

Division taktische Unterabteilung in den feudalabsolutistischen Heeren. Sie bestand in Preußen aus zwei Pelotons. Als D. bezeichnete man im 18. Jahrhundert manchmal auch ein Treffen eines Flügels der Schlachtordnung.

Dohna, Christoph von geboren 1703, gestorben 1762, preußischer Generalleutnant; kommandierte 1758/59 die preußischen Truppen gegen die Schwedische Armee.

Domstadtl Ort in Mähren, bei dem am 30.6.1758 die Österreicher einen preußischen Versorgungstransport überfielen und zersprengten, was Friedrich II. zwang, die Belagerung von Olmütz aufzuheben.

Dragoner ursprünglich berittene Infanterie; unter Friedrich II. als schwere Schlachtenkavallerie, aber auch im Infanteriegefecht eingesetzt.

Draskovich, Josef von geboren 1714, gestorben 1765, österreichischer Feldzeugmeister, im Siebenjährigen Krieg Kommandeur selbständiger leichter Abteilungen.

Dresden am 25. 12. 1745 Friede zu D. zwischen Preußen, Österreich und Sachsen, der den Zweiten Schlesischen Krieg beendete. Preußen erhielt die Eroberung Schlesiens bestätigt, erkannte Franz I. als Kaiser an und empfing von Sachsen eine Million Taler Kriegskosten;
im Siebenjährigen Krieg am 9. 9. 1756 von preußischen Truppen besetzt,1758 von den Österreichern vergeblich belagert und am 4.9.1759 von der Reichsarmee eingenommen. Vom 14. bis zum 30.Juli 1760 belagerte Friedrich II. ergebnislos die Stadt.

Ehrensvärd, Augustin geboren 1710, gestorben 1772, schwedischer Marschall; 1761/62 Oberbefehlshaber der schwedischen Armee in Deutschland.

Elisabeth, Jelisaweta Petrowna geboren 1709, gestorben 1762; seit 1741 durch Staatsstreich russische Zarin.

Eskadron taktischer Truppenkörper der Kavallerie, in der die Kavallerieabteilung in mehreren Gliedern antrat. Die Einheit für den administrativen Verkehr war auch bei der Kavallerie die Kompanie, zwei Kompanien bildeten eine Eskadron.

Estrées, Louis Charles César Letellier d' geboren 1695, gestorben 1771, französischer Marschall; 1757 Oberbefehlshaber der französischen Truppen in Süddeutschland.

Fehrbellin Ort in der Mark Brandenburg. Am 28. 9. 1758 besiegten im Gefecht bei F. schwedische Einheiten preußische Truppen.

Fermor, Wilhelm geboren 1704, gestorben 1771, russischer General; von November 1757 bis Mai 1759 Oberbefehlshaber der russischen Truppen in Deutschland.

Finck, Friedrich August von geboren 1718, gestorben 1766, preußischer General; geriet 1759 bei Maxen mit seinem Korps in Gefangenschaft und fiel in Ungnade.

Fleury, André-Hercule de geboren 1653, gestorben 1743, französischer Kardinal und Minister; leitete seit 1726 die Staatsgeschäfte Frankreichs.

Fontenoy Ort in Belgien, bei dem am 11.5.1745 die französische Nordarmee die Pragmatische Armee besiegte.

Franz Stephan von Lothringen geboren 1708, gestorben 1765; 1736 Heirat mit Maria Theresia, 1742 und 1744 Oberbefehlshaber der österreichischen Armee, 1745 als Franz I. zum deutschen Kaiser gewählt.

Freibataillon, Freikorps neben der regulären Linieninfanterie bestehende kleine Truppenabteilungen, die sich aus Freiwilligen zusammensetzten und nicht der scharfen Disziplin der regulären Truppen unterworfen waren. Sie wurden in Preußen vornehmlich für den Sicherungsdienst, zu Streifzügen ins gegnerische Hinterland usw. verwandt. In der Schlacht deckten sie gewöhnlich das Lager oder wurden als Kanonenfutter der Linieninfanterie vorangeschickt.

Freiberg Ort in Sachsen. Am 29.10.1762 brachten preußische Truppen in der Schlacht bei F. der Reichsarmee eine schwere Niederlage bei.

Friedrich II. geboren 1712, gestorben 1786, seit 1740 König von Preußen; Oberbefehlshaber der preußischen Armee im Ersten Schlesischen (1740 bis 1742), im Zweiten Schlesischen (1744–1745) und im Siebenjährigen Krieg (1756–1763).

Fünfmärschesystem eine sich aus der Magazinverpflegung ergebende Operationsart, bei der die Truppen mit einer Verpflegung für neun Tage fünf Tagesmärsche ausführen konnten. Brot für drei Tage trug der Soldat bei sich, die Brotwagen der Regimenter für weitere sechs Tage. Die Armeebäckereien brauchten vier Tage, um einen neuen Brotvorrat für sechs Tage backen zu können. Sie mußten also spätestens am sechsten Operationstag wieder haltmachen und arbeiten. Somit konnte man nicht mehr als sechs Tagesmärsche unternehmen, was unter Anrechnung eines Ruhetags zum Fünfmärschesystem zwang.

Füsiliere Bezeichnung für die leichte Infanterie des preußischen Heeres; ursprünglich im Unterschied zu der mit Luntenschloßmuskete und Pike ausgerüsteten Infanterie mit dem Steinschloßgewehr bewaffnet, verschmolzen sie später mit der Linieninfanterie. 1783 stellte Friedrich II. unter dem Eindruck des nordamerikanischen Unabhängigkeitskrieges zunächst drei Regimenter neu auf, die im Gegensatz zur Linieninfanterie mit gezogenen Gewehren und einer eher dem Gelände angepaßten Uniform ausgestattet waren.

Füssen   Ort in Bayern. Am 22. 4. 1745 Friedensschluß zwischen Österreich und Bayern, das die Pragmatische Sanktion anerkannte und seine Kurstimme dem Habsburger Kaiserkandidaten zusagte. Kurfürst Maximilian Joseph erhielt dafür sein von österreichischen Truppen besetztes Land zurück.

Garnisonregimenter unter Friedrich II. nicht felddienstfähige, minderbrauchbare Teile des Heeres, die im Siebenjährigen Krieg den Garnison- und Wachdienst, den Schutz von Festungen usw. zu übernehmen hatten und auch als Okkupationstruppen eingesetzt wurden. Die hohen Menschenverluste zwangen die preußische Heeresführung, auch diese Regimenter, insgesamt 26 Bataillone, im Feld zu verwenden.

Gata Kap   an der Küste Südspaniens, bei dem am 28. 2. 1758 die Engländer das französische Geschwader, welches die in Cartagena blockierten Hauptkräfte der französischen Flotte entsetzen wollte, überraschend angriffen und völlig vernichteten.

Georg II.   geboren 1683, gestorben 1760; seit 1727 König von England und Kurfürst von Hannover, siegte mit der Pragmatischen Armee in der Schlacht bei Dettingen.

Ghilány, Johann von   geboren 1698, gestorben 1752, österreichischer Kavalleriegeneral; befehligte im Ersten Schlesischen Krieg wiederholt leichte Abteilungen.

Goltz, Karl Kurt Christoph von   geboren 1707, gestorben 1761, preußischer Generalmajor; im Siebenjährigen Krieg mehrmals Kommandeur selbständiger Abteilungen.

Grenadiere   ursprünglich Granatiere, das heißt Soldaten, die Handgranaten gegen den Feind schleuderten. In Preußen war zur Zeit Friedrichs II. jedem Bataillon der Linieninfanterie eine Kompanie G. beigegeben, die in Kriegszeiten zu Grenadierbataillonen zusammengezogen wurden. Sie waren die Eliteregimenter der preußischen Armee, denen man besonders schwierige Aufgaben – Stellung auf den Flügeln, Bildung der Vor- und Nachhut, Einteilung in Sturmkolonnen usw. – übertrug.

Groß-Jägersdorf   Ort in Ostpreußen; am 30. 8. 1757 Schlacht zwischen Russen und Preußen, in der letztere eine Niederlage erlitten.

Hadik, Andreas von   geboren 1711, gestorben 1790, österreichischer General; während des Siebenjährigen Krieges Kommandeur selbständiger leichter Abteilungen, 1762 Oberbefehlshaber der Reichsarmee.

Hamburg, Friede zu   am 22.5.1762 zwischen Preußen und Schweden auf Grund des Besitzstandes vor dem Krieg geschlossen.

Harsch, Ferdinand Philipp von   geboren 1704, gestorben 1792, österreichischer Feldzeugmeister und Prodirektor des Geniewesens; im Siebenjährigen Krieg Kommandeur selbständiger Abteilungen.

Hastenbeck   Ort in Niedersachsen; am 26.7.1757 Schlacht bei H. zwischen der Observationsarmee und der französischen Armee, welche die Franzosen nach hohen eigenen Verlusten durch rasche Ausnutzung der Lage für sich entschieden.

Hawke, Edward   geboren 1705, gestorben 1781, britischer Admiral; siegte mit der englischen Flotte in der Seeschlacht bei Quiberon.

Heinrich, Prinz von Preußen   geboren 1726, gestorben 1802; Sieger von Freiberg (1762).

Hochkirch   Ort in Sachsen; Schlacht zwischen Preußen und Österreichern am 14.10.1758; die überraschten Preußen verloren unter hohen Verlusten und büßten ihre gesamte Artillerie ein.

Hohenfriedberg   Ort in Schlesien, bei dem am 4.6.1745 in einer Schlacht die preußische und die österreichische Armee aufeinandertrafen. Den Ausgang dieser Schlacht entschied die erfolgreiche Attacke der preußischen Kavallerie.

Hubertusburg   Schloß in Sachsen; am 15.2.1763 Friede zu H., abgeschlossen zwischen Preußen, Österreich und Sachsen. Preußen wurde die Eroberung Schlesiens bestätigt. Es räumte dafür Sachsen und versprach seine Kurstimme den Habsburgern.

Husaren   leichte Kavallerie der preußischen Armee; von Friedrich II. als Gegengewicht gegen die überlegenen leichten ungarischen und kroatischen Reiterscharen stark vergrößert. Sie wurden vor allem zur Aufklärung, Sicherung und Verfolgung eingesetzt. Bei der Werbung beachtete man strikt das Prinzip der Freiwilligkeit. Anfangs durften bei den H. auch bürgerliche Offiziere dienen.

Jäger leichte Infanterie des preußischen Heeres; von Friedrich II. 1740 zum Patrouillen- und Erkundungsdienst wieder aufgestellt; rekrutierten sich aus den Reihen von Forstbeamten und Jägerburschen. Ihre zahlenmäßige Stärke war gering: 1744 gab es ein Jägerkorps von 300 Mann zu zwei Kompanien, 1762 drei Kompanien Jäger.

Kantonpflicht seit 1733 in Preußen bestehende Form der feudalen Zwangsrekrutierung für die Armee. Das Land war entsprechend den vorhandenen Truppenteilen in Kantone aufgeteilt. Auf ein Infanterieregiment entfielen 5000 bis 7900 Feuerstellen, auf ein Kavallerieregiment 1800 bis 3500. Ausgenommen von der K. waren die überwiegende Mehrheit der großen Städte und alle wichtigen industriellen Gebiete.

Karl Albrecht von Bayern geboren 1697, gestorben 1745, seit 1726 Kurfürst von Bayern; 1742 als Karl VII. zum deutschen Kaiser gewählt.

Karl Alexander von Lothringen geboren 1712, gestorben 1780; 1740 bis 1742 Oberbefehlshaber der österreichischen Truppen in Böhmen, 1757 Oberbefehlshaber der österreichischen Armee. Nach der Schlacht bei Leuthen legte er den Oberbefehl nieder.

Karree geschlossene Gefechtsform der feudalabsolutistischen Infanterie mit Front nach vier Seiten; bei drohenden Reiterangriffen meist in Divisions- oder Bataillonsstärke gebildet.

Katharina II., Alexejewna geboren 1729 als Prinzessin von Anhalt-Zerbst, kam 1744 nach Rußland als Gemahlin Peters III., den sie am 28. 6. 1762 stürzen ließ und daraufhin selbst den Zarenthron bestieg; gestorben 1796.

Katholisch-Hennersdorf Ort in Sachsen. Am 23. 11. 1745 Gefecht zwischen Teilen der preußischen Hauptarmee und sächsisch-österreichischen Vorhuten, die überraschend in ihren Quartieren angegriffen und überwältigt wurden.

Kaunitz, Wenzel Anton von geboren 1711, gestorben 1794; von 1753 bis 1792 österreichischer Konferenz- und Staatsminister und verantwortlicher Lenker der österreichischen Außenpolitik.

Kay Ort in der Mark Brandenburg, bei dem am 23. 7. 1759 eine Schlacht zwischen Preußen und Russen stattfand. Der Versuch der preußischen Truppen, eine Vereinigung der russischen und der österreichischen Armee zu verhindern, scheiterte durch ihre Niederlage.

Keith, Jakob von   geboren 1696 in Schottland, gefallen 1758, preußischer Marschall; seit 1747 in preußischen Diensten.

Kesselsdorf   Ort in Sachsen, bei dem am 15. 12. 1745 die sächsischen Truppen, die Dresden decken und die Ankunft der österreichischen Armee erwarten sollten, eine Niederlage erlitten.

Khevenhüller, Ludwig Andreas von   geboren 1683, gestorben 1744, österreichischer Feldmarschall, bedeutender Theoretiker des österreichischen Heeres; leitete 1741/42 die österreichischen Operationen gegen Bayern.

Kleinkrieg   besondere Form von Kampfhandlungen, bei denen kleine, sehr bewegliche Abteilungen Verbindungslinien, Magazine, kleine Stützpunkte, Transportkolonnen usw. überfallen und bekämpfen, sich jedoch nie in Kämpfe mit überlegenen Truppen einlassen. Hauptträger des K. waren im 18. Jahrhundert die Husaren, Kroaten, Panduren und die Freikorps.

Kleinschnellendorf, Vertrag zu   Österreich sicherte darin Preußen am 9. 10. 1741 die Abtretung Niederschlesiens zu. Preußen trat dafür trotz des Breslauer Vertrags aus der antihabsburgischen Koalition aus.

Kleist, Friedrich Wilhelm Gottfried Arnd von   geboren 1724, gestorben 1767, preußischer Generalmajor und Freikorpskommandeur; führte am Ausgang des Siebenjährigen Krieges mit seiner «grünen Legion» als letzte Operationen Plünderungsstreifzüge in Süddeutschland durch.

Kloster Zeven, Konvention zu   abgeschlossen am 10. 9. 1757 zwischen dem Oberbefehlshaber der Observationsarmee, dem Herzog William Augustus von Cumberland, und dem französischen Marschall Armand Jean du Plessis Richelieu, wonach ein Waffenstillstand verfügt, die Observationsarmee aufgelöst und Hannover von den Franzosen besetzt wurde. Die britische Regierung ratifizierte jedoch die Konvention nicht. Im Oktober 1757 wurde sie aufgehoben.

Kolberg   Hafenstadt in Pommern; als wichtiger Versorgungsstützpunkt dreimal von der russischen Armee belagert: vom 3. bis zum 30. 10. 1758, vom 27. 8. bis zum 18. 9. 1760 und vom 19. 8. bis zur Kapitulation der Garnison am 16. 12. 1761.

Kolin   Ort in Böhmen; am 18. 6. 1757 Schlacht zwischen Österreichern und Preußen. Der Versuch Friedrichs II., die österreichische Entsatzarmee für das belagerte Prag zu zerschlagen, scheiterte unter hohen Verlusten, die ihn zur Räumung Böhmens zwangen.

Kompanie kleinste administrative Einheit in der preußischen Armee unter Friedrich II., die für die Werbung, Verwaltung usw. zuständig war. Ihre Stärke betrug bei der Infanterie 114 bis 126 Mann.

Kompaniewirtschaft Form der Verwaltung der Einheiten in der feudal-absolutistischen Armee Preußens, nach der die Heeresverwaltung den Kompaniechefs jährlich bestimmte konstante Summen auszahlte, die zur Deckung der Löhnung der Soldaten, der Kosten der Kleinmontierung und der Auslandswerbung dienen sollten. Durch die schon von Friedrich Wilhelm I. erteilte Erlaubnis, einen Teil der inländischen Mannschaft bis zu zwei Monate im Jahr – namentlich zur Aussaat und zur Ernte – zu beurlauben, zogen die Kompaniechefs hohe Gewinne, da sie die Löhnung für die Beurlaubten einbehalten konnten. Das System der Beurlaubungen wurde unter Friedrich II. erweitert, so daß die inländischen Mannschaften nur noch während der zweimonatigen Exerzierzeit unter der Fahne standen. Daneben konnten die ausländischen Mannschaften als Freiwächter oder Stadtbeurlaubte die Kompanie verlassen und mußten sich durch ein Gewerbe in der Stadt ihr Brot verdienen. Ihre Löhnung wurde zumeist vom Kompaniechef einbehalten.

Königsegg, Christian Moriz von geboren 1705, gestorben 1778, österreichischer Feldmarschall; im Siebenjährigen Krieg wiederholt mit dem Kommando selbständiger Korps beauftragt.

Kordonsystem Form der Kriegführung im 18. Jahrhundert, bei der ein Gebiet durch ausgedehnte Postenketten gesperrt wurde. Die Kordonstellungen, auf schwer angreifbarem Gelände angelegt, wurden in breiter Form durch gemischte Abteilungen verteidigt, die selbst zum Angriff zu schwach waren. Das K. entsprach der am Ausgang des Siebenjährigen Krieges immer stärker werdenden Tendenz, dem Wagnis einer verlust- und risikoreichen Schlacht auszuweichen.

Krefeld Ort in Westfalen; am 23.6.1758 Schlacht zwischen der verbündeten Armee und französischen Streitkräften, die die Verbündeten durch die Umgehung der französischen Stellungen zu ihren Gunsten entschieden.

Kroaten leichte Infanterie und Kavallerie des österreichischen Heeres, die sich besonders für den Kleinkrieg eigneten, ebenso wie die Panduren, die aus Südungarn stammten, außerhalb der Linieninfanterie zu Erkundungs- und Sicherungsaufgaben eingesetzt.

Kunersdorf Ort in der Mark Brandenburg. In der Schlacht bei K. erlitt die preußische Armee am 12. 8. 1759 durch die vereinigten Russen und Österreicher die vernichtendste Niederlage des Siebenjährigen Krieges. Nur politische Rücksichten der russischen Generalität und die Uneinigkeit der Verbündeten retteten sie vor der völligen Vernichtung.

Kürassiere schwere mit Brustpanzern ausgestattete Schlachtenkavallerie, die durch den geschlossenen Einsatz den Kampf entscheiden sollte.

Lager ein für längere Dauer zur Unterkunft eingerichtetes Gelände, dem in der feudalabsolutistischen Kriegführung eine hervorragende Bedeutung zukam. Mit der Einführung der stehenden Heere wurde es Brauch, die Truppen in Schlachtordnung lagern zu lassen. Die Stellungen wählte man mit großer Sorgfalt aus, um unmittelbar in oder vor ihnen den Kampf aufnehmen zu können. In der Regel befestigten die Armeen ihre L. auch stark. Um das Heer jederzeit gefechtsbereit zu halten und um die Desertion zu verhindern, war die Unterbringung in Ortschaften streng verboten.

Lagos Ort in Portugal, in dessen Nähe am 17. 8. 1759 das französische Mittelmeergeschwader durch die Briten eine schwere Niederlage erlitt. Damit schlug der französische Plan fehl, die Flotten zu vereinigen, um in England landen zu können.

Landeshut Ort in Schlesien; am 23. 6. 1760 Schlacht zwischen Preußen und Österreichern, die mit der völligen Vernichtung des preußischen Korps endete.

Laudon, Gideon Ernst Freiherr von geboren 1717 in Livland, gestorben 1790, österreichischer Feldmarschall; 1744 Hauptmann im Trenckschen Freikorps, ab 1757 Kommandeur selbständiger österreichischer Abteilungen (Domstadtl), 1760 Sieger bei Landeshut, 1766 Generalinspekteur der österreichischen Infanterie.

Lehwaldt, Johann von geboren 1685, gestorben 1768, preußischer Marschall; 1756/57 Oberbefehlshaber der preußischen Truppen in Ostpreußen.

Leuthen Ort in Schlesien. In der Schlacht bei L. am 5. 12. 1757 schlug Friedrich II. durch einen schrägen Flügelangriff die österreichische Armee.

Levis, Francois Gaston geboren 1720, gestorben 1787, französischer General; 1758–1760 Oberbefehlshaber der französischen Truppen in Kanada.

Liegnitz Ort in Schlesien; am 15. 8. 1760 erfolgreiche Durchbruchsschlacht der von den österreichischen Truppen nahezu eingeschlossenen preußischen Armee.

Lineartaktik Fechtart der feudalabsolutistischen Armeen; im 18. Jahrhundert die gebräuchliche Schlachtordnung der Heere, bei der die Truppen in zwei langgestreckten Treffen aufgestellt waren. Auf die Flügel postierte man in der Regel die Kavallerie. Das Kennzeichen der L. bildete das Salvenfeuer der in geschlossener Ordnung vorrückenden Infanterie, was ein Höchstmaß der Überwachung der meist zwangsrekrutierten und desertionsanfälligen Soldaten garantierte.

Lobositz Ort in Böhmen. In der Schlacht bei L. am 1. 10. 1756 scheiterte der österreichische Versuch, die sächsische Armee bei Pirna zu entsetzen.

Louisburg französische Festung in Kanada am Lorenzstrom; am 26. 6. 1758 von britischen Truppen erobert.

Ludwig XV. geboren 1710, gestorben 1774; seit 1715 König von Frankreich, die Regierungsgeschäfte führten jedoch Herzog Philippe von Orléans (1715 bis 1723) und Kardinal Fleury (1723 bis 1734).

Magazinverpflegung entstanden aus dem Zwang, die stark unter der Fahnenflucht leidenden feudalabsolutistischen Heere geregelt zu verpflegen, weil der Versuch, aus dem Land zu leben, zur Massendesertion geführt hätte. Der Standort der Magazine übte einen beherrschenden Einfluß auf die Kriegführung aus; denn je weiter man sich von seiner Basis entfernte, desto schwieriger wurde die Verpflegung der Truppen. Schließlich mußten die Operationen entweder eingestellt werden, bis ein neues Magazin eingerichtet war, oder die Truppen mußten sich auf ihre Basis zurückziehen. Die gegnerischen Magazine wurden häufig zum wichtigsten Operationsziel der Feldherrn.

Manöverstrategie Art der Heerführung, bei der die Kriegsentscheidung nicht durch den direkten Stoß, die Schlacht, sondern durch operative Bewegungen gegen Magazine, Festungen, Versorgungslinien usw. gesucht wird; typisch für die Kriege des 18. Jahrhunderts, in denen das Heer angesichts der geringen Rekrutierungsmöglichkeiten als unersetzliches Instrument geschont werden mußte.

Maria Theresia geboren 1717, gestorben 1780; seit 1740 Erzherzogin von Österreich und Königin von Ungarn und Böhmen.

Marwitz, Heinrich Karl von geboren 1680, gestorben 1744, preußischer General; seit 1741 Gouverneur von Breslau.

Maxen Ort in Sachsen, bei dem am 21.11.1759 ein von den Österreichern eingeschlossenes preußisches Korps kapitulierte, womit der preußische Plan, die österreichische Armee aus Sachsen zu drängen, scheiterte.

Minden Ort in Niedersachsen. Am 1.8.1759 Schlacht zwischen der verbündeten Armee und der französischen Hauptarmee. Durch die Niederlage der Franzosen gelang es den Verbündeten, den Besitz Hannovers zu behaupten.

Mollwitz Ort in Schlesien. In der Schlacht bei M. am 10.4.1741 erlitten die Österreicher eine Niederlage durch die preußische Armee und mußten den Rückzug antreten.

Monongahela Ort in Nordamerika; am 9.7.1755 Schlacht zwischen britischen und französischen Truppen, in der die Briten vernichtend geschlagen wurden.

Montcalm, Louis Josephe de geboren 1712, gefallen 1759, französischer General; seit 1755 Oberbefehlshaber der französischen Truppen in Kanada.

Montreal Ort in Kanada. Am 8.9.1760 von britischen Truppen erobert. Damit fiel der letzte Stützpunkt des französischen Kolonialreichs in Kanada.

Motte-Fouqué, Heinrich August de la geboren 1698, gestorben 1774, preußischer General; 1760 bei Landeshut geschlagen und gefangengenommen.

Moys Ort in Schlesien. Am 7.9.1757 Gefecht zwischen leichten österreichischen Einheiten und preußischen Truppen, die sich schließlich zurückziehen mußten.

Musketiere ursprünglich mit Musketen ausgerüstete Infanteristen. Unter Friedrich II. stellten sie die Linieninfanterie des Heeres.

Nádasdy-Fogaras, Franz Leopold von geboren 1708, gestorben 1783, österreichischer Marschall; Kommandeur leichter österreichischer Truppen im Siebenjährigen Krieg.

Necessity Ort in Nordamerika. Am 28. 5. 1754 Gefecht zwischen britischen und französischen Einheiten, die dem britischen Vormarsch das Ohiotal entlang vorerst Einhalt geboten.

Neipperg, Wilhelm Reinhard von geboren 1684, gestorben 1774, österreichischer Feldmarschall; leitete 1741 die österreichischen Gegenoperationen gegen den preußischen Einfall in Schlesien.

Nymphenburg, Bündnis von abgeschlossen am 28.5.1741 zwischen Frankreich, Bayern und Spanien; gegen Österreich gerichtet.

Olmütz Ort in Mähren. Vom 5. 5. 1758 bis zum 1. 7. 1758 ergebnislos von der preußischen Armee belagert.

Paris, Friede zu Abgeschlossen am 10.2.1763 zwischen England, Frankreich und Spanien. Frankreich trat an England Kanada, das westindische Grenada und Senegambien ab, es erhielt Gambien und seine Besitzungen in Ostindien zurück. Spanien überließ England Florida. Es bekam dafür von Frankreich Louisiana und das von England eroberte Kuba zurück.

Peloton kleinste taktische Unterabteilung in den feudalen Heeren. Auf ein Bataillon kamen 8 Pelotons.

Pelotonfeuer Salvenfeuer der feudalen Infanterie in verschiedenen Variationen; in der friderizianischen Armee gab es a) das aufeinanderfolgende P., bei dem alle ersten Pelotons einer aus mehreren Bataillonen formierten Linie gleichzeitig schossen, dann alle zweiten usw. Wenn die achten Pelotons der Linie feuerten, mußte das erste bereits wieder geladen haben; b) das abwechselnde P., bei dem erst die Pelotons 1, 3, 5, 7 und dann die Pelotons 2, 4, 6, 8 feuerten; c) daneben das P. von beiden Flügeln zur Mitte hin oder von einem Flügel zum anderen.

Peter III., Fjodorowitsch geboren 1728 in Kiel, ermordet 1762; schwärmerischer Anbeter Friedrichs II., mit dem er sofort nach Thronbesteigung Frieden schloß.

Petersburg, Friede zu am 5.5.1762 zwischen Preußen und Rußland abgeschlossen, mit dem beide Mächte aus allen Bündnissen mit den Gegnern des anderen Teils austraten, Rußland seine Eroberungen an Preußen zurückgab und die Herstellung einer Allianz vorgesehen wurde.

Pirna Ort in Sachsen, bei dem am 11. 9. 1756 preußische Truppen die sächsische Armee einschlossen und sie am 16. 10. 1756 zur Kapitulation zwangen.

Pitt, William geboren 1708, gestorben 1778, britischer Staatsmann, Führer der Whigs; von 1757 bis 1761 britischer Staatssekretär und Leiter der britischen Außenpolitik.

Plassey Ort in Bengalen. Am 23. 6. 1757 Schlacht zwischen britischen und indischen Truppen, die von Frankreich unterstützt wurden. Die völlige Zerschlagung der indischen Truppen legte den Grundstein für die englische Kolonialherrschaft in Indien.

Plessis, Louis Francois Armand du, Herzog von Richelieu geboren 1696, gestorben 1788, französischer Marschall; 1757 Oberbefehlshaber der französischen Truppen in Norddeutschland, 1758 entlassen.

Podewils, Heinrich von geboren 1695, gestorben 1760; preußischer Minister, seit 1730 preußischer Außenminister.

Pondichery Ort in Süditalien. Am 16. 1. 1761 von britischen Truppen eingenommen, womit das französische Kolonialregime in Ostindien zusammenbrach.

Prag am 6.5.1757 Schlacht bei P. zwischen Preußen und Österreichern, in deren Verlauf die österreichische Armee geschlagen und in P. eingeschlossen wurde.

Pragmatische Sanktion Staatsgrundgesetz Karls VI. von Österreich vom 19. 4. 1713, worin die Unteilbarkeit der österreichischen Erblande verkündet und die Erbfolge festgelegt wurde.

Quadrupelallianz am 8. 1. 1745 zu Warschau abgeschlossenes Bündnis zwischen England, Holland, Österreich und Sachsen, das sich gegen Frankreich und Preußen richtete. Die Seemächte verpflichteten sich, durch Subsidien die Wiedereroberung Schlesiens zu unterstützen.

Quebec Ort in Kanada; am 13.9.1759 Schlacht zwischen Franzosen und Briten, in der die Franzosen geschlagen wurden, was am 18. 9. 1759 zur Übergabe der Festung an die Engländer führte;
   am 28. 4. 1760 schlug eine französische Armee die englischen Truppen vor Qu., doch blieb die Belagerung der Festung vom 29. April bis zum 15. Mai 1760 ohne Ergebnis, weil die Briten die französische Versorgungsflotte im Lorenzstrom versenkten.

Quiberon Halbinsel an der französischen Atlantikküste, in deren Nähe am 20. 11. 1759 die englische Flotte bei einer Seeschlacht das Brester Geschwader der französischen Kriegsflotte, das die Landung in England durchführen sollte, schlug und damit den Seekrieg endgültig zu ihren Gunsten entschied.

Regiment größte administrative Einheit in der preußischen Armee unter Friedrich II. Es bestand in der Regel aus zwei Bataillonen, nur ausnahmsweise aus drei. Sein Kommandeur war in der Regel ein General, der seine Einnahmen aus dem Besitz einer Kompanie bestritt. Die Kriegsstärke eines R. betrug 1740 bei der Infanterie 1 646 Mann, darunter 50 Offiziere, 118 Unteroffiziere, 196 Grenadiere und 1 220 Musketiere, die eines Dragoner- oder Kürassierregiments etwa 900, die eines Husarenregiments 1 150 Mann.

Rohan, Charles de, Prinz von Soubise geboren 1715, gestorben 1787, französischer Marschall; Oberbefehlshaber der französischen Truppen in der Schlacht bei Roßbach, 1759 Staatsminister.

Roßbach Ort in Sachsen-Anhalt. Am 5. 11. 1757 Schlacht zwischen Preußen und Reichsarmee/Franzosen. Sie endete mit einem raschen Erfolg der überlegen geführten preußischen Kavallerie gegen die nicht zur Entfaltung gekommenen Verbündeten.

Rumjanzew, Pjotr Alexandrowitsch geboren 1725, gestorben 1796, russischer Generalfeldmarschall; Oberbefehlshaber der russischen Truppen in Pommern.

Rutowski, Friedrich August von geboren 1702, gestorben 1764, Generalfeldmarschall; seit 1746 Oberbefehlshaber der sächsischen Armee.

Ryswyk, Deklaration von am 25. 11. 1759 von England und Preußen an Österreich, Frankreich und Rußland übertragen. Darin schlugen sie vor, einen Friedenskongreß einzuberufen. Die Deklaration war Ausdruck der Erschöpfung Preußens und der Kriegsmüdigkeit der herrschenden Kreise Englands.

Saltykow, Pjotr Semjonowitsch geboren 1701, gestorben 1772, russischer Marschall; von Mai 1759 bis Oktober 1760 Oberbefehlshaber der russischen Truppen in Deutschland, Sieger von Kunersdorf.

Schmettau, Karl Christoph von geboren 1696, gestorben 1775, preußischer Generalleutnant; seit 1758 Kommandant von Dresden.

Schwerin, Kurt Christoph von geboren 1684, gefallen 1757, preußischer Generalfeldmarschall; in führenden Stellungen an allen Schlesischen Kriegen beteiligt.

Ségur, Heinrich Franz von geboren 1689, gestorben 1751, französischer General; im Österreichischen Erbfolgekrieg Oberbefehlshaber der französischen Truppen in Bayern.

Serbelloni, Johann von gestorben 1778, österreichischer Feldmarschall; 1761/62 Oberbefehlshaber der Reichsarmee.

Seydlitz-Kurzbach, Friedrich Wilhelm von geboren 1721, gestorben 1773, preußischer General; Organisator der preußischen Kavallerie, Sieger von Roßbach (1757).

Soor Ort in Böhmen. In der Schlacht bei S. am 30.9.1745 schlugen die Preußen die österreichische Armee.

Spießrutenlauf barbarische Leibesstrafe, die in den feudalabsolutistischen Heeren vor allem für Desertion, aber auch für Trunkenheit usw. verhängt wurde. Dazu bildeten 100 bis 300 Mann eine etwa zwei Meter breite Gasse, die der bis zum Gürtel entkleidete Verurteilte mit gefesselten Händen langsam mehrmals durchschreiten mußte. Hierbei hatte jeder Mann ihm mit einer Hasel- oder Weidenrute einen Hieb zu versetzen. Diese Prozedur, die häufig mit dem Tode des Verurteilten endete, wurde in Preußen erst 1808 durch Scharnhorst abgeschafft.

Stolberg, Christian Karl von geboren 1725, gestorben 1764, österreichischer Feldzeugmeister; 1762/63 Oberbefehlshaber der Reichsarmee.

Stutterheim, Joachim Friedrich von geboren 1715, gestorben 1778, preußischer Generalleutnant; 1760 befehligte er die preußischen Truppen gegen die Schweden.

Traun und Abensberg, Otto von geboren 1677, gestorben 1748, österreichischer Feldmarschall; 1744 Oberbefehlshaber der österreichischen Truppen in Böhmen.

Treffen innerhalb der Schlachtordnung nebeneinander entfaltete taktische Einheiten. In der Lineartaktik unterschied man in der Regel zwei Treffen, wobei das zweite Treffen dem ersten auf 150 bis 500 Schritte folgte. Auftretende Lücken im ersten Treffen sollten selbständig von dem meist schwächeren zweiten Treffen aufgefüllt werden, um die Geschlossenheit der Linie aufrechtzuerhalten.

Torgau Ort in Sachsen. Am 3. 11. 1760 fand bei T. die letzte Feldschlacht Friedrichs II. gegen die Österreicher statt. Sie war von der Anlage her die modernste Schlacht des Siebenjährigen Krieges. Der Sieg der preußischen Armee war mit schweren Verlusten teuer erkauft.

Versailles am 5. 6. 1744 Vertrag zu V. zwischen Preußen und Frankreich, in dem sich Friedrich II. zum Wiedereintritt in den Österreichischen Erbfolgekrieg auf der Seite Frankreichs bereit erklärte;
am 1. 5. 1756 in V. Defensivbündnis zwischen Frankreich und Österreich geschlossen, in dem sich beide Mächte im Fall eines Angriffes mit je 24 000 Mann beistehen wollten;
am 1. 5. 1757 Bündnis in V. zwischen Frankreich und Österreich. Habsburg sollte Schlesien wiedererhalten, während Frankreich dafür mit einem Teil der österreichischen Niederlande entlohnt werden sollte. Frankreich verpflichtete sich, gegen Preußen 105 000 Mann aufzubieten und jährlich 12 Millionen Gulden Subsidien zu zahlen.

Ville, Karl de geboren 1705, gestorben 1792, österreichischer Kavalleriegeneral; 1758/59 Oberbefehlshaber der österreichischen Truppen in Mähren und Oberschlesien.

Washington, George geboren 1732, gestorben 1799; seit 1755 Kommandant der virginischen Milizen, 1775 Oberbefehlshaber der nordamerikanischen Streitkräfte, 1789 bis 1797 Präsident der Vereinigten Staaten.

Wedel, Karl Heinrich von geboren 1712, gestorben 1782, preußischer General; 1759 Oberbefehlshaber der preußischen Truppen gegen die russische Armee.

Westminster, Konvention zu abgeschlossen am 16. 1. 1755 zwischen England und Preußen. Beide Mächte verpflichteten sich, gemeinsam einen Einfall fremder Truppen in Deutschland zu verhindern.

Westphalen, Christian Heinrich Philipp geboren 1724, gestorben 1792; ab 1757 militärischer Berater des Herzogs Ferdinand von Braunschweig-Lüneburg.

Winterfeld, Hanns Karl von geboren 1707, gefallen 1757, preußischer General; seit 1740 Flügeladjutant und militärischer Berater Friedrichs II.

Wolfe, James geboren 1727, gefallen 1759, englischer General; seit 1758 Oberbefehlshaber der gegen Kanada eingesetzten britischen Landstreitkräfte.

Worms, Bündnis von abgeschlossen am 13. 9. 1743 zwischen England, Österreich und Sardinien, worin sie die Einhaltung der Pragmatischen Sanktion garantierten.

Wunsch, Johann Jakob von geboren 1717, gestorben 1788, preußischer General; ab 1758 Kommandeur eines Freibataillons und späteren Freikorps.

Ziethen, Hans Joachim von geboren 1699, gestorben 1786, preußischer Husarengeneral.

Zorndorf Ort in der Mark Brandenburg. Am 25. 8. 1758 Schlacht zwischen Preußen und Russen, die trotz beiderseitiger hoher Verluste zu keiner Entscheidung führte.

Zweibrücken, Friedrich Prinz von geboren 1724, gestorben 1767; von 1758 bis 1760 Oberbefehlshaber der Reichsarmee.

Verzeichnis der wichtigsten Literatur

Engels, Friedrich

Ausgewählte militärische Schriften, hrsg. vom Institut für Marxismus-Leninismus beim ZK der SED, Bd. 1, Berlin 1958; Bd. 2, Berlin 1964

Mehring, Franz

Krieg und Politik, hrsg. von Ernst Engelberg, Bd. 1: Militärische und militärgeschichtliche Aufsätze, Berlin 1959; Bd. 2: Über den nationalen Befreiungskampf in Deutschland zu Beginn des 19. Jahrhunderts, Berlin 1961

Mehring, Franz

Gesammelte Schriften, hrsg. von Thomas Höhle, Hans Koch und Joseph Schleifstein, Bd. 9: Die Lessing-Legende, Berlin 1963

Büsch, Otto

Militärsystem und Sozialleben im alten Preußen 1713 bis 1807, Berlin 1962

Clausewitz, Carl von

Hinterlassene Werke über Krieg und Kriegführung, hrsg. von Marie von Clausewitz, Bd. 10: Strategische Beleuchtung mehrerer Feldzüge von Sobiesky, Münich, Friedrich dem Großen und dem Herzog Carl Wilhelm Ferdinand von Braunschweig und andere historische Materialien zur Strategie, Berlin 1837

Delbrück, Hans

Geschichte der Kriegskunst im Rahmen der politischen Geschichte, Teil 4: Neuzeit, Berlin 1962

Friedrich II.

Die Werke Friedrichs des Großen. In deutscher Übersetzung hrsg. von Gustav Berthold Volz, Bd. 1 bis 10, Berlin 1913–1914

Geschichte des österreichischen Erbfolgekrieges 1740–1748, hrsg. vom
    K. u. K. Kriegsarchiv, Bd. 1–8, Wien 1896–1905

Handwörterbuch der gesamten Militärwissenschaften mit erläuternden
    Abbildungen, hrsg. von B. Poten, Bd. 1–9, Biele-
    feld – Leipzig 1876–1880

Jähns, Max

    Geschichte der Kriegswissenschaften vornehmlich in
    Deutschland, 3. Abteilung: Das XVIII. Jahrhundert
    seit dem Auftreten Friedrichs des Großen, Mün-
    chen – Leipzig 1891

Jany, Curt

    Geschichte der Königlich Preußischen Armee bis
    zum Jahre 1807, Bd. 2: Die Armee Friedrichs des
    Großen 1740 bis 1763, Berlin 1928; Bd. 3: 1763 bis
    1807, Berlin 1929

Mittenzwei, Ingrid

    Friedrich II. von Preußen. Eine Biographie, Berlin
    1979

Savory, Reginald

    His Britannic Majesty's Army in Germany during the
    Seven Years War, Oxford 1966

Schäfer, Arnold

    Geschichte des siebenjährigen Krieges, Bd. 1–2, Ber-
    lin 1867–1874

Vogler, Günter/Vetter, Klaus

    Preußen. Von den Anfängen bis zur Reichsgrün-
    dung, Berlin 1970

Die Kriege Friedrichs des Großen, hrsg. vom Großen Generalstabe, Abtei-
    lung Kriegsgeschichte, Bd. 1–20, Berlin 1890–1913

Perſonenregiſter

Ortsregister

Aachen 63, 200, 214
Adler (Orlice) 55
Aller 92, 113
Amberg 42
Arkot 201
Aschersleben 76
Auerstedt 194
Aussig (Ústi nad Labem) 61, 76, 80, 188

Bad Schandau 76, 78
Bamberg 151
Bautzen 112
Beneschau (Benešov) 46, 47
Beraun (Beroun) 45
Bergen 129, 130, 206, 215
Berlin 7, 60, 61, 91, 93–95, 110, 126, 127, 135, 138, 158, 163, 165, 183, 199, 201, 208
Bielefeld 92, 168
Birmingham 201
Bober (Bóbr) 59
Borne (Błonie) 101
Brandeis (Brandýs nad Labem) 41, 85
Brandenburg 27, 81, 165
Braunau (Broumov) 41, 50, 119
Braunschweig 199
Bremen 93
Breslau (Wrocław) 24, 25, 36, 38, 50, 52, 53, 88, 99, 100, 103, 105, 135, 137, 144, 158, 165, 183, 196, 204, 215, 216, 227
Brest 132
Brieg (Brzeg) 24, 26–28, 30, 52, 147, 183
Bromberg (Bydgoszcz) 125
Brünn (Brno) 36, 42, 77, 183
Brüx (Most) 151
Budin (Budyně nad Ohři) 41, 81
Budweis (České Budějovice) 33, 34, 36, 43, 44–46
Bunzelwitz (Bolesławice) 144, 210, 216
Bunzlau (Bolesławiec) 25, 76
Burkersdorf (Burkatów) 149, 150, 180, 188, 210, 216
Buttelstedt 94

Cadiz 132
Calloden 198
Camposanto 198
Cannstadt 42
Cartegena 30, 115, 197, 220
Charente 132
Chemnitz (Karl-Marx-Stadt) 80, 149
Cherbourg 114, 207, 216
Chlum 55, 56
Chotusitz (Chotusice) 36, 37, 196, 216
Chrudim 36, 37, 56

Tabor (Tábor) 33, 36, 43–46
Tauroggen (Tauragé) 90
Teltchitz 47
Teplitz (Teplice) 150
Thaya 34
Themse 132
Thomaswaldau (Tomaszów) 54
Thorn (Torún) 108
Ticonderoga 116, 131, 141
Tilsit (Sowjetsk) 88
Torgau 41, 59, 61, 88, 112, 127, 138, 139, 150, 179, 180
Torgelow 159
Toulon 115, 132
Trautenau (Trutnov) 53, 80, 119
Triebsch (Třebušin) 147
Troppau (Opava) 26, 49, 119

Vellinghausen 145, 208
Venedig 203
Versailles 132, 198, 202, 204, 232
Vietz 159
Vilaine 132
Vöttau (Vranov) 34

Waldenburg (Wałbrzych) 59
Waltersdorf 79

Wandewash 131, 207, 209
Warburg 140, 208
Warschau 50, 79
Warthe (Warta) 108
Weichsel (Wisła) 110, 128
Weide (Widawa) 52
Weißenfels 88, 95
Wesel 140, 183
Weser 92, 113
Westminster 66, 69, 202, 233
Wien 34, 70, 103, 148
Wilhelmsthal 151, 210
Wittenberg 127
Worms 198, 233
Wustrau 7
Wurzen 78

Zehdenick 159
Zeven, Kloster 93, 103, 112, 204, 223
Zittau 41, 60, 80, 111
Znaim (Znojmo) 34
Zorndorf (Sarbinowo) 109, 110, 124, 206, 233
Zürich 201
Zwickau 80

251

Inhalt

rec

rechts üm

Lincks üm

Lincks üm.